"Es muy fácil quedar atrapado en el  de vivir por lo que más importa. El Guiados por la eternidad, te motivar vivas hoy tu vida de maneras que afecten la eternidad".
—Craig Groeschel, pastor de Life.Church y autor de #Struggles: Following Jesus in a Selfie-Centered World

"Guiados por la eternidad es la respuesta a tu exploración para tener una vida de propósito. Este mensaje vital te pondrá en disposición de pensar más allá de tu día a día. ¡Este libro es lectura obligada!".
—John C. Maxwell, autor de éxitos de ventas y orador

"La edición del décimo aniversario de Guiados por la eternidad escrito por mi amigo John Bevere es un gran recordatorio de que la vida es más que la suma de nuestros días. Encontrarás paz y esperanza a medida que este libro te recuerda que debes alinear tu vida con un llamado más alto".
—Steven Furtick, pastor de Elevation Church y autor de éxitos de ventas del New York Times

"En Guiados por la eternidad John usa las Escrituras para explicar cuán importante es tener una mentalidad enfocada en la eternidad. Creo que esta enseñanza ayudará a los creyentes en Cristo a obtener mayor sabiduría y entendimiento sobre cómo pueden vivir de ese modo hoy en día".
—Joyce Meyer, autora de éxitos de ventas y maestra de la Biblia

"*Guiados por la eternidad* enseña con valentía uno de los grandes 'misterios' de la existencia humana: la eternidad. Con la claridad y exhaustividad que caracteriza todas sus obras, John Bevere examina la sabiduría de la Biblia sobre el tema, inspirando a sus lectores a vivir vidas enfocadas en la eternidad que se expandan más allá de sí mismas".

—BRIAN HOUSTON, pastor principal de la Iglesia Hillsong

"*Guiados por la eternidad* debería ser una lectura anual para cada persona que quiera edificar un legado eterno y avanzar el reino de Dios. Con un exhaustivo fundamento bíblico, John desafía e inspira a los lectores a sacar el máximo partido a su recurso más preciado, su tiempo en la tierra, para que puedan tener el mayor impacto posible en la eternidad. ¡Este libro es un clásico contemporáneo!".

—CHRIS HODGES, pastor principal de la Iglesia Church of the Highlands y autor de *Fresh Air* y *Four Cups*

"En *Guiados por la eternidad* John Bevere desmitifica la eternidad y crea un caso atractivo acerca de cómo nuestras decisiones en el presente repercutirán más allá de nuestro último aliento. No te puedes dar el lujo de perdértelo".

—MARK BATTERSON, autor de éxitos de ventas del *New York Times* de *El Hacedor de círculos* y pastor principal de la Iglesia National Community

"En *Guiados por la eternidad* John Bevere desafía a los lectores a estar siempre motivados por lo eterno. John es un querido amigo, y tengo el honor de recomendar este libro".

—JENTEZEN FRANKLIN, pastor principal de Free Chapel, Gainesville, GA, y autor éxitos de ventas del *New York Times*

"*Guiados por la eternidad* transformará tu perspectiva del tiempo y de cómo usarlo. John desarrolla de modo brillante verdades bíblicas que te empoderarán para vivir cada día con un propósito que trascienda tu realidad temporal".

—Obispo T.D. Jakes, autor de éxitos de ventas del *New York Times* y CEO de TDJ Enterprises

"¡Tremendo! Poderoso, fascinante, aleccionador. No podía dejar de leerlo. Quiero que todo el mundo lo lea. Por favor, saquen tiempo para hacerlo".

—Bill McCartney, Promise Keepers

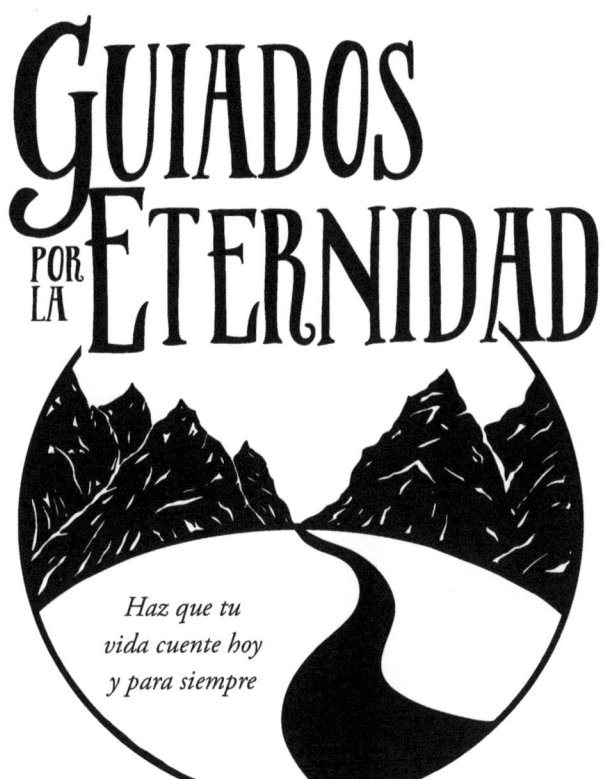

GUIADOS POR LA ETERNIDAD

Edición 10mo. Aniversario
Revisada y Ampliada

Haz que tu vida cuente hoy y para siempre

JOHN BEVERE

WHITAKER HOUSE Español

A menos que se indique lo contrario, todas las citas de la Escritura han sido tomadas de la *Santa Biblia, versión Nueva Biblia de las Américas*™ NBLA™ Copyright © 2005 por The Lockman Foundation. Usadas con permiso. Todos los derechos reservados. Las citas de la Escritura marcadas (RV60) han sido tomadas de la *Santa Biblia, Versión Reina-Valera 1960*, RVR © 1960 por las Sociedades Bíblicas en América Latina; © renovado 1988 por las Sociedades Bíblicas Unidas. Usadas con permiso. Todos los derechos reservados. Las citas de la Escritura marcadas (NVI) han sido tomadas de la *Santa Biblia, Nueva Versión Internacional*®, NVI®, © 1999 por la Sociedad Bíblica Internacional. Usadas con permiso. Reservados todos los derechos. Las citas de la Escritura marcadas (NTV) han sido tomadas de la *Santa Biblia, Nueva Traducción Viviente*, NTV, © 2008, 2009 Tyndale House Foundation. Usadas con permiso de Tyndale House Publishers, Inc., Wheaton, Illinois 60189. Todos los derechos reservados. Las citas de la Escritura marcadas (RVC) han sido tomadas de la *Santa Biblia, Versión Reina-Valera Contemporánea* (RVC), © 2009, 2011 por las Sociedades Bíblicas Unidas. Usadas con permiso. Todos los derechos reservados. Las citas de la Escritura marcadas (RVA) han sido tomadas de la versión *Santa Biblia, Reina-Valera Antigua*, dominio público. Las citas de la Escritura marcadas (LBLA) han sido tomadas de *La Biblia de las Américas*®, LBLA®, © 1986, 1995, 1997 por The Lockman Foundation. Usadas con permiso. Derechos reservados. (www.LBLA.org). Las citas de la Escritura marcadas (NBV) han sido tomadas de la *Nueva Biblia Viva*, © 2006, 2008 por Biblica, Inc.® Usadas con permiso de Biblica, Inc.® Reservados todos los derechos en todo el mundo. Las citas de la Escritura marcadas (MSG) han sido tomadas de *The Message*, copyright © 1993, 1994, 1995, 1996, 2000, 2001, 2002. Usadas con permiso de NavPress Publishing Group. Todos los derechos reservados. Traducción libre por Belmonte Traductores. Las citas de la Escritura marcadas (AMP) han sido tomadas de *The Amplified Bible*, Copyright © 2015 por The Lockman Foundation, La Habra, CA 90631. Todos los derechos reservados. Traducción libre por Belmonte Traductores.
Las cursivas y negritas en el texto implican énfasis del autor.

Traducción al español por:
Belmonte Traductores
www.belmontetraductores.com

Editado por: Ofelia Pérez

Guiados por la eternidad
Haz que tu vida cuente hoy y para siempre

ISBN: 978-1-64123-967-7
eBook ISBN: 978-1-64123-968-4
Impreso en Estados Unidos.
© 2023 por John Bevere

Whitaker House
1030 Hunt Valley Circle
New Kensington, PA 15068
www.whitakerhouse.com

Por favor, envíe sugerencias sobre este libro a: comentarios@whitakerhouse.com.

Ninguna parte de esta publicación podrá ser reproducida o transmitida de ninguna forma o por algún medio electrónico o mecánico; incluyendo fotocopia, grabación o por cualquier sistema de almacenamiento y recuperación sin el permiso previo por escrito de la editorial. En caso de tener alguna pregunta, por favor escríbanos a permissionseditor@whitakerhouse.com.

1 2 3 4 5 6 7 8 9 10 11 ⬛ 30 29 28 27 26 25 24 23

Dedico este libro…

a todos los que trabajan incansablemente para edificar vidas eternas.

Anímense en su tarea.

Su venida es innegable y su recompensa viene con Él.

"Y esta es la vida eterna: que te conozcan a ti, el único Dios verdadero,

y a Jesucristo, a quien has enviado".

Juan 17:3

ÍNDICE

Acerca de este libro 13
Prefacio 14
Introducción 16

SECCIÓN 1

Capítulo 1: Lo eterno 20
Capítulo 2: El reino de Affabel: La vida en Endel 37
Capítulo 3: El reino de Affabel: El día del juicio I 59

SECCIÓN 2

Capítulo 4: El hogar eterno de los muertos 82
Capítulo 5: El juicio de *Engañado* 102

SECCIÓN 3

Capítulo 6: Caen los grandes 134
Capítulo 7: El fundamento 162

SECCIÓN 4

Capítulo 8: El reino de Affabel: El día del juicio II 174
Capítulo 9: El cielo 200
Capítulo 10: El tribunal de Cristo 220

SECCIÓN 5

Capítulo 11: Una casa diseñada por Dios 236

Capítulo 12: Llamado por Dios 250

SECCIÓN 6

Capítulo 13: La multiplicación 274

Capítulo 14: La influencia personal 302

Apéndice: Cómo recibir la salvación 319

Notas 322

Acerca del autor 326

ACERCA DE ESTE LIBRO

Guiados por la eternidad se puede leer de principio a fin como cualquier otro libro. Para los que deseen usar este libro para un estudio personal o en grupo, ha sido dividido en seis secciones, cada una de las cuales está seguida de unas preguntas de discusión. Este estudio está diseñado para usarlo en un transcurso de seis semanas, pero siéntete libre para adaptarlo a tus necesidades.

Las secciones y sus capítulos correspondientes son las siguientes:

Sección 1	Capítulos 1-3
Sección 2	Capítulos 4-5
Sección 3	Capítulos 6-7
Sección 4	Capítulos 8-10
Sección 5	Capítulos 11-12
Sección 6	Capítulos 13-14

Si estás leyendo este libro como parte del estudio *Guiados por la eternidad*, te recomendamos que veas o escuches la sesión de enseñanza de cada semana y respondas a las preguntas de discusión de la sección correspondiente como grupo. Después, cada miembro del grupo puede leer los capítulos relevantes del libro antes de la siguiente reunión. Hay una sesión de enseñanza para cada semana del estudio.

¡Que lo disfrutes!

PREFACIO

Llegará el día en que cada uno de nosotros estará delante de Dios. La pregunta es esta: ¿estaremos listos?

Las Escrituras nos exhortan: "Por lo tanto, hermanos, esfuércense más todavía por *asegurarse* del llamado de Dios, que fue quien los eligió" (2 Pedro 1:10, NVI). La palabra operativa aquí es *asegurarse*.

¿Alguna vez te aseguraste de algo y después te diste cuenta de que estabas equivocado? Puede resultar fastidioso. Como suele ser típico de los varones, a menudo estoy seguro de la ruta, las instrucciones, el procedimiento, la fórmula o el método, y después descubro que estoy en el vecindario erróneo o que tengo que comenzar de nuevo el proyecto, la asamblea o la fórmula, y esta vez siguiendo las instrucciones. Es frustrante. He malgastado gasolina, tiempo, recursos o dinero. Estaba *seguro* de que lo sabía, pero en realidad no lo sabía.

No quería cometer el mismo error con la eternidad.

Escribir este libro me afectó personalmente más que cualquier otro. Desde que se publicó hace una década, mi equipo y yo hemos recibido incontables testimonios de vidas cambiadas. Cuando hablábamos de la abrumadora tarea de revisar y actualizar este libro para volver a publicarlo, sabía que teníamos que hacerlo. Tenía un sentimiento muy fuerte de que el mensaje de estas páginas era a la vez urgente y crítico. Como administradores del evangelio, no tenemos un llamado mayor que preparar a otros para la eternidad con gracia y verdad. Quiero que estés eternamente *seguro*.

El hecho sobrecogedor es que, cuando estemos delante de nuestro Creador, *será demasiado tarde para tener una segunda oportunidad.*

Espero y deseo, y pido en oración, que mientras lees o vuelves a leer este mensaje el Espíritu Santo lo use para hacerte avanzar hasta tu potencial eterno, cambiado para siempre por su gracia y su misericordia.

Sinceramente,
John Bevere
Mayo de 2016

INTRODUCCIÓN

¿Qué tendrá la palabra *eternidad* que llama tanto nuestra atención y, de hecho, tiene el potencial de influir en toda una nación? Así es la historia de Arthur Stace, un australiano que nació y tuvo una vida de desesperanza a finales del siglo pasado. Su vida fue la de un vagabundo, llena de delitos menores y alcoholismo entre la Primera Guerra Mundial y la Gran Depresión. Todo eso cambió cuando tuvo un encuentro con Jesús el 6 de agosto de 1930, y poco después escuchó decir a su pastor: "¡Desearía poder gritar *eternidad* por todas las calles de Sídney!". Él se sintió motivado a convertir ese deseo en una realidad.

Arthur se levantaba temprano cada mañana, oraba durante una hora, y salía de su casa entre las 5:00 y las 5:30 de la mañana para ir a donde sintiera que Dios lo guiaba. Durante horas escribía una palabra, *eternidad*, aproximadamente cada cien metros en las aceras de Sídney. Por más de veinte años su trabajo era un misterio. ¿Quién escribía esta palabra que hacía que miles de personas se detuvieran a meditar en su significado, tanto inmediato como a largo plazo? ¿Había captado este hombre misterioso el impacto y la parte del poder de esta sola palabra? No fue hasta 1956 cuando se resolvió el enigma.

Dos años después de la muerte de Arthur en 1967 el poeta de Sídney, Douglas Stewart, publicó estas palabras e inmortalizó la palabra de este predicador del grafiti:

> Ese misterioso y tímido poeta Arthur Stace
> cuya obra consistió en una sola y poderosa palabra
> caminaba en lo más profundo del tiempo y el espacio

y es ahí donde se pronunció su palabra y él la escuchó ETERNIDAD, ETERNIDAD, resonando como una campana
El dulce sonido del cielo, lo más sombrío desde el infierno.

Un sermón de una sola palabra tocó a toda una nación. El mensaje de Arthur quedó preservado para futuras generaciones por el arquitecto Ridley Smith, quien la grabó y la puso en una placa de cobre en la Plaza de Sídney. Más adelante la vieron más de cuatro mil millones de personas en todo el mundo mientras presenciaban la Ceremonia de Apertura de los Juegos Olímpicos de Sídney por televisión, y de nuevo cuando apareció escrita con fuegos artificiales sobre el Puente del Puerto de Sídney la noche de Año Nuevo que daba inicio al nuevo milenio.

La eternidad capta la atención de toda la humanidad. Ninguna raza, tribu o género puede resistirse a su atracción. Fuimos creados con eternidad en nuestro corazón, y sentimos la extensión inmanente y desconocida de nuestra existencia. Por lo tanto, es sabio ahondar un poco más en lo que dice nuestro Creador con respecto a la eternidad. A fin de cuentas, su Palabra dice: "Desde la eternidad hasta la eternidad yo soy Dios. Nadie puede contrariar lo que yo hago" (Isaías 43:13, NBV). Esa es la razón por la que escogiste este libro, y creo que ha sido una sabia elección.

Oremos juntos antes de comenzar. He hecho esta oración en voz alta en mi estudio anticipando que ahora tú la repitas conmigo:

Amado Padre de la Eternidad, Creador de todo y Señor del universo, vengo a ti en el nombre de Jesucristo, tu Hijo. Te pido poniéndome de acuerdo con tu siervo John Bevere que este día tú unjas mis ojos para que vean y mis oídos para que oigan, y que me des un corazón que perciba y entienda lo que me estás diciendo a través de este mensaje. Reconozco mi necesidad de que el Espíritu Santo me ayude para conocer tu voluntad y tus caminos para mi vida. Deseo agradarte todos los días de mi vida y por toda la eternidad. Muéstrame no solo tus caminos sino también tu corazón para que te conozca, porque esta es la vida eterna: conocerte íntimamente como mi Padre celestial. Gracias por tu maravillosa fidelidad, gracia y misericordia.

Comencemos, pues, sabiendo que el Espíritu Santo te dará un entendimiento y comprensión que no podrías haber obtenido por ti solo. ¡Qué emocionante!

SECCIÓN 1

Capítulo 1

LO ETERNO

Enséñanos a entender la brevedad de la vida...
y [Dios] haga que nuestros esfuerzos prosperen.
Sí, ¡haz que nuestros esfuerzos prosperen!
—Salmos 90:12, 17, NTV

La mayoría de las personas quieren vivir una vida significativa. Esta es una buena aspiración, acorde con la voluntad de Dios. Fue la petición de Moisés en la oración de arriba. Comenzó pidiendo sabiduría para sacarle el mayor partido a su tiempo. Hay muchas cosas en esta vida que pueden recuperarse cuando se pierden, pero el tiempo que no se usa bien nunca se puede recuperar. Una vez que el sol se pone, ese día terminó para siempre.

La oración de Moisés concluye diciendo: "¡Haz que nuestros esfuerzos prosperen!". Esta frase exacta se repite dos veces. ¿Por qué? No es que Moisés tuviera problemas con la gramática o la memoria. Más bien, esto representa un estilo literario que encontramos en los escritos hebreos. La repetición es una forma de dar énfasis. En español y en otros idiomas, cuando queremos enfatizar la importancia de una palabra o frase contamos con varios métodos. Podemos ponerlo en negrita, en cursiva, subrayarlo, utilizar mayúsculas, o añadir signos de exclamación. Son maneras de llamar la atención del lector hacia algo que es muy importante. Sin embargo, los escritores hebreos repetían dos veces la palabra o la frase para dar énfasis, y esto no se tomaba como exageración: siempre elegían las palabras con cuidado y atención. Que esta frase aparezca repetida dos veces en las Escrituras muestra no solo que la voluntad de Dios es que logremos el éxito, sino que, además, está apasionado al respecto. Dios es quien ha puesto el énfasis en ello.

Fuimos creados para disfrutar de éxito. ¡Dios quiere que nuestras vidas sean significativas! Dios lo deseó primero, y no nosotros. Nos lo dice en las Escrituras. Permíteme mencionar solo dos de estos pasajes. El primero es: *Entonces el Señor tu Dios te prosperará en todo lo que hagas* (Deuteronomio 30:9, NTV). Observemos la palabra *todo*. ¡No dice en *algunas cosas*!

Leemos también: *Este libro de la ley no se apartará de tu boca, sino que meditarás en él día y noche, para que cuides de hacer todo lo que en él está escrito; porque entonces harás prosperar tu camino y tendrás éxito* (Josué 1:8).

Hace falta la sabiduría de Dios para tener éxito. Las Escrituras declaran: *El que adquiere sabiduría a sí mismo se ama; el que posee entendimiento prospera* (Proverbios 19:8, NBV). La sabiduría nos da el conocimiento y la capacidad para tomar las decisiones correctas en el momento oportuno. La verdadera sabiduría no es tan solo para los de mente brillante, sino para todo el que tema al Señor y esté aferrado a Cristo. Si buscas edificar una vida de significado eterno, debes hacerlo a través de la sabiduría de Dios, y eso es justo de lo que trata este mensaje.

De la sabiduría nace el éxito, lo cual trae satisfacción y recompensas perdurables: *Si eres sabio, tu premio será tu sabiduría* (Proverbios 9:12, NVI). El Señor no solo desea tu éxito, sino que además anhela recompensarte por ello. Una vez más, leemos: *Día tras día el Señor cuida de los justos, y les concede recompensas eternas* (Salmos 37:18, NBV).

El hecho de que Dios desea que tengamos éxito se ha subrayado en buena parte de la iglesia durante los últimos años, con el debido énfasis. Sin embargo, muchas veces el éxito es percibido como lo define la sociedad y no como lo ve Dios. Se ve con los ojos de lo temporal, no con los de lo eterno. Esto nubla nuestra visión y entendimiento, lo cual da como resultado búsquedas infructuosas o erróneas.

Todos estaremos algún día ante el Juez del universo: Jesucristo. Si hemos hecho que nuestra vida cuente por medio de la sabiduría que Dios nos da, recibiremos una recompensa eterna. Si hemos buscado en los lugares equivocados, seremos castigados o sufriremos una pérdida eterna. Por lo tanto, más nos valdrá invertir un par de horas en descubrir qué es lo que busca el Señor.

Ese es el enfoque de este libro: hacer que tu vida cuente, no solo hoy sino también eternamente. La Biblia nos enseña con toda claridad cómo hacerlo. Si queremos que lo eterno sea nuestra motivación, comencemos por tratar de entenderlo bien.

LA ETERNIDAD

Lee estos dos pasajes con atención:

Nadie puede empezar a entender la eternidad.
(Job 36:26, NBV)

Ha puesto la eternidad en sus corazones. (Eclesiastés 3:11)

La eternidad: ¿qué es? ¿Cómo definirla? ¿Cómo entenderla? El Diccionario de la Real Academia Española la define como perpetuidad sin principio, sucesión ni fin; sin embargo, en otro diccionario encontré que la eternidad es el estado de existir fuera del tiempo. ¿Cómo puede ser que se defina la eternidad en términos de principio y fin, como marcas de tiempo y también como algo que está fuera del tiempo? ¿Cómo puede ser que nadie haya cuestionado eso? ¿No cuestionaríamos dos libros científicos si definieran algo de nuestro mundo como existiendo en diferentes estados? Supongamos que un libro definiera al pez como ser vertebrado que vive en el agua, mientras que otro dijera que vive en entornos donde el agua no existe. Enseguida llegaríamos a la conclusión de que uno de los dos está equivocado y lo descartaríamos. Entonces, ¿por qué no cuestionamos ni descartamos ninguna de las dos definiciones encontradas sobre la eternidad?

La verdad es que la eternidad no se puede entender racionalmente. Nuestras mentes son finitas y limitadas a la hora de entender lo que es un concepto eterno o perpetuo.

Permíteme ilustrarlo. Detente un momento e imagínate dónde estaría el fin del universo. Piensa en su perímetro. Si puedes hacerlo, ¿qué ves como su frontera más externa? ¿Un muro? ¿De qué está hecho? ¿Cuál es su grosor? ¿La cara exterior del muro sería entonces el punto exacto donde termina el universo? De ser así, ¿qué hay más allá de la cara externa de este muro? ¿Más espacio? ¿No sería esto entonces una continuación del universo? ¿Dónde está el final? ¿Puede entender tu mente que el universo no termine? Tan solo detente y piensa en ello.

¿Y un pozo sin fondo? ¿Te imaginas caerte en un hoyo en el que nunca terminas de caer? Nunca llegarías al suelo, ni lo verías. Sencillamente seguirías cayendo eternamente. Dos cosas, no solo una, hacen un cortocircuito aquí en nuestro razonamiento mental: primero, que el agujero no tenga fondo; segundo, que nos estemos cayendo interminablemente. Es difícil entenderlo y nos parece un concepto de ciencia ficción, pero las Escrituras hacen referencia a un lugar así en siete ocasiones.

¿Y qué hay de Dios mismo, el Creador del hombre? Detente un momento para pensar en el inicio de Dios, o mejor dicho en su no inicio. Las Escrituras declaran que Dios existe desde la eternidad hasta la eternidad. Si no nació, si nadie lo creó, ¿cómo comenzó a ser quien es? ¿Cómo evolucionó?

La verdad es que no evolucionó hasta llegar a ser Dios, porque el salmista declara: *Antes que los montes fueran engendrados, y nacieran la tierra y el mundo, desde la eternidad y hasta la eternidad, tú eres Dios* (Salmos 90:2). Medita en esto por un momento. Si lo haces, supondrá una frustración para tu razonamiento intelectual, como dice el libro de Job: *El número de sus años es inescrutable* (36:26).

PUESTA EN NUESTROS CORAZONES

Lo que en verdad es inescrutable para nuestra mente natural, el Creador lo ha puesto en nuestros corazones. La eternidad es algo que nuestro corazón conoce. Nace en cada ser humano. Por eso: *El necio ha dicho en su corazón: no hay Dios* (Salmos 14:1). Observa que las Escrituras *no* dicen "el necio ha dicho en su *mente*". Hay muchos ateos que niegan enfáticamente la existencia de Dios, pero en su corazón saben que existe, porque la eternidad está ahí plantada. Aún no han endurecido sus corazones hasta un estado completamente degenerado.

Tenía yo un amigo, de esto hace años, que era un férreo defensor del ateísmo, o al menos eso pensaba él. No permitía que nadie le hablara de Dios. De hecho, un día le arrancó a un compañero de trabajo la Biblia que llevaba en la mano, la tiró al suelo y la pisoteó, insultándola y profiriendo improperios contra su colega. Acusaba a este cristiano de ser débil y descerebrado.

Más adelante, después de años de ateísmo confeso, un día sintió un gran dolor en el pecho. Los médicos le practicaron una cirugía exploratoria. De inmediato tuvieron que cerrar y le dijeron que le quedaban menos de veinticuatro horas de vida.

Esa noche, acostado en su cama, supo que iría a su morada eterna y que no era en absoluto el lugar donde quería acabar. ¿Cómo podía saberlo, si no había permitido que nadie le explicara las Escrituras? ¿Tendría la eternidad puesta en su corazón, como declaran las Escrituras sobre todo ser humano: *Porque lo que se conoce acerca de Dios es evidente dentro de ellos, pues Dios se lo hizo evidente* (Romanos 1:19)?

Esa noche, el corazón de mi amigo se detuvo. Abandonó su cuerpo y descendió a la más profunda oscuridad. Era una oscuridad tan densa que la sentía como si fuera una prenda que vestía, porque no había ni siquiera atisbo de luz. Después de caer durante lo que le pareció mucho tiempo, escuchó los horrendos gritos de las almas atormentadas. Una fuerza lo impulsaba hacia la misma puerta del infierno, pero de repente pudo volver a su cuerpo. Lo habían revivido.

A la mañana siguiente llamó al único cristiano que conocía. Su amigo llegó y le proclamó las buenas nuevas de salvación a través de Jesucristo. Una vez que hubo recibido a Jesucristo en su vida como Señor y Salvador, su amigo oró por su sanidad. Tres semanas después salió del hospital. Vivió varias décadas más antes de recibir su recompensa eterna. Era un milagro andante.

Como ateo, este hombre proclamaba que no había Dios, pero la eternidad estaba plantada en su corazón. El necio, por otra parte, es quien no solo niega a Dios con su mente, sino que además se resiste en su corazón, hasta el punto de cauterizar su conciencia. En ese estado es inalcanzable, porque una cosa es aferrarse a una creencia con el intelecto, lo cual se puede modificar, y algo muy distinto es endurecer el corazón por completo. El *Nuevo Diccionario Bíblico de Unger* da esta definición: "En las Escrituras, el 'necio' es principalmente la persona que echa fuera el temor de Dios, y piensa y actúa como si pudiera vivir sin tener en cuenta los principios eternos de la justicia de Dios".

El necio puede en realidad reconocer a Dios con la mente, pero niega su existencia en su corazón, lo cual se refleja en su manera de vivir. El temor de Dios es lo que mantiene nuestros corazones al alcance del Espíritu Santo; si se pierde, ya no hay esperanza para nosotros. Pablo dijo: *Hermanos, hijos del linaje de Abraham, y los que entre vosotros teméis a Dios, a nosotros nos es enviada la palabra de esta salvación* (Hechos 13:26). Solamente los que temen a Dios son capaces de oír las palabras de vida eterna.

LA ETERNIDAD DEFINIDA

La eternidad está plantada en nuestros corazones, aunque sea imposible comprenderla con nuestra mente. Así que, para definirla, te pido que escuches con el corazón. De hecho, para beneficiarte de todo este libro tendrás que hacer lo mismo. ¿Cómo conseguirlo? Ante todo, reconoce que necesitas la ayuda del Espíritu Santo, y pídele dicha ayuda. Él tendrá comunión con la parte más íntima de tu ser, no con tu mente. En segundo lugar, detente para reflexionar y meditar cuando sientas que tu corazón es conmovido o tocado por alguna idea. No tengas prisa por terminar de leer el libro porque, si lo haces, los beneficios serán limitados.

Para recibir todo el impacto de la Palabra eterna de Dios para ti, aplica estos dos pasos y verás que cambias para siempre. David dice: *En mi corazón he atesorado tu palabra, para no pecar contra ti* (Salmos 119:11). No leas únicamente para entenderlo con la mente, ya que pronto se te olvidará o se perderá; deja que la Palabra de Dios se afiance en tu corazón mediante la contemplación y la oración.

La eternidad dura por siempre, no tiene fin; sin embargo, no solo se trata de un tiempo interminable, porque no está sujeta al tiempo. La eternidad trasciende al tiempo. Hablar de la eternidad meramente en términos de duración perpetua es no ver el cuadro completo.

Para captar la mejor visión de la eternidad tenemos que mirar a Dios mismo. Él no tiene límites de poder, conocimiento, sabiduría, entendimiento o gloria, por nombrar solo unos cuantos. Dios existe por sí mismo. Fue Dios desde siempre y seguirá siendo Dios para siempre. Él es llamado "Padre Eterno" (Isaías 9:6). La traducción literal de Young de esta frase dice "Padre de la eternidad". También se le llama "Rey eterno" (1 Timoteo 1:17). Todo lo que es eterno está en Él. De hecho, la eternidad misma está en Él. Todo lo que esté fuera de Dios es temporal y cambiará. Por muy bueno, noble, potente o perdurable que pueda parecer, en algún momento dejará de ser. Incluso la tierra y el universo cambiarán, pero no Dios:

Señor, en el principio echaste los cimientos de la tierra y con tus manos formaste los cielos. Ellos dejarán de existir, pero tú permaneces para siempre. Ellos se desgastarán como ropa vieja. Los doblarás como un manto y los desecharás como ropa usada. Pero tú siempre eres el mismo; tú vivirás para siempre.
(Hebreos 1:10-12, NTV)

Él no solo jamás cesará de ser, sino que permanece inmutable por toda la eternidad. Las Escrituras declaran:

Toda carne es como la hierba, y toda su gloria como la flor de la hierba. Sécase la hierba, cese la flor, mas la palabra del Señor permanece para siempre. Y esta es la palabra que os fue predicada. (1 Pedro 1:24-25)

Dios es eterno, y por eso todo lo que Él dice es eterno. Dios no puede mentir, ni se puede quebrantar lo que Él dice. Si no fuera así, todo se derrumbaría en la más profunda oscuridad, porque Dios es luz y sostiene todas las cosas por medio de su Palabra. Jamás podrá haber cambio alguno en lo que Dios dice, porque de no ser así no podría ser eterno. Ese es un cimiento sólido sobre el que podemos edificar nuestras vidas.

JUICIOS ETERNOS

Hay muchos hoy en día que no edifican sus vidas sobre lo eterno, que es la Palabra de Dios, sino sobre el pensamiento cultural, la tradición, las suposiciones, y lo que ellos sienten que es Dios. Esto no solo aplica a quienes no son cristianos, sino también a muchos creyentes. Es aterrador creer que algo temporal sea la verdad eterna. Si una persona hace eso, su cimiento es endeble y está asegurando con ello su propia caída. Cree una mentira y entra en un estado de engaño.

Me asombra la cantidad de personas que conozco que establecen sus vidas sobre lo que no es eterno. Algunos me hablan de Dios y de que creen en su Hijo, pero el que declaran no es Aquel que se revela en su Palabra. El engaño es muy grande. ¿Cómo pueden creer en algo que solo imaginan en su mente, en algo moldeado por una sociedad que ya se ha declarado contraria a la naturaleza de Dios? Jesús dijo:

> El que [...] no recibe mis palabras, tiene quien lo juzgue; la palabra que he hablado, esa lo juzgará en el día final. Porque yo no he hablado por mi propia cuenta, sino que el Padre mismo que me ha enviado me ha dado mandamiento sobre lo que he de decir y lo que he de hablar. (Juan 12:48-49)

Hay un Día del Juicio, ya designado desde la fundación del mundo (ver Hechos 17:31). Ese día no traerá nuevas revelaciones de la verdad. Por el contrario, medirá todas las cosas por lo que ya se ha dicho. La Palabra de Dios, que hoy tenemos, nos juzgará en ese último día. Es eterna. Es final. No hay excepciones, alteraciones o revisiones. ¿No nos convendría conocer a Dios y vivir según lo que Él dice, en lugar de basarnos en lo que suponemos que dijo?

Los juicios de ese día se llaman *eternos* (Hebreos 6:2). En otras palabras, las decisiones que se tomen ese día, basadas en cómo hayamos alineado nuestras vidas con base en su Palabra eterna, ¡determinarán cómo pasaremos el resto de la eternidad! No habrá cambios en cuanto a esas decisiones, porque son *juicios eternos*.

Hay muchas personas, creyentes y no creyentes por igual, que con ignorancia permiten que el juicio establecido se apresure hacia ellas sin preocuparse por investigar. Han depositado una falsa esperanza en conceptos que no se encuentran en la Biblia. Algunos piensan que Dios tendrá en cuenta todo lo bueno que hayan hecho, y que, si pesa más que lo malo, hallarán favor. Otros que profesan haber nacido de nuevo piensan que no tendrán que estar delante de Jesús como Juez porque Él es su Salvador. Creen estar exentos de toda forma de juicio.

Se llevarán una gran sorpresa. Y también están los que piensan que todo saldrá bien para todos. Confían en una misericordia que no es bíblica.

Ninguno de estos conceptos se ajusta a lo que revela y enseña el Nuevo Testamento. Esas ideas, y muchas otras que la gente ha concebido en su imaginación, son temporales y no se sostendrán en ese día. Habrá hombres y mujeres atónitos, y creo personalmente que habrá más cristianos profesos que no creyentes entre los sorprendidos el día del juicio.

CONFIANZA EN EL JUICIO

No hay por qué llegar al día del juicio con temor. Podemos hacerlo con confianza:

> (...) y al vivir en Dios, nuestro amor crece hasta hacerse perfecto. Por lo tanto, no tendremos temor en el día del juicio, sino que podremos estar ante Dios con confianza, porque vivimos como vivió Jesús en este mundo. (1 Juan 4:17, NTV)

Observemos las palabras "y al vivir en Dios, nuestro amor crece hasta hacerse perfecto". La clave que nos dará confianza el día del juicio es el amor de Dios que se perfecciona (o madura) en nosotros.

Ahora bien, aquí está el punto en el que muchos flaquean. Ven el amor de Dios a la luz de lo temporal, no de lo eterno. Hay muchas personas en la sociedad y en la Iglesia que admiran el amor y la bondad, pero está determinado según medidas humanas; esos conceptos son en verdad contrarios al amor de Dios. Permíteme ilustrarlo con algunos ejemplos bastante comunes.

"Nos amamos mucho y estamos pensando en casarnos". Esto dicen muchos cuando tienen relaciones sexuales fuera del matrimonio. Eso no solo es pecado, aunque se casen; muchas veces he visto que quienes afirman estas cosas después no se casan. Se han olvidado de la clara exhortación: "Tengan todos en alta estima el matrimonio y la fidelidad conyugal, porque Dios juzgará a los adúlteros y a todos los que cometen inmoralidades sexuales" (Hebreos 13:4, NVI). Observemos que el escritor de Hebreos no dice: "los adúlteros y todos los que comenten inmoralidades sexuales que no asisten a la iglesia". No, sino todo aquel que practica este estilo de vida.

"Sé que no era del todo verdad, pero ayudará a que cerremos el trato y nos aseguraremos de ser justos". Muchas veces, las personas de negocios dicen eso cuando quieren asegurarse una venta que creen que será realmente buena para el cliente, pero necesitan torcer un poco los hechos para lograr dar un paso adelante. Eso no solo es mentir, sino que casi siempre el negocio es más beneficioso para quien hace esa afirmación. ¿Han olvidado la advertencia que dice: "... *y todos los mentirosos tendrán su parte en el lago de fuego que arde con fuego y azufre*" (Apocalipsis 21:8, AMP, traducción libre)?

"Lo que dije sobre él es la verdad". Eso se suele decir cuando personas hablan cosas negativas (chismes o injurias) sobre otro colega, amigo, jefe, etc. El asunto es que tú puedes tener toda la razón y aun así estar actuando mal con respecto a los estándares eternos. Si recuerdas bien, el hijo menor de Noé, Cam, reportó con precisión a sus hermanos sobre la desnudez y el estado ebrio de su padre; sin embargo, como resultado de haber causado deshonra a su padre vino una maldición sobre su linaje que duró varias generaciones. ¿Han olvidado los que injurian y andan con chismes la exhortación a los creyentes, que dice: *Hermanos, no se quejen unos de otros, ¿o serán juzgados? ¡Pues miren, el Juez ya está a la puerta!*" (Santiago 5:9, NTV)?

Hay un sinfín de ejemplos, pero el denominador común es que todos son contrarios a la voluntad eterna de Dios. Lo que asusta es que muchos que viven de ese modo y dicen cosas aparentemente inofensivas quizá asisten a la iglesia y se muestran amables, por lo que se les considera ciudadanos modelo. Sin embargo, ¿cómo son medidos con respecto a lo eterno?

Un poco antes en su carta, Juan nos da la respuesta sobre cómo perfeccionar (madurar) el amor de Dios:

El que dice: Yo conozco a Jesucristo, y no guarda ni obedece sus mandamientos es un mentiroso y la verdad del evangelio no está en él; pero el que guarda y atesora su palabra, en él verdaderamente se ha perfeccionado el amor de Dios.

(1 Juan 2:4-5, AMP, traducción libre)

Recordemos que es el amor de Dios perfeccionado (madurado) el que nos da la confianza para estar ante nuestro Juez. Juan dice con toda claridad que el amor de Dios se perfecciona al guardar sus mandamientos, y no al comportarnos del modo que la sociedad vea con buenos ojos. Ten en mente que Eva no fue atraída hacia el lado *malo* del árbol del conocimiento del bien y el mal, sino que fue seducida ¡hacia el lado *bueno*! *La mujer vio que el árbol era* bueno *para comer* (Génesis 3:6, RVC). El razonamiento humano es capaz de crear una forma de belleza y bondad que es contraria al amor eterno de Dios.

Las Escrituras también dicen que no podemos cumplir un porcentaje de los mandamientos de Dios y creer que estaremos confiados en el día del juicio. Cuando cumplimos cuidadosamente toda su Palabra en su totalidad es cuando el amor de Dios es perfeccionado, madurado. Por eso Dios nos da la gracia, la cual nos empodera para obedecer su Palabra por completo, de manera aceptable para Él. *Por lo cual, puesto que recibimos un reino que es inconmovible, demostremos gratitud, mediante la cual ofrezcamos a Dios un servicio aceptable con temor y reverencia* (Hebreos 12:28).

La clave consiste en saber qué es lo que el Rey desea y busca, no lo que le parece bueno a la sociedad o al razonamiento humano. Por esta razón, Dios nos dice: *Y no os adaptéis a este mundo, sino transformaos mediante la renovación de vuestra mente, para que verifiquéis cuál es la voluntad de Dios: lo que es bueno, aceptable y perfecto* (Romanos

12:2). Lo que puede parecer bueno para nuestra cultura puede ser una afrenta a los deseos de Dios: a lo eterno.

Permíteme ilustrarlo. Estoy sentado en este momento en la habitación de un hotel en Singapur, donde predicaré este fin de semana ante unas veinte mil personas. Ya he estado varias veces en esta gran nación. También prediqué el evangelio varias veces en los Países Bajos. Allí no es ilegal la posesión de marihuana, y las personas pueden fumarla legalmente y sin temor a ser multados. Sin embargo, si te atrapan en Singapur con cierta cantidad de droga (y la cantidad es muy pequeña), te arrestan y castigan con severidad. ¡Y si te atrapan con una cantidad mayor, el castigo es la muerte en la horca! Cuando uno vuela a Singapur, en la tarjeta de ingreso al país dice: "Muerte a los traficantes de drogas bajo la ley de Singapur".

Ahora bien, ¿te imaginas a un joven holandés que fuma habitualmente marihuana y que viaje a Singapur y allí comparta su hierba con los lugareños? Les dice tranquilamente a sus nuevos amigos: "Oigan, muchachos, esto es genial. Te calma, te pone alegre, y además borra tus frustraciones. ¿Quieren un poco? Les comparto, con mucho gusto".

El joven sería arrestado de inmediato. Se quedaría atónito, y la primera pregunta que les haría a los policías sería "¿Por qué me arrestan?".

Llega el día del juicio. El joven holandés comparece en el juzgado ante el juez, creyendo con todo su corazón que debe tratarse de alguna broma pesada o algo así. El juez declara que lo halla culpable y dicta su sentencia.

El joven, sin poder creerlo, dice: "Su Señoría, de donde yo vengo es legal compartir la marihuana con los amigos".

Y el juez le responde: "No está usted en Holanda. Está en Singapur, y en este país eso va en contra de la ley".

La confianza del holandés se esfuma. No tiene nada a lo que aferrarse. No puede recurrir, pues está ante la corte suprema del país, condenado y sin poder defenderse.

Hace varios años, estando yo en Singapur, un joven estadounidense fue arrestado por causar destrozos a un automóvil. Fue arrestado, tuvo un juicio donde lo declararon culpable, y lo sentenciaron a varios azotes de Rotan. Este es un castigo que causa daño físico permanente, porque se azota a la persona en el trasero con un tipo de caña de bambú tratada con sustancias químicas. Hasta el presidente de los Estados Unidos intentó que rebajaran la sentencia a este joven; sin embargo, no lo consiguió. El joven había violado la ley de Singapur y tenía que cumplir su sentencia.

Todos llegaremos ante la corte suprema del universo. La decisión de esta corte será *eternamente* final. Muchos se sorprenderán por el veredicto dictaminado sobre sus vidas, aunque no deberían tener motivo alguno para ello.

¿Estás preparado? Según la Palabra de Dios, podemos estar ante el Juez del universo con confianza. Este libro está pensado para ayudarte a estar preparado. Si el joven holandés se hubiera tomado el tiempo de aprender y prepararse antes de entrar en Singapur, se habría evitado un castigo tan severo. ¡Cuánto más importante es que nos preparemos para nuestro propio juicio, porque la decisión que se tome en ese juicio será para siempre!

RECOMPENSAS

Habrá más de un juicio en la eternidad. Habrá un juicio para los incrédulos, otro para los creyentes, y hasta uno para los ángeles. Las decisiones que se tomen variarán. Habrá pérdida y castigo, y habrá recompensas. Veremos todo esto con más detalle en los capítulos que siguen, pero quiero señalar una vez más que las decisiones tomadas serán eternas. No sé cómo enfatizarlo con más fuerza; ¡intenta de nuevo entender mentalmente algo que nunca termina! Es voluntad de Dios que sepamos esto por adelantado y que nos esforcemos por las recompensas que vienen al adherirnos a su Palabra. Pablo dice:

> ¿Acaso no saben que en una carrera todos los corredores compiten, pero solo uno recibe el premio? Así que corran como para obtener el premio. Ahora bien, cada atleta que entrena para ello se comporta de manera adecuada y se contiene en todas las cosas. Ellos lo hacen para ganar una riqueza que pronto se marchitará, pero nosotros lo hacemos para recibir una corona de bendición eterna que no puede marchitarse. Por lo tanto, yo no corro sin saber hacia dónde voy. No boxeo dando golpes al aire y sin un adversario, sino que al igual que un boxeador, golpeo mi cuerpo y lo someto... (1 Corintios 9:24-27, AMP, traducción libre)

Pablo dice muy claramente: *Yo me esfuerzo por recibirlo. Así que no lucho sin un propósito* (v. 26, TLA). Otra versión dice: *Yo de esta manera corro, no como sin tener meta; de esta manera peleo, no como dando golpes al aire* (v. 26, NTV). Eso es exactamente lo que todo ser humano debería hacer: correr con certidumbre y propósito para ganar. No estamos compitiendo contra otros, solo contra nosotros mismos.

GUIADOS POR LA ETERNIDAD

No basta con creer que desde el estrado del Juez todo se arreglará en beneficio de todos. No tenemos excusa, porque Dios ha puesto su voluntad a disposición nuestra. Habrá muchas personas en el juicio que crean que lo han hecho bien en comparación con quienes les rodean, pero aun así no habrán permitido que lo eterno los dirija ni actúe como combustible para mover sus vidas. De ahí el título de este libro: *Guiados por la eternidad*.

La palabra *guiados* significa mover, pero también tiene la idea de "guiar, controlar o dirigir". Otra definición es: "brindar la fuerza motriz, la motivación". ¿Qué guía o motiva nuestra vida en esta tierra? ¿Es lo eterno o lo temporal? ¿Se basa en la sabiduría humana? ¿O nos estamos comparando con otras personas, escuchando elogios, tradiciones o mitos proclamados desde algunos púlpitos o escuelas? ¿Se mantendrá en pie aquello sobre lo que edificamos nuestras vidas cuando estemos ante Dios en el juicio, o se perderán nuestros esfuerzos para siempre? Recuerda que ya sabemos cuál será el parámetro en el momento del juicio: *La palabra que he hablado, esa lo juzgará en el día final* (Juan 12:48).

Muchos que profesan ser cristianos se quedarán sorprendidos cuando estén ante Jesucristo el día del juicio. Habrá quienes buscaron seguridad en una parte de lo que enseña el Nuevo Testamento, pero que no se ocuparon de estudiar con atención el cuadro completo. Mi pregunta para ti en este momento es esta: ¿Quieres descubrir la verdad después de que se haya tomado la decisión *eterna* y sea demasiado tarde para cambiar? ¿O prefieres conocer ahora el parámetro por el que serás juzgado?

El siguiente capítulo comenzará con una alegoría que se extenderá hasta el capítulo siguiente. Léela con atención y recuerda los detalles, porque volveremos a referirnos a ella con frecuencia. La historia concluirá en el capítulo 8, y las verdades que contiene se tratarán durante el resto del libro. El libro gira en torno a esta alegoría, así que no la leas solo por encima; incluso es posible que tengas que volver a releerla a medida que avancemos en la enseñanza.

Dios ha tratado conmigo personalmente con respecto a la mayoría de lo que comparto en este libro. Hablaré de muchos de mis propios defectos, examinados por el Espíritu Santo bajo el microscopio de su verdad. Tengo la esperanza de que esto te mueva a estudiar con atención las Escrituras, para que puedas tener un cimiento firme sobre el que pisar en el día del juicio. También mencionaré algunas de las peores interpretaciones de nuestra sociedad que hacen que los hombres y las mujeres se alejen más de Aquel a quien manifiestan como su Salvador. Te asombrará, te conmoverá, y quizá incluso te ofenderá en algunas ocasiones, pero todo esto vendrá seguido de promesa, esperanza y consuelo.

Si eres valiente, si deseas la verdad y buscas a Dios en tu corazón, sigamos adelante. ¡Te alegrarás de haberlo hecho! Tómate en serio la siguiente exhortación:

El don de Dios ha restaurado nuestra relación con él y nos ha devuelto nuestra vida. Y aún hay más vida por llegar, ¡una vida eterna! Puedes estar seguro de eso. Quiero que seas firme en esto, que enseñes estas cosas para que los que han puesto su confianza en Dios se concentren en lo esencial que es bueno para todos.

(Tito 3:7-8, MSG, traducción libre)

Capítulo 2

EL REINO DE AFFABEL: LA VIDA EN ENDEL

[Jesús] *les enseñaba muchas cosas en parábolas...*
—Marcos 4:2

Había una vez un mundo similar al nuestro, aunque diferente en muchos aspectos. En este mundo no había naciones independientes, sino un único y gran reino llamado Affabel. Aunque este reino cubría la totalidad del mundo conocido, tenía una única capital desde donde se administraba y gobernaba. Era la Gran Ciudad de Affabel, a la que nos referiremos a partir de ahora sencillamente como Affabel.

Esta ciudad cautivadora estaba presidida por un rey muy importante llamado *Jalyn*. El rey *Jalyn* era adorado y sumamente admirado por sus súbditos. Él irradiaba un amor tan profundo que parecía inagotable. Era un rey fuerte y sabio, pero a la vez bondadoso y con un gran sentido del humor. Aunque su conducta era de realeza, *Jalyn* también se mostraba cercano. Estar con él le daba a uno la sensación de estar envuelto en una atmósfera de bondad. Su presencia elevaba cada aspecto de la vida al más alto nivel. Su visión y previsión eran asombrosas, y tenía una capacidad particular para ver los motivos que había en el corazón de las personas al llevar a cabo sus acciones.

El padre de *Jalyn*, que había fundado Affabel, era conocido como el Rey Padre Fundador. Una vez que estableció el orden, delegó el mando del reino a su hijo. Los residentes de esta gran ciudad colaboraban en la administración del gobierno de *Jalyn* sobre los territorios alejados del reino. Esto se llevaba a cabo a través de un sistema jerárquico de autoridad y liderazgo en la ciudad principal.

Era una ciudad enorme cuya superficie abarcaba unos 520 kilómetros cuadrados. Estaba tan bien planificada que, aunque estaba densamente poblada, nunca parecía atestada. Había barrios, residencias urbanas, suburbios y villas residenciales.

Las viviendas más modestas de los obreros estaban ubicadas en las llanuras, hacia el lado occidental de Affabel. (Sus modestas casas serían consideradas extravagantes en nuestro mundo). Aunque sus empleos exigían un trabajo intenso, estos residentes estaban agradecidos de poder vivir allí, en la ciudad del rey.

Los terrenos montañosos de las fronteras del norte y el sur conformaban el sector de los artesanos. Había quienes eran versados en las artes creativas de la música, la escritura, el diseño, la pintura y la escultura. Estas casas tenían unas vistas preciosas y eran más grandes que las de los obreros.

La sección más elegante de la ciudad era el distrito oriental, donde abundaban las hermosas villas. El área se conocía como el Centro Regio. En este extenso vecindario era donde residía el rey, lugar donde pasaba la mayor parte de su tiempo, y tenía como vecinos a quienes trabajaban más cerca de él. En este sector de la ciudad socializaban y trabajaban juntos los administradores y líderes.

El Centro Regio era como una joya engarzada sobre un acantilado frente a las costas del Gran Mar.

Desde el océano azul soplaba constantemente una suave brisa que refrescaba la ciudad. Las aguas bañaban las blancas arenas de la playa, y solo los jardines reales superaban en belleza a este paisaje. Los jardines embellecían el Centro Regio, añadiendo color y brillo en cada rincón. Sin duda, era esta la zona residencial más codiciada de Affabel. Lo único que superaba en elegancia a estas casas era el palacio del rey.

En medio de Affabel estaba el árbol de la vida. Únicamente los súbditos del rey tenían el privilegio de poder comer de sus maravillosos frutos, que no solo eran deliciosos y preciosos a la vista, sino que su fragante pulpa contenía el poder de lo milagroso.

LA COMUNIDAD DE ENDEL

Al occidente de las planicies de Affabel se encuentra el Desierto Exterior, que se extiende a lo largo de casi cien kilómetros hasta el Gran Río Adonga. Una vez que cruzas el Adonga, llegas a otra parte del reino llamada Endel. Al nacer, los hijos de los ciudadanos de Affabel son llevados de inmediato a la provincia de Endel. Antes de cumplir una semana se les pone bajo el cuidado de las enfermeras del rey. Cuando estos jóvenes ciudadanos (los endelitas) cumplen cinco años se les lleva a la Escuela de Endel, donde reciben instrucción y educación durante diez años. Allí aprenden todo lo que hay que saber sobre la forma de vida de Affabel y su gran rey *Jalyn*.

Solo las enfermeras del rey y los maestros habían tenido el privilegio de conocer a *Jalyn*. Cada cinco años más o menos, el monarca visitaba Endel en secreto para dar a conocer su amor por la escuela y los niños. Y, aunque no todos sabían de su presencia, en todo Endel su bondad era evidente en cada uno de los aspectos de la comunidad.

Los diez años en la Escuela de Endel servían para preparar a los estudiantes para la vida que tenían por delante. A los quince años tendrían un corto periodo de aplicación de todo lo que se les había enseñado. Durante ese tiempo se les confiarían cuotas de riqueza y responsabilidad. El modo en que administraran sus jóvenes vidas y sus recursos determinaba cómo y dónde pasarían el resto de sus vidas, que en su mundo era un total de ciento cincuenta años. Aunque el periodo de prueba duraba exactamente cinco años, ninguno de los estudiantes conocía su duración. Solo se les informaba que no serían más de diez años. Al finalizar este periodo, cada uno se presentaría ante el rey para rendir cuentas de sus decisiones.

Estos años de prueba demostrarían a qué cosas eran leales. Aquellos que seguían las ordenanzas de *Jalyn* con sus palabras y acciones reconocían con ello su liderazgo, y así, serían admitidos como residentes de Affabel. Sus decisiones les asegurarían las recompensas correspondientes.

Sin embargo, si los estudiantes se rebelaban durante el periodo de prueba y vivían únicamente para sí mismos, irían al exilio a la tierra de Solo. Solo era un desierto de completa oscuridad, donde reinaban la soledad y la desesperanza. Allí, los rebeldes sufrirían tormento y encierro durante el tiempo que duraran sus vidas.

La primera persona que había sido exiliada a tal desolación había sido *Dagon*, quien llegó a ser el fundador y sombrío amo de Solo. Aunque se había rebelado contra *Jalyn* hacía ya muchos años atrás, su influencia seguía merodeando la tierra de Endel. Los habitantes de Endel que preferían el señorío de *Jalyn* rompían el yugo del oscuro poder de *Dagon*; sin embargo, los que se negaban a servir a *Jalyn* permanecían bajo la influencia de este amo caído.

Con el fin de aislar e impedir toda posible infiltración de las tinieblas en su reino, el gran rey *Jalyn* tuvo que dictaminar un decreto que protegería tanto la integridad como la infraestructura social de Affabel. Todo el que siguiera el camino de *Dagon* y rehusara reconocer a *Jalyn* como rey con sus palabras y acciones, sería expulsado a la tierra de Solo durante el resto de sus días.

Este es el comienzo de nuestra historia. Seguiremos las vidas de cinco estudiantes de Endel, cuyos nombres son: *Independiente, Engañado, Corazón Flojo, Egoísta* y *Caridad*. Permíteme presentarte a cada uno de ellos.

INDEPENDIENTE

Independiente cuestiona constantemente la existencia de Affabel. No puede creer que alguien llamado *Jalyn*, a quien nunca ha visto ni conocido en persona, reclame no solo su lealtad sino también su estricta adherencia a una "lista de reglas". Sospecha que se trata de un complot para que él y los demás permanezcan bajo el control de los maestros. Con desprecio, se niega a asistir a las clases y aprender acerca de este reino imaginario.

Independiente se burla de los que creen en semejante tontería. Piensa vivir su vida como le parezca y mantenerse libre de las leyes de *Jalyn*. La única excepción sería que esos edictos le sirvieran de algo a él, en cuyo caso sí se adheriría, pero solo por decisión propia. No tiene reparo alguno en que otros se enteren de su decisión de no entregar su vida a la voluntad de otro.

ENGAÑADO

Engañado no cuestiona la existencia de Affabel. Cree en el rey *Jalyn* y hasta se deleita en sus promesas. Tanto mentalmente como de forma verbal acepta las enseñanzas y las políticas de la escuela, pero hay grandes partes de su estilo de vida que están en conflicto con dichas enseñanzas. Celebra su lealtad al rey y sus enseñanzas y participa de las actividades de la escuela cuando le agradan, pero si no ve en ellas beneficio propio, enseguida cambia su semblante. Su estilo de vida es contrario al de un verdadero seguidor de *Jalyn*, y debido a su fuerte personalidad lleva sutilmente a otros a su forma de vida. Realmente nunca se detiene a pensar en su próximo periodo de prueba y juicio.

Engañado se lleva bien con *Independiente*, aunque discrepan en cuanto a la existencia de *Jalyn*. *Engañado* es divertido y ambos tienen intereses similares, así que a *Independiente* le gusta su compañía.

CORAZÓN FLOJO

Corazón Flojo es la más entusiasta de todos los estudiantes. Participa frecuentemente en clase alzando su voz, y siempre saca las mejores calificaciones. Es muy activa, y por lo general es quien inicia las actividades extraescolares que ayudan a promover la participación de los estudiantes en la vida de la comunidad. Todo el que evaluara a los estudiantes diría que ella siente pasión por la causa de *Jalyn*.

EGOÍSTA

Egoísta también cree en *Jalyn* y sus enseñanzas. No duda de la existencia de Affabel, y lo dice a menudo. Cree que *Jalyn* es tan maravilloso como gobernante y tan bondadoso como juez, que concederá su gracia a todo el que le profese su lealtad. No obstante, se concentra en su limitada percepción de las enseñanzas y el carácter de *Jalyn*. Ha olvidado que *Jalyn* es un líder santo y justo además de amoroso y misericordioso. Así que Egoísta ha desarrollado una visión distorsionada de quién es *Jalyn* en realidad. Cree que *Engañado*, *Corazón Flojo* y *Caridad* sin duda alguna formarán parte del glorioso reino de *Jalyn*, aunque siente preocupación por la clara resistencia de *Independiente*.

Egoísta cree que todo el que reconozca con su boca a *Jalyn* y viva su vida sin quebrantar leyes importantes podrá entrar a Affabel; sin embargo, y en honor a su nombre, suele buscar su propio interés y a menudo el bien que hace está motivado por el beneficio que pueda obtener. A veces le motiva la compasión, pero, cuando las cosas se complican, *Egoísta* siempre busca su propia conveniencia.

CARIDAD

Esta última jovencita, *Caridad*, es la que se toma en serio y obedece las leyes del rey *Jalyn*. No solo ha aprendido sus principios, sino que intenta también conocer el corazón del rey detrás de cada uno de sus edictos. Pasa mucho tiempo queriendo conocer y entender la voluntad de Jalyn. Esto implica largas horas de estudio y entrega personal por el bien de la escuela y de la comunidad de Endel. Sabe que, al llegar a los quince años, tendrá un corto periodo de tiempo para cumplir los deseos del gran rey. Su meta es vivir por completo para la gloria de *Jalyn*, y no permitirá que algo que pudiera beneficiarle a ella se interponga en el camino de su meta principal.

Caridad ama a *Jalyn* y anhela que llegue el día en que pueda conocerlo. Le obedece fervientemente, y habla con otros frecuentemente de su bondad. Por ello, muchas veces se burlan de ella y le dan la espalda. Aunque ha sufrido por su decisión de ser firmemente leal a las leyes de *Jalyn*, nada le impedirá seguir siendo fiel al rey.

LOS GRADUADOS

Los cinco endelitas cumplieron quince años. Llegó el día indicado y se graduaron junto a otros dos mil estudiantes. A cada uno se le encomendó una misión específica y una correspondiente suma de dinero para ponerla en marcha. Esta cantidad había sido preestablecida por *Jalyn*, y el director de la escuela les entregó el dinero el día de la graduación.

La distribución entre nuestros cinco estudiantes fue la siguiente: *Independiente* recibió cincuenta y cinco mil dólares; *Engañado* y *Corazón Flojo* recibieron cada uno cuarenta mil dólares; *Egoísta* fue quien más recibió, con setenta y cinco mil dólares; y, por último, *Caridad* recibió veinticinco mil dólares. Los jóvenes ciudadanos, dinero en mano, partieron después de recibir algunas instrucciones finales.

EL VENDEDOR

Aunque *Independiente* raras veces había asistido a las clases, en cierto modo sentía el peso de las enseñanzas sobre sí. Había veces en las que se preguntaba si algunas de las locuras que oía en clase podrían llegar a ser ciertas. Si así fuera, tenía la esperanza de que su mala conducta no afectara la cantidad que recibiría una vez que terminara la escuela.

A *Independiente* le temblaban las manos mientras recibía el sobre lleno de dinero. Al abrirlo, tuvo que reprimir su sorpresa y alivio por la cantidad que había recibido. Incluso se emocionó todavía más cuando se dio cuenta de que le habían dado quince mil más que a *Corazón Flojo* y más del doble que a *Caridad*. Pensó: ¡*Qué desperdicio! Caridad y Corazón Flojo pasaron mucho tiempo en esas clases inútiles y le dedicaron muchas horas extra, y ahora recibieron tan poco.*

Esta experiencia reafirmó la convicción de *Independiente* de que *Jalyn* no existía. Él pensaba que los padres de los estudiantes, que desaparecieron hace tantos años, eran los que habían dejado ahí el dinero. Esto afianzaba su idea de que la historia de *Jalyn* era todo un invento de la escuela para controlar a los jóvenes e impedir que piensen libremente por sí mismos.

Después de celebrar su graduación durante un par de semanas, *Independiente* se dio cuenta de que necesitaba abrir un negocio. Estaba empezando a preocuparse por el ritmo tan rápido al que estaba desapareciendo su dinero.

Independiente abrió una concesionaria de automóviles y se dio cuenta de que era un gran vendedor. Al negocio le iba increíblemente bien. Muchos de los nuevos graduados usaron parte de su dinero para comprarle a *Independiente* automóviles usados, algunos incluso nuevos. A medida que aumentaban sus ganancias, abrió otros negocios y también le fue bien con ellos. Con el aumento de su patrimonio, se expandió y mejoró también su estilo de vida. Rápidamente se dio cuenta de que el dinero era una increíble herramienta para influir y que parecía tener el poder de comprar la felicidad. Su riqueza, patrimonio y estilo de vida en rápida expansión también tenían el poder de atraer a las mujeres, lo cual le hacía sentir que podía vivir una vida más estimulante.

Independiente no asistía a las reuniones semanales de la comunidad, pero la mayoría lo seguía considerando un buen ciudadano porque apreciaban su apoyo económico a diversos proyectos de la comunidad. Parecía que la vida no le podía ir mejor a este endelita tan trabajador.

EL CONSTRUCTOR Y DESARROLLADOR

Engañado también se dedicó a celebrarlo con *Independiente* durante un par de semanas. Aunque no recibió tanto como otros, estaba contento de haber recibido más que *Caridad*. Esto también reafirmaba su distorsionada percepción de *Jalyn* como un rey con tanta misericordia como para que ciertos temas no importaran tanto.

Engañado había tenido relaciones sexuales con dos muchachas con las que había tenido citas mientras estaba en la escuela, aunque eso era contrario a las enseñanzas que había recibido. No veía conflicto alguno en ello porque creía firmemente en Jalyn y su reino. Había formado su propia perspectiva de la vida: *Mientras siga reafirmando mi lealtad a Jalyn y no le haga gran daño a nadie, seguiré estando bien y en paz con el rey.* Su modo de razonar era que Jalyn entendía que todos tenemos necesidades y que nadie es perfecto. Estaba seguro de que todas sus faltas quedarían cubiertas en el juicio por la misericordia y la gracia de *Jalyn* debido a que él creía en el rey con todo su corazón.

Pocas semanas después de la graduación, *Engañado* también empezó su propio negocio. Comenzó a construir casas. Al principio le costó encontrar clientes. El modelo de casa que mostraba era excelente en todos los aspectos, pero parecía no poder convencer a los compradores. Algunos pensaban que los precios eran demasiado altos, mientras que otros no podían darse el lujo de comprar casas tan lindas. Desesperado, *Engañado* rebajó los precios.

Seguía usando el mismo modelo de casa para atraer a los clientes y seguía prometiéndoles lo mismo que antes, pero comenzó a usar materiales de calidad muy inferior a la que prometía o mostraba. De hecho, algunos de sus materiales no cumplían con los requisitos y estándares de Endel. El razonamiento de Engañado era que los que hacían las leyes eran demasiado cautelosos. Estaba seguro de que los materiales que había elegido resistirían toda presión del clima o el uso. Como las casas de *Engañado* ahora parecían ser muy buenas oportunidades, los endelitas interesados comenzaron a firmar contratos más rápidamente de lo que podían construirse las viviendas. Por fin, su negocio había despegado.

Después de un par de años, *Engañado* decidió dedicarse al desarrollo inmobiliario. Estaba harto de los clientes que se quejaban. Sentía que, una vez que se vendía un terreno, ya no tendría nada que ver con el comprador, ni con garantías ni reparaciones.

Engañado se puso muy contento al encontrar algunas tierras que se vendían a unos mil dólares la media hectárea. El precio le parecía casi demasiado bueno como para ser cierto. Investigó un poco más, y se enteró de que los terrenos estaban en un lugar propicio a las inundaciones. Sin embargo, esta información solo la conocían unas cuantas personas, todos amigos de *Engañado*. Convenció a un concejal de la ciudad, amigo de *Independiente*, para que aprobara su emprendimiento inmobiliario sin ejecutar las pruebas geológicas pertinentes. A fin de cuentas, no había habido ni una sola inundación en todos sus años de vida, así que ¿realmente supondría eso un problema? El trato se desarrolló sobre ruedas. Después de esto, la vida no le podía ir mejor a este joven empresario.

LA AYUDANTE DEL MAESTRO

Inmediatamente después de la graduación, *Corazón Flojo* se fue de compras con unas amigas el fin de semana. Pensó que sería una buena idea por dos razones: en primer lugar, podría pasar un tiempo de celebración con sus mejores amigas; y, en segundo lugar, podría comprar la vestimenta y los accesorios que necesitaría para su nueva carrera. El mayor deseo de *Corazón Flojo* era ser ayudante del maestro en la Escuela de Endel. No recordaba haber querido con más ganas ninguna otra cosa. Tendría una entrevista el viernes siguiente.

En su segundo día de compras, una de las amigas de *Corazón Flojo*, llamada *Chismes*, le contó que una amiga mutua, *Difamación*, le había contado al director que *Corazón Flojo* se había acostado con uno de los estudiantes. *Corazón Flojo* se llenó de ira al escuchar esa información, ya que afectaría mucho sus oportunidades de llegar a ser ayudante del maestro. Era una mentira absurda, sin una sola pizca de verdad. Ella se había mantenido pura todo el tiempo mientras iba a la escuela. Estaba segura de que *Difamación* lo había hecho por pura envidia, y hasta quizá por odio.

Corazón Flojo estaba furiosa. Estaba muy ofendida, y no pudo dejar de pensar en la traición de su supuesta amiga durante el resto del fin de semana. Se juró a sí misma que *Difamación* pagaría por lo que había hecho.

Llegó el día de la entrevista y, para sorpresa de *Corazón Flojo*, la eligieron para el puesto. El director le informó que había llegado a sus oídos el rumor, pero que después de investigarlo bien había llegado a la conclusión de que no era cierto.

Corazón Flojo no solo consiguió el puesto, sino que además sería asistente de uno de sus maestros preferidos. Se llamaba *Doble Vida*, y era uno de los maestros más talentosos de la escuela. Tenía veinticinco años y llevaba varios años ya enseñando a los jóvenes endelitas. (Los juicios de los maestros no se producían a los veinte años, como ocurría con los demás, sino cuando cumplían treinta). *Corazón Flojo* estaba asombrada de que la hubieran elegido para trabajar con un líder tan dinámico.

Comenzó el semestre y todo iba muy bien, pero *Corazón Flojo* seguía cargando con el peso de la ofensa de su examiga. No importaba lo bien que le fueran las cosas, ya que parecía que no era capaz de superar la traición de *Difamación*.

Aunque todo se veía muy bien, bajo la superficie los problemas estaban empezando a gestarse. El nombre de *Doble Vida* indicaba quién era en realidad. Vivía de una manera como maestro, pero en su vida privada todo era muy diferente. Su juicio sería más severo porque, como maestro, había tenido el privilegio de ver a *Jalyn* en persona.

Una noche, cuando *Corazón Flojo* y *Doble Vida* estaban a solas, él trató de propasarse con ella.

Asombrada y llena de ira, ella se alejó de inmediato. Él no se rindió, y durante las semanas siguientes no dejó de perseguirla. Ella comenzó a cuestionar su propia reacción y a prestar oído a las persuasivas palabras que él le decía, porque era un hombre muy reconocido e inteligente. A ella le gustaba que él le prestase atención. Era amable y bondadoso, y era considerado uno de los más apuestos en la comunidad. Tras una larga batalla interior, Corazón Flojo le entregó su virginidad a *Doble Vida*, y los dos comenzaron una apasionada aventura amorosa.

Corazón Flojo jamás había experimentado unos sentimientos de pasión y amor tan estimulantes. Cada vez que veía a *Doble Vida* se quedaba sin aliento. La idea de encontrarse con él en sus noches ya programadas le consumía, y durante un tiempo casi olvidó el dolor de la traición que le había causado *Difamación*.

Sin embargo, unos cuatro meses después, *Doble Vida* la dejó sin aviso previo. *Corazón Flojo* estaba devastada, y quiso saber cuál era el motivo. Ella revivía una y otra vez cada encuentro con él en su cabeza y le exigía una respuesta. Finalmente, *Doble Vida* le dijo que había oído de boca de otros la historia de *Difamación* sobre su pasado con uno de los estudiantes. Esta no era la verdadera razón de su cambio de afecto. Lo cierto era que simplemente había perdido el interés por *Corazón Flojo*. Ya estaba flirteando con otra joven de la comunidad. A las muchachas les costaba resistirse al persuasivo poder de seducción de este destacado maestro.

Corazón Flojo estaba indignada. ¿Cómo podría seguir viéndolo día tras día? De inmediato renunció a su puesto en la escuela.

Pasó unos días encerrada y mascullando su enojo, y luego abrió un salón de belleza con lo que le quedaba de los cuarenta mil dólares. Dejó de ir a las reuniones semanales en la escuela, aunque *Jalyn* había dicho a sus súbditos que no debían dejar de reunirse. *Corazón Flojo* no quería relacionarse con personas hipócritas, y la mayoría de las personas en esas reuniones parecían ser precisamente eso.

Día a día, *Corazón Flojo* se iba endureciendo; ya raras veces mencionaba la escuela o el nombre de *Jalyn*. La indiferencia y el cinismo reemplazaron la pasión que previamente expresaba con tanta libertad.

Si se le preguntaba, *Corazón Flojo* confesaba su lealtad a *Jalyn*, aunque en el fondo lo culpaba por haber permitido que un hombre tan corrupto fuera maestro en su escuela.

Cuando terminaron sus días de prueba, *Corazón Flojo* era una mujer muy ofendida y amargada, aunque si se lo preguntaban, ella lo negaba enfáticamente. Pasó el resto de sus días intentando vengarse de los que le habían causado tanto daño.

EL ALCALDE DE ENDEL

Ahora veremos cómo le fue a *Egoísta*. Estaba asombrado por la cantidad de dinero que había recibido.

Lo celebró; pero conocía las enseñanzas de *Jalyn* lo suficientemente bien como para mantenerse apartado de una fiesta que no fuera lícita. Después de descansar durante unos días, comenzó a invertir. Su negocio fue rentable y enseguida multiplicó la cantidad que se le había asignado. Al crecer en lo económico, también se volvió mucho más popular entres sus iguales.

Egoísta compró una casa en uno de los barrios más bonitos de Endel, e invitaba a su casa a los poderosos e influyentes. Las autoridades del gobierno, los atletas profesionales, los ejecutivos más importantes, y otras celebridades disfrutaban de su hospitalidad tan generosa. Se convirtió muy pronto en uno de los hombres mejor relacionados de la comunidad.

Después de tres años, Egoísta decidió presentarse como candidato a alcalde de Endel, lo cual consiguió sin mucha dificultad gracias a su posición financiera y sus relaciones sociales. Ya instalado en su puesto, se vio ante una gran cantidad de decisiones. Una de ellas tenía que ver con la escuela. Debido a un aumento de población, había una necesidad urgente de más espacio. Eso implicaba la compra de terreno, la contratación de constructores, la compra de materiales y también de equipamiento una vez terminado el edificio.

El primer paso sería recaudar dinero entre los habitantes de la comunidad. En la reunión semanal del consejo, *Egoísta* oyó que hacía falta dinero para la financiación. Cuando terminó la campaña de recaudación, solamente había dado poco menos de mil dólares.

Fue entonces cuando tuvo que tomar una difícil decisión. La escuela por fin tenía lo suficiente como para comprar un determinado terreno. El lugar era bueno y el precio estaba dentro del presupuesto previsto; sin embargo, había una gran tienda que también estaba interesada en comprar ese mismo terreno. El consejo de la ciudad no se ponía de acuerdo: la escuela era una organización sin ánimo de lucro, por lo que no produciría ingresos con el pago de impuestos. Por otro lado, la tienda produciría grandes ganancias al fisco con el pago de sus impuestos, además de dar trabajo a muchos de los residentes.

Como el consejo estaba dividido, sería el alcalde quien tendría que tomar la decisión. Egoísta tenía un conflicto. Los dueños de la gran tienda habían sido generosos en su apoyo a la campaña electoral y habían aportado mucho dinero, además de hacer valer sus influencias. Varias veces los había invitado a su casa.

Egoísta votó a favor de la tienda. Justificó su decisión al público afirmando que sería para bien general de todos los ciudadanos de Endel. Estaba abriendo el camino a más oportunidades de empleo, y al aumento del tesoro de la ciudad. Recomendaba que la escuela explorara otras opciones, como la de ampliar el edificio existente, aun cuando sabía que eso no sería posible. Su decisión desilusionó a los sinceros seguidores de *Jalyn*, pero la comunidad en su mayor parte aplaudió su decisión.

El mandato de dos años de *Egoísta* se acercaba a su fin, así que llegaba el momento de hacer campaña para su reelección. Sintiendo algo de remordimiento, *Egoísta* hizo una contribución personal de cinco mil dólares a la Escuela de Endel. Además, prometió encontrar otro terreno adecuado para la construcción de un edificio. Así recuperó la confianza de muchos de los seguidores de *Jalyn*. Parecía que el joven líder no tendría muchos problemas en ser reelegido como alcalde.

LA DUEÑA DEL RESTAURANTE

Tras graduarse, *Caridad* donó tres mil de sus veinticinco mil dólares como contribución a la Escuela de Endel. Estaba agradecida por todo lo que había aprendido de sus maestros, y quería expresarlo. Con los veintidós mil restantes, *Caridad* pudo abrir un restaurante poco después.

A *Caridad* le gustaba todo lo que tuviera que ver con el arte culinario. Y esto, sumado al hecho de que era buena comerciante, dio como resultado que el restaurante le pareció la mejor forma de usar sus talentos y servir a la comunidad. Logró contratar a algunos de los mejores chefs, y al coordinar lo que sabían pudo crear un menú excelente. Su restaurante tuvo éxito de inmediato.

Aunque *Caridad* ganó premios con su restaurante, siempre atribuía su éxito a la sabiduría de *Jalyn*. En cada entrevista siempre daba las gracias a antiguos maestros de la escuela y elogiaba a sus empleados. Se negaba a reconocer el éxito como propio, o a hacer alarde de sus esfuerzos. Sabía que todo se lo debía a *Jalyn*.

Caridad usó su prosperidad para ayudar tanto a la comunidad como a la Escuela de Endel. Donaba comida al comedor de niños pobres, y a menudo apartaba una noche para trabajar sirviendo a los niños.

Ella disfrutaba sirviendo comida caliente a los pobres. Se comprometió a dar el 25 por ciento de las ganancias del restaurante a la escuela. Al término de cinco años, había donado más de doscientos mil dólares.

Caridad siempre ayudaba a los que trabajaban mucho pero aun así les resultaba difícil llegar a fin de mes. Además de la ayuda económica, siempre estaba dispuesta a transmitir los principios de sabiduría y éxito de *Jalyn*. Todo el tiempo les decía a los que ayudaba que nunca lo habría logrado si no hubiera sido por *Jalyn*.

Aunque el restaurante de Caridad era un lugar exitoso, nunca la invitaban a los eventos sociales que se hacían en casa de *Egoísta*. Tampoco nadie le pedía que ocupara algún puesto de liderazgo en la comunidad, ya que la veían como una persona demasiado radical en cuanto a su lealtad a *Jalyn*. El hecho de que los influyentes endelitas la excluyeran no era algo que a *Caridad* le ofendiera ni desanimara. Ella estaba enfocada en ayudar a los menos afortunados. Le encantaban las reuniones semanales en la escuela y siempre se ofrecía para ayudar, ya fuera dando o sirviendo en varios lugares. Caridad era una joven que vivía en plenitud.

EL DÍA SEÑALADO DEL JUICIO

Llegó el día de la prueba final. Los que estaban a punto de ser juzgados sabían que podría suceder en algún momento de los siguientes cinco años, porque ya habían pasado los primeros cinco. Jamás imaginaron que podría llegar tan pronto.

El día amaneció como cualquier otro, pero terminó de modo muy diferente. En la noche, muy tarde ya, la Guardia Real de Affabel llegó a buscar a los dos mil graduados. Su éxodo secreto sucedió mientras los demás endelitas dormían.

Estos dos mil jóvenes ciudadanos fueron llevados por un pasadizo secreto. Era un túnel profundo que terminaba por debajo del río Adonga. Una vez atravesado el canal viajaron dos días más, cruzando un desierto. Durante la travesía, el jefe de la Guardia les brindaba alimento, agua, y otras provisiones.

Los guardias eran amables, pero reservados. Toda su energía la concentraban en la tarea que tenían por delante. Aunque respondían a algunas preguntas, los endelitas formulaban otras que ellos no tenían permitido responder. La respuesta básica de los guardias a esas preguntas era: "Lo sabrán todo a su debido tiempo". Como es de suponer, esta respuesta tan solo conseguía hacer que la curiosidad de los viajeros fuera mayor.

Los endelitas casi ni notaban la incomodidad del desierto mientras avanzaban hacia la tan anhelada ciudad. Al amanecer del tercer día llegaron a la cima de una colina, y allí, dibujada por los primeros rayos del sol, se divisaba la silueta de la majestuosa ciudad. Affabel era incluso más magnífica de lo que cualquiera de ellos hubiera podido soñar o imaginar.

Mientras se acercaban a la ciudad, esta revelación de maravilla fue creciendo y aumentando cada vez más. Aún desde el llano se notaba que Affabel no tenía parangón. Endel era un lugar diminuto en comparación con los alrededores de esta ciudad.

Cuando los hombres y las mujeres de Endel entraron en la parte central de la ciudad, descubrieron que en Affabel todo vibraba con una vida activa. Era un lugar tan mágico que los pájaros no solo cantaban, sino que tenían el don de la palabra. Sus cantos melódicos y maravillosos interpretaban la belleza que veían, y magnificaban todavía más la gloria de la ciudad.

Los endelitas no estaban del todo sorprendidos porque habían oído hablar a los caballos de la Guardia Real. Las nobles bestias no solo hablaban entre sí, sino que además conversaban con sus jinetes. Era obvio que había una relación afectiva entre los caballos y sus jinetes. Ahora, era evidente que todas las criaturas de Affabel tenían el don del habla y la capacidad de sentir gozo y afecto.

Dondequiera que miraran los endelitas veían panoramas de extrema hermosura. Affabel los fascinó. Era cautivador. Tan solo el aire les aportaba vigor, y daba tanto claridad mental como fortaleza a sus cuerpos cansados del camino. El agua que fluía en esa ciudad era algo que les intrigaba. Parecía tener más sustancia, como si transmitiera un brillo de vida. La atmósfera estaba inundada por el sonido de bellas melodías que daban paz a sus excitadas almas. Todo, desde las plantas más pequeñas hasta el aire mismo, parecía estar más que vivo, como si tuviese la capacidad de dar vida también. Cada elemento en esta tierra de milagros estaba pleno, rebosante.

Los jóvenes ciudadanos no podían evitar extender sus manos para tocar todo lo que hubiera a su alcance mientras avanzaban por la gran ciudad. Anhelaban poder correr y explorarlo todo, pero sabían que en este momento no se les permitiría hacerlo.

Fueron llevados directamente a la espaciosa antesala de un enorme auditorio. Aquí se separó a las mujeres de los varones. Esta superestructura a la que los jóvenes habían sido escoltados era tan inmensa que parecía tener una capacidad ilimitada. Al menos cabrían fácilmente unas cien mil personas dentro de sus paredes de mármol.

En el vestíbulo, los endelitas pudieron refrescarse dándose baños o duchas fragantes, y se les entregaron vestidos en preparación para su audiencia con el rey. Con todo gusto dejaron las polvorientas ropas de Endel. Ahora su ropa se veía fuera de lugar, extraña en esta radiante ciudad. Cada endelita sentía en su fibra más íntima un profundo deseo de vivir en esta resplandeciente ciudad. Sentían la extrañísima sensación de volver a casa.

Después de bañarse y vestirse, el grupo volvió a reunirse para comer. Este banquete para el desayuno se preparó en un magnífico patio donde se les permitió comer y socializar durante un corto tiempo.

Después de comer volvieron a separar al grupo, esta vez por nombre. *Caridad, Egoísta* y unos quinientos jóvenes más fueron llevados a un salón adyacente que estaba a su derecha. *Corazón Flojo, Engañado* e *Independiente* fueron llevados con otros mil quinientos a otro auditorio ubicado a la izquierda. Al entrar en estos salones, observaron que había una inscripción sobre el umbral de cada uno. Los nombres eran extraños y de un lenguaje desconocido para los jóvenes endelitas. El nombre de un auditorio era Sala de Vida y el del otro Sala de Justicia.

LAS SALAS DE JUSTICIA Y DE VIDA

Al cruzar el umbral de la sala que estaba a la izquierda, *Independiente* descubrió que se sentía raro, perturbado, casi aterrado. Buscó entre sus recuerdos de la vida escolar e intentó consolarse con lo poco que había oído acerca de *Jalyn*. Ahora todo parecía muy confuso. Se vio a sí mismo lamentando haber faltado a clase tantas veces.

Era obvio que se había equivocado, porque tanto el rey como la ciudad existían. Trató de bloquear su creciente miedo y de concentrarse en lo que recordaba acerca de la naturaleza amorosa y misericordiosa de *Jalyn*. En ese momento no quería pensar en la santidad y la justicia de *Jalyn*, aunque eso era precisamente lo que ahora luchaba por conseguir su atención. Entonces intentó recuperar la calma, al tiempo que recordaba su conducta como ciudadano ejemplar y su apoyo a las actividades de los voluntarios de la comunidad.

Independiente respiró hondo y empezó a mirar a su alrededor para ver quiénes lo acompañaban. No pudo evitar notar que se encontraba entre algunos de los peores endelitas. Reconoció a los ladrones, los estafadores y los borrachos. Estaban tanto los holgazanes que jamás trabajaban, como los que solo trabajaban buscando su propio interés. Sintió más miedo todavía, y el pánico amenazaba con abrumarlo. En ese momento vio a *Corazón Flojo*. *Independiente* cerró los ojos y dio un suspiro de alivio. La recordó de inmediato como una de las seguidoras más fervientes y entusiastas de *Jalyn* en su clase. ¿No le habían dicho que ella había trabajado en la escuela? Si estaba aquí, igual que él, lo más probable era que todo terminara bien.

Cuando *Independiente* comenzó a avanzar hacia *Corazón Flojo*, se topó con *Engañado*. ¡Otra buena señal! Aunque había perdido el contacto con *Corazón Flojo*, *Independiente* sabía que *Engañado* era un firme creyente. Incluso solían discutir sobre *Jalyn*. El ánimo de *Independiente* cambió por completo al abrazar a su viejo amigo.

Engañado se mostraba positivo y optimista en su conducta. Los dos empezaron a conversar, e *Independiente* fue perdiendo el miedo. La misericordia de *Jalyn* tenía que ser más grande incluso de lo que ellos pensaban. Había perdonado a aquellos que *Independiente* jamás habría imaginado merecedores de su perdón. ¿Podría ser mentira todo eso? ¿No estaba también cerca de ellos ese gran maestro, *Doble Vida*? Ahora estaba seguro de que todo terminaría bien. Sin embargo, se sentía ligeramente intranquilo por la ausencia de *Caridad* y *Egoísta*. También le resultaba difícil ignorar que algunas personas lloraban en las esquinas de la sala. Pero quizá tan solo estaban abrumadas por la bondad de *Jalyn*.

El otro salón también estaba lleno de emociones. Había amigos que después de la graduación no habían vuelto a verse y ahora se alegraban de estar juntos de nuevo. Había una gran emoción que flotaba sobre cada conversación. ¡Pronto verían a *Jalyn*! Había llegado el momento de entrar en su verdadero propósito, en el destino prometido.

Todos estaban encantados con lo asombroso de la ciudad. Siempre habían sabido que sería mejor lugar que Endel, pero su impresión inicial superaba con mucho sus expectativas. Era más de lo que podían asimilar. ¿Sería cierto que pasarían el resto de su vida en un lugar tan glorioso? ¡Cualquiera de ellos estaría dispuesto a limpiar los pisos por tener dicho honor! Todo el que esperaba en esta sala sabía que había seguido a *Jalyn*, pero a medida que pasaba el tiempo, una actitud de solemnidad se apoderó de la sala. ¿Habían sido fieles? Pronto lo sabrían. La emoción se entretejía con una sensación de miedo mientras estos humildes siervos esperaban para ver a su rey.

Los primeros en ser juzgados fueron quienes esperaban en la Sala de Vida. Sin embargo, regresaremos a ellos después. Por ahora, nuestra historia nos llevará a la Sala de Justicia.

LAS CONVOCATORIAS

Era mediodía. Los que estaban en la Sala de Justicia habían recuperado un nivel de consuelo y confianza en que todo les iría bien. Atribuían cualquier cosa que pareciera confusa o fuera de lugar a la misericordia de *Jalyn* o al misterio de sus caminos. Este razonamiento los consolaba.

De los mil quinientos endelitas, al que primero llamaron fue a *Independiente*. Llegaron cuatro Guardias Reales para escoltarlo hasta la Gran Sala de Justicia. En un intento de aligerar el ánimo solemne, sonrió y le guiñó el ojo a uno de los guardias que al salir de la habitación lo había mirado a los ojos. Se quedó algo sorprendido al no recibir respuesta.

Al oír que se cerraba la puerta detrás de él, *Independiente* se dio cuenta de que volvía a tener interrogantes. Su corazón latía contra su pecho como si fuera un tambor. Era tan fuerte el ruido, que pensaba que los guardias deberían oírlo, pero de ser así no daban señales de ello. Le hubiera gustado que *Egoísta* estuviera ahí con él. Pronto estaría delante del Juez, y preferiría no estar solo. *Independiente* estaba perdiendo la confianza con demasiada rapidez.

Antes de entrar en el Gran Salón, uno de los guardias le dio a *Independiente* unas breves instrucciones sobre el protocolo apropiado. Él asintió con la cabeza, aunque temía no recordar lo que le habían dicho. El pulso le latía en sus oídos, y amenazaba con no dejarle oír bien. El guardia asintió cuando *Independiente* reconoció que entendía el procedimiento, y las puertas de la sala se abrieron de par en par.

Al dar los primeros pasos para entrar en el enorme salón, *Independiente* descubrió que su cuerpo temblaba. El sudor le bañaba la frente, que por lo general siempre se había mantenido tranquila. Se sentía completamente desorientado, ¡porque lo que vio casi lo dejó anonadado!

Capítulo 3

EL REINO DE AFFABEL: EL DÍA DEL JUICIO I

Todo esto habló Jesús en parábolas a las multitudes, y nada les hablaba sin parábola, para que se cumpliera lo dicho por medio del profeta, cuando dijo: Abriré mi boca en parábolas; hablaré de cosas ocultas desde la fundación del mundo.
—Mateo 13:34-35

Antes de continuar con nuestra alegoría, me gustaría destacar nuevamente la afirmación de Jesús con respecto al juicio venidero. Él dijo en Juan 12:48: *La palabra que he hablado, esa lo juzgará en el día final.* Ya sabemos el rasero con el que seremos juzgados delante de su trono: las Santas Escrituras.

Por eso, aparecerán números en superíndice en muchas de las frases de *Jalyn* en la escena de la Sala de Juicio que viene a continuación. Estos números hacen referencia a versículos de varias traducciones, cuyas referencias se pueden encontrar al final del libro. La mayoría de las palabras de *Jalyn* están compuestas por versículos organizados de tal modo que pueden aplicarse a los personajes de nuestra historia.

Con esto en mente, regresemos a Affabel.

INDEPENDIENTE ES JUZGADO

El Gran Salón era todavía más espectacular que todo lo que *Independiente* había podido imaginar. Si hubiera tenido la oportunidad de informar de la experiencia a los mil quinientos que todavía esperaban fuera, no habría tenido ni palabras ni marco de referencia para describir su grandiosidad. Su arquitectura hacía que todo lo que había conocido en Endel se quedara obsoleto. El auditorio estaba lleno con unos cien mil asistentes. *Independiente* jamás había visto tanta gente reunida en un mismo lugar.

A medida que avanzaba, *Independiente* podía darse una idea de cómo era la ciudadanía de Affabel.

Primero observó que todos tenían un porte real y que sus rostros eran radiantes. Entonces, casi se desmaya al ver su asombrosa belleza. Era como si todos fueran de otro mundo. Esta transformación se debía a que a todos se les permitía comer del árbol de la vida.

Independiente se preguntaba: *¿Es posible que todos estos antes fueran endelitas?* Entonces vio a alguien a quien conocía. Se llamaba *Bondad*. Era un poco mayor que *Independiente*, y él se acordaba de cómo se burlaban de ella constantemente por su aspecto de mujer hogareña. Ahora, se veía fabulosamente preciosa. Sus facciones eran las mismas y por eso podía reconocerla, pero de alguna manera ahora era más hermosa que cualquier persona que hubiera visto jamás en Endel. De hecho, todas las personas, hasta el menos agraciado, eran mucho más atractivas que cualquier persona que había visto en su tierra natal.

Después de recuperarse del impacto inicial, *Independiente* notó que todos los asistentes prestaban atención a un área que había delante de él. No se parecía a nada de lo que hubiera visto jamás.

Era un trono. Pero esta palabra no le hacía justicia, porque sin duda alguna era el trono más glorioso que jamás había contemplado. Los ojos de *Independiente* se fijaron en el que estaba sentado en él, y al instante supo cuál era la fuente de toda la majestuosidad de la ciudad. Provenía del hombre que estaba sentado en el trono. *Tiene que ser Jalyn,* pensó *Independiente*. De repente creyó con todo su corazón en aquel a quien había negado tan enfáticamente.

Las facciones de *Jalyn* le hacían ser apuesto pero firme, al menos en ese momento. Maravilloso pero atemorizante sería la descripción más adecuada. Todo su aspecto era fascinante, pero con cada paso que daba *Independiente*, el terror se afirmaba más y más en su corazón. Toda la confianza en sí mismo que pudiera haber sentido antes ahora se había esfumado. ¿Qué sería de él?

Independiente intentó mantener la compostura, repitiéndose que se estaba acercando a un líder misericordioso. Su conflicto se debía a que había comenzado a dudar de poder recibir un juicio favorable.

Mientras *Independiente* seguía avanzando, se le ordenó detenerse en una plataforma estrecha. Imponente, *Jalyn* estaba en su trono por encima de él. Era la esencia de la resolución en cuanto a propósito, y se dirigió a la asamblea diciendo: Todos... *sabrán que yo soy el que escudriña las mentes y los corazones, y os daré a cada uno según vuestras obras.*[1]

Independiente estaba escuchando con los otros, cuando de repente *Jalyn* lo miró directamente a los ojos y le ordenó: *Rinde cuentas de tu administración.*[2]

Antes de que *Independiente* pudiera pronunciar ni una sola una palabra, apareció un enorme holograma que comenzó a proyectar su vida en Endel, desde el primer día de escuela hasta el día anterior a este. Cada acción, palabra y motivo se mostraron y revelaron ante la multitud de testigos. Quedó sobrecogido por esta revelación de quién era *Jalyn*: *Y no hay cosa creada oculta a su vista, sino que todas las cosas están al descubierto y desnudas ante los ojos de aquel a quien tenemos que dar cuenta.*[3]

Independiente sintió vergüenza al ver expuesta su necedad, maldad y egoísmo. Enfrentarse a todo eso ante tan grande asamblea era algo inesperado, vergonzoso y horrible. Lo que en Endel había parecido inocuo y hasta sin importancia, ahora se veía espantoso ante este glorioso juez y los ciudadanos reales de Affabel. Se sentía horrorizado por su propia conducta. ¿Cómo podía haber sido tan insensible, tan necio, tan descaminado? Se esforzó por encontrar algún atisbo de esperanza, y la encontró. Sintió que había más acciones buenas que malas.

Cuando terminó la película de su vida sintió alivio, aunque esperaba una terrible reprimenda y tal vez algún castigo. Se conformaría con ser el menor de todos en la asamblea. Estaba seguro de que *Jalyn* vería que lo bueno pesaba más que lo malo.

Entonces, *Jalyn* le preguntó al Escriba Principal: "¿Está el nombre de *Independiente* en el libro de la vida?".

Sin dudarlo, el Escriba Principal respondió: "No, mi señor".

Entonces *Jalyn* dijo: "*Independiente*, eres culpable de haber elegido una naturaleza mala y serás llevado a la tierra olvidada de Solo para vivir allí el resto de tu vida en el tormento de la más profunda oscuridad, desesperanza y soledad".

Sin dar crédito, *Independiente* gritó: "¿Por qué, Señor?".

"No creíste en mí", contestó *Jalyn*. "Tus maestros te enseñaron: *Porque si no creéis que yo soy, moriréis en vuestros pecados*.[4] Y también te enseñaron: *Y en ningún otro hay salvación, porque no hay otro nombre bajo el cielo dado a los hombres, en el cual podamos ser salvos*".[5]

Independiente dijo entonces: "Pero Señor *Jalyn*, ¿qué hay de mis buenas obras? ¿No pesan más que mi maldad?".

El Señor *Jalyn* le respondió: "No es cuestión de si se ha violado la ley mucho o poco, *porque cualquiera que guarda toda la ley, pero tropieza en un punto, se ha hecho culpable de todos*".[6]

Independiente logró cobrar algo de coraje y replicó: "¿Cómo puede ser salvo alguno, entonces?".

Jalyn no contestó de inmediato a esta pregunta, sino que echó una mirada a una ciudadana de Affabel que parecía ser una de las vicegobernantes de *Jalyn*, porque estaba sentada en un trono similar al suyo, pero más pequeño. La mujer dijo: "¿No te lo dijeron tus maestros? *Jalyn* los salvó por su gracia cuando creyeron. Ustedes no tienen ningún *mérito en eso; es un regalo de Jalyn. La salvación no es un premio por las cosas buenas que hayamos hecho, así que ninguno de nosotros puede jactarse de ser salvo".*[7]

Jalyn dijo: "Hace mucho pagué el precio por las leyes que serían violadas por los ciudadanos. Era imposible que alguien dejara de pecar o que pudiera redimirse de sus traiciones, pero como amo a todos, yo mismo pagué por todos sus errores. Así que mi salvación es un regalo que no se puede ganar; no podrías haber hecho suficientes buenas obras como para merecer la ciudadanía de Affabel. Tu acceso viene solo al creer en mí, pero tú rechazaste lo que yo hice para salvar tu vida".

Atónito, Independiente guardó silencio por un momento, para luego responder con voz queda: "Ya veo". Se sentía a punto de morir ahogado en un mar de desesperanza. Buscando algo a lo que aferrarse, preguntó: "Entonces, ¿todo lo que hice no sirvió de nada?".

Jalyn contestó: "Una vez más, está escrito: *Los que están vivos al menos saben que un día van a morir, pero los muertos no saben nada. Ya no reciben más recompensas, y nadie los recuerda. Lo que hayan hecho en su vida —amar, odiar, envidiar— pasó ya hace mucho. Ya no son parte de nada en este mundo*.[8] Y también: *Pues la gente mala no tiene futuro; la luz de los perversos se apagará*".[9]

Independiente quedó desconcertado por las palabras de Jalyn, y guardó silencio. Lamentaba haber faltado a clase tantas veces. Tal vez si hubiera asistido, habría oído la verdad y no se habría equivocado en su vida de manera tan fatal.

En los momentos de silencio que siguieron, se le ocurrió otra idea que le había estado consolando durante todo el día. Con un resto de coraje dijo: "Sí, todo lo que has dicho es cierto. Pero, Jalyn, ¡eres un rey misericordioso! Entonces, ¿cómo puedes enviarme allí?".

La respuesta de Jalyn fue: "Soy un rey misericordioso, y precisamente por eso te estoy enviando allí. Cuando decidiste vivir en Endel como lo hiciste, elegiste tu naturaleza para siempre, la del oscuro amo

Dagon. ¿Cómo podría yo ser misericordioso, fiel y amoroso si permitiera que tu fibra inmoral contaminara la pureza de esta gran ciudad? Pondría en peligro a los inocentes de Affabel. Porque la naturaleza que elegiste se manifestaría y corromperías a miles de vidas puras. Has elegido tu propio camino. Se te recompensara por ello, exactamente como se hizo con aquel a quien seguiste: *Dagon*. Si te diera menos de lo que le di a él, sería un líder injusto ¡y no lo soy!".

Entonces *Jalyn* se dirigió a toda la asamblea y citó los antiguos dichos de su Padre: Él que desprecia la palabra pagará *por ello, pero el que teme el mandamiento será recompensado.*[10]

Lo que sucedió entonces lanzó un manto de solemnidad sobre los asistentes. El rey dijo a los que servían: *Atadle las manos y los pies, y echadlo a las tinieblas de afuera; allí será el llanto y el crujir de dientes. Porque muchos son llamados, pero poco son escogidos.*[11]

Gritos de terror y la agonía del pavor se apoderaron de *Independiente* mientras el jefe de la Guardia lo ataba y se lo llevaba hacia la puerta lateral del auditorio. No se oía un susurro entre los miles de asistentes. Observaron con tristeza cómo alguien que había desperdiciado su vida con tanta necedad era llevado a su castigo para el resto de sus días.

Una vez fuera del edificio, llevaron a *Independiente* a otra gran sala de espera. Aquí había miles de celdas pequeñas, con barrotes, donde los condenados esperaban hasta que se completara la cantidad de sentenciados al exilio. Sobre la entrada había una inscripción:

Bienaventurados los que lavan sus vestiduras para tener derecho al árbol de la vida y para entrar por las puertas a la ciudad. Afuera están los perros, los hechiceros, los inmorales, los asesinos, los idólatras y todo el que ama y practica la mentira.[12]

Independiente se quedó mirando fijamente esas palabras. Sentía que la ira bullía en sus venas. Ahora estaba bajo la plena influencia de su naturaleza. Todo bien que hubiera habido antes en su carácter había sido tragado por la fibra moral que había elegido. Su conducta se estaba deteriorando con toda celeridad hacia la de un perro rabioso. Sin la influencia del rey, había quedado a plena merced de la locura de una mente reprobada.

ENGAÑADO ANTE *JALYN*

Pasaron unas horas. Ya habían llamado a muchos a la Sala de Justicia. Entre los que todavía esperaban estaban *Engañado*, *Corazón Flojo* y *Doble Vida*. *Engañado* aún conservaba una actitud optimista, y su semblante mantenía con esperanza también a los otros.

Se abrieron las puertas y los cuatro Guardias Reales aparecieron de nuevo, esta vez para llamar a Engañado. La tensión se apoderó de él, y comenzó a temblar. Había llegado su hora. Para ocultar su nerviosismo, les dijo a los que estaban en la sala: "Bueno, muchachos, ¡ha llegado mi hora!".

Después de informarlo sobre el protocolo, se abrieron las puertas de la Sala de Justicia y Engañado fue escoltado por el pasillo principal. Experimentó sentimientos similares a los de *Independiente*. También vio el tamaño y la belleza del salón y los semblantes de los ciudadanos. Mientras avanzaba por el pasillo reconoció a varias personas de la Escuela de Endel que se habían graduado un año o dos antes que él. Reconoció a más ciudadanos que *Independiente*, ya que *Engañado* casi nunca faltaba a una reunión de la escuela.

Reconoció a un hombre que nunca asistía a las clases, llamado *Crueldad*. Se le conocía como uno de los hombres malvados más notorios de la comunidad. *Engañado* pensó entonces: *¿Qué hace él aquí?* El Guardia Principal le indicó a *Engañado* que podía hablarle a ese hombre.

Engañado se acercó hasta él y le preguntó: "¿Eres *Crueldad*?".

El hombre contestó: "Así me llamaba, pero el Señor *Jalyn* cambió mi nombre ante este estrado de justicia y me llamó *Reconciliado*".

Engañado entonces espetó con sorna: "¿Cómo es posible que llegaras hasta aquí? Se te consideraba el peor hombre de nuestra comunidad. Jamás ibas a la escuela, y hacías siempre todo lo contrario a lo que *Jalyn* enseña, más que ninguno".

Reconciliado contestó: "Sí, es cierto. Pero detestaba mi manera de ser y lo que hacía. Como nunca asistía a la escuela, nunca escuché sobre la palabra transformadora de *Jalyn*. Sin embargo, una semana antes del día de mi juicio fui a comer al restaurante de Caridad. Ella sabía que mi vida era un desastre y de alguna manera fue capaz de percibir mi dolor. Me invitó a la cena con una condición: que me quedara y conversara con ella. Entonces, durante dos horas me habló de *Jalyn*, de su bondad, de su salvación, y de este lugar llamado Affabel".

Reconciliado continuó: "Me explicó que no era demasiado tarde para entregar mi vida a este gran líder. Todavía podía ser perdonado incondicionalmente y aceptado como ciudadano en su reino. Me abrumó el amor de *Jalyn* y entregué el resto de mi vida a su señorío. Aunque solo pude servirlo en Endel durante una semana, lo hice con todo mi corazón. Fui a ver a los que había oprimido o robado y les pedí perdón. En algunos casos, cuando parecía apropiado, devolví más de lo que les había arrebatado".

Engañado enmudeció. Volvió a mirar al guardia, quien asintió. Entonces *Reconciliado* regresó a su lugar, mientras *Engañado* seguía avanzando hacia el trono.

Mientras *Engañado* caminaba, solo podía pensar en lo que acababa de oír. Le habían hablado de la gran misericordia de *Jalyn*, pero ahora lo había experimentado mediante ese testimonio asombroso. Este hombre había sido uno de los peores que había conocido, y ahora era tan súbdito real como los otros. Engañado estaba más convencido que nunca de que encontraría favor ante *Jalyn* por haber creído en él con tanta firmeza.

Una vez llegado ante el trono, Engañado recibió la misma orden que *Independiente*: "Rinde cuentas de tu administración".

Y, al igual que *Independiente*, *Engañado* vio su vida desde el primer día de escuela hasta el día anterior a este proyectada en el holograma tridimensional. ¡Qué alivio era ver que había asistido fielmente a la escuela y hablado a favor de *Jalyn* ante los demás!

Sin embargo, *Engañado* enseguida sintió miedo. Su estilo de vida lo acusaba. Él había justificado sus acciones, pero al salir a la luz ante este majestuoso juez y los testigos de tal pureza moral, sentía vergüenza y bochorno. Con la revelación de su promiscuidad sexual ante tan piadosa asamblea, sintió que quería meterse debajo de la tierra.

No solo salieron a la luz sus acciones sino también sus intenciones y los motivos de su corazón. ¿Cómo podía *Jalyn* conocer estas cosas? ¿Cómo podía juzgar a *Engañado* por cosas que nadie ni siquiera sabía? Sus secretos más íntimos ya no estaban ocultos. La asamblea entera vio su lujuria, su ansia de beneficio en toda transacción, en la venta de casas y el desarrollo inmobiliario. Vieron las críticas y los chismes que usaba siempre para lograr lo que quería. Parecía que todas sus acciones estaban motivadas por la ambición personal. Quería salirse siempre con la suya, obteniéndolo todo para sí. La evidencia era indiscutible; sin embargo, *Engañado* se consoló pensando que nada de eso importaba en verdad, porque creía en *Jalyn* y le profesaba su lealtad.

Cuando terminó la proyección de la vida de *Engañado*, *Jalyn* se volteó al Escriba y le preguntó: "¿Está *Engañado* en el libro de la vida?".

El escriba contestó: "No, mi señor".

Jalyn anunció: "*Engañado*, eres culpable de haberme negado, y serás llevado a la tierra de Solo donde pasarás el resto de tu vida en el tormento de la total oscuridad, desesperanza y soledad".

Engañado quedó paralizado por tan grande impacto. En su mente, las ideas se agolpaban: *No. Es* un error. ¡No puede ser! Yo creo en Jalyn ¿Qué quiere decir con "haberme negado"?

Entonces le espetó: "¿Cómo que te he negado?".

Jalyn dijo: "*¿No escuchaste cuando tus maestros advertían sobre tales personas afirman que conocen a Jalyn, pero lo niegan con su manera de vivir?*".[13]

Engañado replicó: "Pero, gran rey, yo asistí a tu escuela. No falté a las clases y participé en muchas de las actividades. ¡Y hasta te llamé Señor!".

Jalyn dijo de inmediato: *¿Por qué me llaman ustedes "Señor, Señor", ¿y no hacen lo que les mando hacer?*.[14] *¿Acaso no oíste mis palabras cuando dije: ¿No todo el que tiene una apariencia religiosa es realmente una buena persona? Quizá me digan "Señor", pero eso no les garantiza la entrada a Affabel, porque el factor decisivo es si obedecen o no a mi Padre. En el juicio, muchos me dirán: "Señor, Señor, ¿no profetizamos en tu nombre, y en tu nombre echamos fuera demonios, y en tu nombre hicimos muchos milagros?". Y entonces les declararé: Jamás os conocí; apartaos de mí, los que practicáis la iniquidad.*[15]

Engañado estaba desesperado: "Pero tuve fe, creí en ti, ¡así que según lo que dice tu palabra tengo que ser salvo!".

Jalyn fue paciente, pero firme. Miró a un ciudadano de la asamblea, un exmaestro de la escuela que ahora estaba sentado en un trono más pequeño que el suyo. "Léele a *Engañado* lo que enseñabas en tus clases".

El caballero leyó de los sagrados escritos: "*Amados hermanos, ¿de qué le sirve a uno decir que tiene fe si no lo demuestra con sus acciones? ¿Puede esa clase de fe salvar a alguien?... Como pueden ver, la fe por sí sola no es suficiente. A menos que produzca buenas acciones, está muerta y es inútil. Ahora bien, alguien podría argumentar: "Algunas personas tienen fe; otras, buenas acciones". Pero yo les digo: "¿Cómo me mostrarás tu fe si no haces buenas acciones? Yo les mostraré mi fe con mis buenas acciones". Tú dices tener fe porque crees que hay un solo Jalyn. ¡Bien hecho! Aun los demonios lo creen y tiemblan aterrorizados.*

¡Qué tontería! ¿Acaso no te das cuenta de que la fe sin buenas acciones es inútil?[16]

Jalyn reiteró: "Dices que tenías fe, pero la fe no es tal si no va acompañada de las correspondientes obras de obediencia. No basta con decir que crees porque hasta los demonios creen, pero indudablemente no son salvos, Quienes creen con sinceridad exhibirán una naturaleza transformada y ya no producirán el fruto del maligno. Continuamente producías el fruto del malvado señor *Dagon*, única evidencia de que jamás creíste realmente en mí en tu corazón".

A *Engañado* le costaba mucho entender todo lo que escuchaba, así que respondió: "Pero ¿qué hay de ese hombre, *Crueldad*? ¡Yo era mejor que él! ¿Cómo pudiste dejar que él entrara y echarme, a mí? ¡No eres justo!".

Jalyn contestó: *Sin embargo, ustedes dicen: "¡El Señor no está siendo justo!" […], ¿soy yo el que no es justo, o son ustedes?... Y si una persona malvada se aparta de su maldad y comienza a vivir de acuerdo con mis instrucciones y hace lo que es recto, salvará su vida, pues lo ha pensado y ha decidido apartarse de sus maldades y llevar una vida recta. Seguramente seguirá viviendo, no morirá.*[17]

Frustrado e indignado, *Engañado* prosiguió: "Pero yo hablé de tu Palabra a los demás y di testimonio de ti a otros ¡Incluso trabajé como voluntario en tu escuela!".

Ahora con mirada severa, Jalyn respondió: *¿Qué derecho tienes tú de hablar de mis estatutos, y de tomar mi pacto en tus labios? Pues tú aborreces la disciplina, y a tus espaldas echas mis palabras. Cuando ves a un ladrón, te complaces con él, y con adúlteros te asocias. Das rienda suelta a tu boca para el mal, y tu lengua trama engaño. Te sientas y hablas contra tu hermano; al hijo de tu propia madre calumnias. Estas cosas has hecho, y yo he guardado silencio; pensaste que yo era tal como tú; pero te reprenderé, y delante de tus ojos expondré tus delitos.*[18]

Engañado guardó silencio. Su mente galopaba veloz, pero ya no tenía nada más que decir para defenderse.

Pasaron unos momentos. Entonces el rey dijo a los que servían: *Atadle las manos y los pies, y echadlo a las tinieblas de afuera; allí será el llanto y el crujir de dientes*.[19]

Cuando el Guardia Principal se le acercó, *Engañado* insultó a *Jalyn* maldiciendo a gritos, maldiciendo también a los guardias y a los ciudadanos de Affabel. Enfurecido, pateó y gritó con violencia. Todo bien que hubiera habido dentro de él fue tragado por la revelación de su verdadera naturaleza.

Lo ataron de pies y manos y lo llevaron fuera del auditorio. Siguió gritando obscenidades mientras lo llevaban, como a *Independiente*, a la jaula donde esperaría que terminara el juicio.

Cuando *Engañado* se encontraba ya fuera del auditorio, *Jalyn* se dirigió a los testigos: *Hay gente [...] que se tiene por pura, pero no está limpia de su inmundicia*.[20]

CORAZÓN FLOJO ANTE JALYN

Quedaban menos de cien personas en la Sala de Justicia. *Corazón Flojo* y *Doble Vida* se encontraban entre ellas. *Corazón Flojo* trataba de mantenerse lo más lejos posible de *Doble Vida*, porque todavía sentía un profundo resentimiento hacia él. *Doble Vida* también la evitaba.

Los cuatro Guardias Reales entraron y llamaron a *Corazón Flojo*. Estaba nerviosa en cuanto al lugar donde iría, pero agradecida por dejar atrás a *Doble Vida*. Como sucedió con los anteriores, fue llevada a la entrada del gran salón, donde recibió instrucciones sobre el protocolo para luego ser escoltada hacia el interior.

Mientras pasaba entre los ciudadanos de Affabel, también reconoció a muchos que habían salido de Endel antes que ella. La mayoría de ellos no fueron tan categóricos ni apasionados como ella con respecto a su fe mientras estaban en la escuela. A *Corazón Flojo* le sorprendió ver allí a un grupo de personas que ella hubiera dicho que estarían ausentes.

Corazón Flojo se acercó al trono y observó los tronos más pequeños que lo rodeaban. Reconoció a algunos maestros y a otros que desde siempre había pensado que serían líderes en el reino. Sin embargo, también le sorprendió ver a algunos otros sentados en esos tronos. Eran los ciudadanos menos reconocidos de Endel. También había entre ellos algunos que habían sido ricos. *¿Cómo puede ser que los ricos ocupen lugares de honor aquí?*, pensó.

Antes de encontrar una respuesta en su mente, oyó la voz de *Jalyn* "Rinde cuentas de tu administración".

El holograma mostró toda su vida. A *Corazón Flojo* le gustó mucho ver la reproducción de su periodo en la escuela, con sus tareas como voluntaria, las horas extras de estudio y de liderazgo de la clase. Todo eso hablaba bien de ella, y estaba orgullosa de su diligencia y valentía. Sin embargo, su ánimo cambió cuando se mostró su respuesta a la mentira de *Difamación*. Era claro que se había negado a olvidar la ofensa. Quedaron expuestos los conflictos de su corazón, y no eran muy bonitos que digamos.

Después se mostró su aventura amorosa con *Doble Vida*. Jamás se había arrepentido de lo que hizo con él. Siempre se había sentido víctima, y había culpado a *Difamación* y a *Doble Vida*. Esto hizo que jamás se hiciera responsable de sus decisiones. A medida que iba mostrándose su vida, observó ira, amargura, y un creciente deseo de venganza. Aunque había logrado reprimirlo en parte, jamás había tratado con su raíz. Se revelaba no solo en su perpetua ofensa con *Doble Vida* y *Difamación*, sino también en el hecho de que en realidad culpaba también a *Jalyn* por todo lo que le había sucedido: ¿Cómo podía haber permitido que un hombre como *Doble Vida* enseñara en su escuela? Su resentimiento y falta de perdón se estaban manifestando con crudeza y de modo implacable.

Cuando terminó la proyección, estaba claro que *Corazón Flojo* era una mujer amargada que carecía de bondad hacia los demás. Sin embargo, y aún revelado todo esto ante la gran asamblea, tenía la seguridad de que su anterior compromiso le otorgaría el favor ante el rey. Temía ser reprendida, pero jamás imaginó lo que estaba a punto de llegar.

Jalyn se volteó al Escriba Real: "¿Se encuentra el nombre de *Corazón Flojo* en el libro de la vida?".

El escriba respondió: "No, mi Señor".

Jalyn pronunció su sentencia: "*Corazón Flojo*, eres culpable de apartarte de la justicia y la rectitud y de negarme por medio de la traición, por lo que serás llevada a la tierra olvidada de Solo para pasar allí el resto de tu vida en el tormento de la total oscuridad, desesperanza y soledad".

Corazón Flojo quedó indescriptiblemente anonadada. Su asombro fue aún mayor que el de quienes la habían precedido. ¡Es que no era posible que le sucediera esto! Estaba atrapada en un mal sueño; no, en una pesadilla, ¡y tenía que despertar! Quizá no lo había entendido bien.

Con incredulidad, cuestionó: "*Jalyn*, ¿acabas de decir que me llevarán a la tierra de Solo?".

"Así es, *Corazón Flojo*. Oíste bien", respondió el rey.

"¿Cómo puede ser, Señor *Jalyn*? Yo creo en ti. Es evidente en lo que se proyectó en la pantalla. Tuve una buena vida que respaldó mis creencias. Sé que mi corazón se endureció y que el amor que había en mí murió, pero no fue mi culpa. Fue culpa de *Difamación* y de *Doble Vida*. Ellos hicieron que me volviera tan fría y dura".

Jalyn contestó: "¿Has olvidado mis advertencias, recibidas a través de tus maestros? *Y tanto aumentará la maldad que el amor de muchos se enfriará. Pero el que resista hasta el fin, será salvo.*[21] Tú no resististe hasta el fin".

Corazón Flojo dijo entonces: "Pero, Señor *Jalyn*, soy una persona recta y justa porque creo en ti. Tal vez no haya dado testimonio últimamente, pero siempre creí que una vez salvos, somos salvos para siempre y que la salvación no se puede perder. Incluso algunos de los maestros lo proclamaban así; decían que nadie podía apartarme de tu mano".

Jalyn respondió: "Sí, es cierto. Nadie puede apartarte de mi mano, pero yo nunca dije que no pudieras apartarte por voluntad propia. Solamente tú tienes capacidad de hacerlo. O es que no leíste en los sagrados escritos: *Gracias al conocimiento de nuestro Señor y Salvador Jalyn, habían logrado escapar de las contaminaciones del mundo, pero volvieron a enredarse en ellas y fueron vencidos, con lo que su estado final fue peor que el primero. Les hubiera sido mejor no haber conocido el camino de la justicia, que volverse atrás después de haber conocido y recibido el santo mandamiento.*[22] Si dije que mejor les valdría no haber conocido el camino de la justicia es porque ahora están peor que antes de ser salvos, ¿cómo podías creer que te sería imposible perder la salvación? Si nunca pudiera perderse, entonces ¿cómo es que estarían peor que antes? ¿Por qué escuchaste a maestros que enseñaban cosas contrarias a lo que mi Palabra declara? Yo registré todo en detalle para que todos pudieran conocer el camino de la justicia. ¿Por qué permitiste que te engañaran? Si hubieras creído lo que yo dije, habrías confrontado la amargura de tu corazón, pero le permitiste crecer a partir de tu falso consuelo de seguridad incondicional y ahora enfrentas una sentencia que podrías haber evitado".

Corazón Flojo alegó: "¿Y qué hay de todo el bien que hice?".

El Señor *Jalyn* contestó: "Una vez más, ¿no leíste lo que declaré con toda claridad a través de mi profeta? *Sin embargo, si los justos se apartan de su conducta recta y comienzan a pecar y a comportarse como los demás pecadores, ¿se les permitirá vivir? No, ¡claro que no! Todas las acciones justas que han hecho serán olvidadas y morirán por sus pecados. Sin embargo, ustedes dicen:* '¡El Señor no hace lo correcto!'. *Escúchame* [...]. *¿Soy yo el que no hace lo correcto o son ustedes? Cuando los* justos abandonen su conducta justa y comiencen a cometer pecados, morirán por eso. Sí, morirán por sus acciones pecaminosas".[23] Es tal y como está escrito; tu bondad y tus buenas obras son olvidadas, y no te darán crédito alguno".

Corazón Flojo, aún sin poder creer lo que oía, volvió a insistir: "Pero, Señor, dijiste que, si te confesaba como mi Salvador, mi nombre estaría escrito en el libro de la vida. ¿Cómo es posible que ya no esté ahí? ¿Por qué el Escriba no encuentra mi nombre? ¿Cómo pudo ser borrado?".

El Señor *Jalyn*, paciente, pero con firmeza, le respondió: "¿No oíste lo que se declaró en el pasado: *Pero el que persevere hasta el fin, ese será salvo?*.[24] Los que se mantienen firmes hasta el juicio son los que vencen. Y yo dije bien claro: *El que venciere será vestido de vestiduras blancas; y no borraré su nombre del libro de la vida.*[25] Si declaré que no borraré su nombre del libro de la vida, es que puede ser borrado. De otro modo, habría dicho: 'Si me confiesas como Señor, tu nombre quedará escrito para siempre en el libro de la vida'".

Corazón Flojo continuó rogando: "¿Cómo puedes mandarme a Solo, el lugar donde se envía a los muertos vivientes?".

Jalyn se volteó a uno de los ayudantes de gobierno: "Lee los antiguos escritos que se les dieron a conocer a los ciudadanos de Endel".

El hombre leyó: *Quien se aparta de la senda del discernimiento irá a parar entre los muertos.*[26]

Corazón Flojo ya no tenía palabras. Entonces el rey les dijo a los siervos: *Atadle las manos y los pies, y [echadla] a las tinieblas de afuera; allí será el llanto y el crujir de dientes. Porque muchos son llamados, pero pocos son escogidos.*[27]

Cuando el Guardia Principal se le acercó, *Corazón Flojo* maldijo a *Jalyn*. Estaba abrumada por la violencia de su amargura y retorcida por su naturaleza doblemente caída (ver Judas 12). Era como un árbol arrancado de raíz al final de otoño, sin fruto ni vestigios de bondad.

La ataron de pies y manos y la llevaron hacia la puerta lateral del auditorio. También ella fue encerrada en una de las jaulas. Cuando salió del auditorio, el Escriba Principal dijo a la congregación de testigos:

"Queridos amigos, si seguimos pecando a propósito después de haber recibido el conocimiento de la verdad, ya no queda ningún sacrificio que cubra esos pecados. Solo queda la terrible expectativa del juicio de *Jalyn* y el fuego violento que consumirá a sus enemigos. Pues conocemos al que dijo: *Yo tomaré venganza; yo les pagaré lo que se merecen.* También dijo: '*El Señor juzgará a su propio pueblo.* ¡Es algo aterrador caer en manos del *Jalyn* vivo!".[28]

EL JUICIO DE *DOBLE VIDA*

La última persona llamada a la Sala de Justicia fue Doble Vida. Él conocía las leyes de *Jalyn* y sabía ya que su sentencia no sería favorable. Pronto descubriría cuánto le costarían sus transgresiones.

Doble Vida sintió que se desmayaba mientras era escoltado hasta la sala del juicio, a tal grado que los guardias tuvieron que ayudarlo a llegar hasta el estrado del juicio donde estaba *Jalyn*. También su vida fue proyectada y tuvo que oír las terribles palabras que declaraban que su nombre no estaba escrito en el libro de la vida.

Jalyn anunció con firmeza: "Doble vida, eres culpable de traición, de apartarte de la justicia, y de ser piedra de tropiezo. Serás llevado a la olvidada tierra de Solo, donde recibirás el más grande castigo y los peores tormentos".

Doble Vida escuchó todo con mucho horror, y luego rogó: "Pero, Señor, como maestro de tu escuela yo dediqué mi vida a tu causa".

Jalyn contestó: "Eras maestro, pero ¿no leías lo que decían los libros con los que enseñabas? *Amados hermanos, no muchos deberían llegar a ser maestros en la escuela, porque los que enseñamos seremos juzgados de una manera más estricta".*[29]

Entonces, Doble Vida preguntó: "¿De qué modo fui piedra de tropiezo?".

El tono de Jalyn se endureció: "Hiciste que muchos de mis pequeños tropezaran y cayeran para siempre. *Corazón Flojo* es solamente un ejemplo. Fue confiada a tu cuidado. Te di autoridad para que la protegieras y no para que la usaras para tu propio provecho. Usaste tu influencia para saciar tu lujuria y la violaste, a ella y a otras más. Una hermana ya la había herido, y tú que debías haberla sanado te aprovechaste de ella. Hiciste naufragar su fe. Ha sido sentenciada al exilio en Solo. Seguramente recordarás la advertencia que yo hice: *Y cualquiera que haga tropezar a uno de estos pequeñitos que creen en mí, mejor le fuera si le hubieran atado al cuello una piedra de molino de las que mueve un asno, y lo hubieran echado al mar".*[30]

Doble Vida suplicó: "Jalyn, sé que seré enviado a Solo, pero ¿por qué he de recibir el más grande tormento? ¿Por qué eres tan duro conmigo? Fui uno de tus siervos, no un incrédulo. No fui como *Independiente*, que no quería tener nada que ver contigo. ¿Por qué?".

Jalyn permaneció firme y respondió: "Conocías y enseñabas los antiguos escritos. ¿Por qué me haces estas preguntas? Te recordaré lo siguiente, para que lo tengas siempre en tu mente. Los antiguos escritos dicen claramente: *¿Pero qué tal si el siervo piensa: 'Mi amo no regresará por un tiempo' y comienza a golpear a los otros siervos, a parrandear y a emborracharse? El amo regresará inesperadamente y sin previo aviso, cortará al siervo en pedazos y lo expulsará junto con los infieles. Un siervo que sabe lo que su amo quiere, pero no se prepara ni cumple las instrucciones, será severamente castigado. Pero alguien que no lo sabe y hace algo malo, será castigado levemente. Alguien a quien se le ha dado mucho, mucho se le pedirá a cambio; y alguien a quien se le ha confiado mucho, aún más se le exigirá".*[31]

Jalyn prosiguió: *"Independiente* era mucho menos consciente de sus transgresiones, pero tú tenías tanto conciencia como conocimiento. Su castigo, aunque severo, será más liviano que el tuyo. En cuanto a ti, tu *eterno destino serán las más densas tinieblas".*[32]

Jalyn entonces ordenó al Guardia Principal: *Atadle las manos y los pies, y echadlo a las tinieblas de afuera; allí será el llanto y el crujir de dientes. Porque muchos son llamados, pero pocos son escogidos.*[33]

Cuando el Guardia Principal se le acercó, *Doble Vida* escupió blasfemias contra *Jalyn* e insultó a los guardias y a los ciudadanos de Affabel. Se comportó con violencia, y trató de librarse para atacar físicamente a *Jalyn*. Su verdadera naturaleza quedó completamente revelada. Todo bien que hubiera existido en él había sido tragado por su duplicidad. Lo ataron de pies y manos y lo llevaron por la puerta lateral del auditorio, profiriendo maldiciones durante todo el camino. Se unió a los otros mil quinientos que serían transportados de inmediato a la tierra de Solo.

En cuanto *Doble Vida* salió del auditorio, el Escriba Principal cerró su libro y exclamó: "Justo eres tú, Señor... el Santo que ha juzgado estas cosas".

Oí también que otro decía desde el altar: *Ciertamente, Señor y Dios Todopoderoso, tus juicios son justos y verdaderos.*[34]

LA TIERRA OLVIDADA DE SOLO

Los mil quinientos endelitas condenados y enjaulados fueron escoltados por la Guardia Real durante un viaje de dos semanas hacia la oscura tierra de Solo. Atravesaron el Gran Desierto de Fuego, donde el calor que exudaba la tierra reseca era insoportable. De repente, en medio de la nada, donde el calor era más que inaguantable, vislumbraron a lo lejos un edificio imponente. Al llegar allí, pudieron leer el cartel que anunciaba: "Tierra olvidada de Solo".

Al mirar con más atención, se dieron cuenta de que el enorme edificio no tenía ventanas ni aperturas, sino tan solo una gran puerta en la base. Al pasar por esta puerta, oyeron lo que parecían miles de gritos que provenían del interior. En cuestión de momentos pudieron identificar que eran ruegos dirigidos al Guardia Principal, que provenían de los presos que estaban más cerca de la entrada. "¿Acaso no ha sido suficiente ya? Por favor, ruega misericordia para nosotros. ¡Nuestro castigo es demasiado y ya no aguantamos más!".

"¿Cuánto hace que están en este lugar?", preguntó *Independiente* al guardia.

"Entre uno y ciento veintinueve años".

Engañado no podía creerlo. De algún modo había albergado la esperanza de que lo sucedido en las últimas dos semanas resultara ser solo una pesadilla, o un susto táctico. También él le preguntó algo al guardia: "¿De verdad es aquí donde pasaré el resto de mi vida?".

"Sí, sucederá tal como se les advirtió en Endel".

Muchos de los que tenían castigos mayores eran llevados al nivel superior de este edificio de metal, donde hacía más calor. Los que no conocían la verdad, pero aun así habían cometido cosas que merecían el exilio, iban a la parte inferior de la enorme estructura. Sin embargo, incluso ese lugar era insoportable para un solo día, ¡cuánto más al tener que pasar allí cien años!

La agonía que debería vivir *Doble Vida* era inimaginable, incluso peor que el destino de los que estaban en el nivel más alto del edificio. Fue llevado a un calabozo subterráneo, cerca de las ardientes rocas de azufre. Tan solo el olor era ya nauseabundo; y, como no había ventilación, el calor era más intenso que en ninguna otra parte de Solo. Este lugar no estaba en el edificio, sino en las entrañas mismas de la tierra. Sin duda, era el lugar de mayor sufrimiento y tormento. Aquí, Doble Vida lo sufriría todo a solas. El área era bastante grande como para separar a los que compartieran la misma medida de condena. No podían oír otra voz que no fuera la suya propia.

Cuando los condenados fueron encarcelados cada uno en su lugar, el Guardia Principal se dirigió a la entrada. Al cerrarse la enorme puerta de hierro detrás de la Guardia Real, no se pudo ver ni un atisbo de luz dentro de los confines de la estructura. Estas pobres almas pasarían más de ciento veinticinco años en total oscuridad y soledad. La única esperanza de luz que tendrían vendría una vez al año, cada vez que se trajera a otro grupo de prisioneros. Aun así, no todos verían esta débil luz, sino solamente los que estaban cerca de la gran puerta. Otros, como *Doble Vida*, no volverían a ver la luz del día nunca más. Para él, la negra oscuridad era parte de su castigo.

REFLEXIONES

Estos cuatro ciudadanos de Endel lamentaron durante el resto de su existencia no haber escuchado la verdad. A solas, meditaban y consideraban de continuo su necedad por no haber prestado atención ni obedecido

las enseñanzas de *Jalyn*, tan accesibles en la tierra de Endel. Habrían hecho cualquier cosa por tener de nuevo la oportunidad de regresar y cambiar sus destinos. Oh, ¡cómo deseaban no haber escuchado a la mayoría, o a la opinión popular de su tiempo! Si hubieran podido regresar, despreciarían su propio y necio razonamiento para aceptar y guardar los antiguos escritos que jamás variaban y que no se podían quebrantar.

A los condenados les atormentaban las imágenes de Affabel, ese reino tan maravilloso. En su continua angustia todavía podían ver la belleza de la ciudad, aunque solo la habían disfrutado durante unos momentos. El contraste aumentaba su tormento. Ese calor ardiente, el olor del azufre, y la oscuridad de Solo no hacían más que acentuar la verdad. Teniendo a su alcance la belleza, habían renunciado a ella a causa de su necedad.

Preguntas de discusión

SECCIÓN 1: CAPÍTULOS 1-3

1. Antes de comenzar a leer este libro, ¿cómo habrías definido lo que es el *éxito*? ¿Cómo han reflejado tus metas, prioridades y hábitos esa definición? ¿De qué modo se ha visto desafiada o afirmada tu perspectiva mediante lo que has leído en esta sección?

2. Cuando consideramos la gravedad de un concepto como la eternidad, casi parece absurdo pensar que alguien podría estar confiado en un juicio que determina su destino eterno. Sin embargo, eso es exactamente lo que promete 1 Juan 4:17. Desarrollaremos esta idea durante las siguientes secciones, pero ¿podrías explicar con base en lo que sabes ahora de dónde crees que viene esa confianza?

3. En esta sección se te presentó el reino de Affabel, que sirve como una imagen de la relación entre la vida en la tierra y nuestro destino eterno. ¿Qué fue lo que más te llamó la atención sobre este reino y su gobierno? ¿Hubo algo que te emocionó o te sorprendió? ¿Cómo arroja luz la Escritura sobre esos elementos de la historia?

4. Hablemos sobre los habitantes de Endel. ¿Cuál fue tu reacción a los primeros cuatro juicios? ¿Esperabas que hubieran sido distintos? De ser así, ¿por qué?

5. ¿Cuáles son tus preguntas o preocupaciones más apremiantes a medida que avanzamos en nuestro estudio?

SECCIÓN 2

Capítulo 4

EL HOGAR ETERNO DE LOS MUERTOS

Y cuando sus discípulos le preguntaron por el significado de esta parábola, Jesús les dijo: A ustedes les es dado a conocer y entender mejor y más claramente los misterios y secretos del reino de Dios...
—Lucas 8:9-10 AMP, traducción libre

$\mathcal{E}$n los cuatro capítulos siguientes dejaremos nuestra alegoría para centrarnos en las verdades específicas reveladas en las sentencias de *Independiente, Engañado, Corazón Flojo* y *Doble Vida*. Luego terminaremos la alegoría refiriéndonos a Egoísta y Caridad, y el resto del libro se centrará en las verdades reveladas por sus vidas. La mejor parte del libro se centrará en las recompensas eternas de quienes siguen a Jesucristo.

VERDAD FUNDAMENTAL

En nuestra alegoría, *Jalyn* representa a Jesucristo y el Rey Padre es Dios Padre Todopoderoso. *Dagon* es Satanás, la vida en Endel representa la vida de un ser humano en esta tierra, y Affabel es reflejo de la ciudad celestial de Dios. La tierra olvidada de Solo representa el lago de fuego donde toda persona sin la gracia salvadora de Jesucristo pasará la eternidad. Los individuos de los que hablamos en el capítulo anterior representan los diversos escenarios de quienes serán condenados para siempre; la Palabra de Dios lo dice con toda claridad.

Sí, leíste bien, condenados para siempre. Al prepararme para escribir este mensaje, no estaba muy seguro de cómo llevar al lector al lugar donde pudiera identificarse con lo que las Escrituras mencionan como "juicio eterno". Lee lo siguiente con atención:

> Por lo tanto, dejemos ya la fase elemental de las enseñanzas y la doctrina de Cristo el Mesías y avancemos con firmeza hacia la perfección y la madurez espiritual. No echemos de nuevo los cimientos de... juicio eterno [Estas son cuestiones que deberían conocer por completo hace mucho, mucho tiempo].
>
> (Hebreos 6:1-2 AMP, traducción libre)

Como puedes ver, omití las otras cinco doctrinas fundamentales, entre las que están el arrepentimiento de las obras muertas y la fe en Dios, para así poder subrayar que el juicio eterno y el castigo son enseñanzas *elementales* de Cristo.

Un diccionario define *elemental* como: "que constituye la parte básica, esencial o fundamental".[1] La parte esencial es la que necesitamos tener desde el inicio y sobre la cual hemos de edificar. Es el cimiento. Para entenderlo, piensa en nuestro sistema educativo. En la escuela primaria obtenemos las herramientas básicas y necesarias para poder construir luego nuestros conocimientos: lectura, escritura, y aritmética, Si nos falta este cimiento, jamás podremos desarrollar una educación adecuada. Lo mismo ocurre con los creyentes: si no tenemos el juicio eterno firmemente establecido en nuestro entendimiento, no seremos capaces de edificar una vida en Cristo como se debe. Podría compararse a intentar avanzar en nuestra educación sin saber leer, escribir, sumar, o restar.

Sin embargo, después de casi veinte años viajando por el mundo he descubierto que muchos, y esto incluye a devotos seguidores de Jesucristo, ni siquiera conocen el tema. Veamos que el escritor dice: "la fase elemental de las enseñanzas y la doctrina de Cristo el Mesías". No se refiere aquí a estar al tanto de esas cuestiones, sino de *conocerlas por completo*. Las palabras "hace mucho, mucho tiempo" solo enfatizan que son fundamentos de nuestra fe básica, así como la lectura y la escritura lo son para nuestra educación.

Veremos enseguida por qué el "juicio eterno" es una doctrina elemental que debemos entender para poder edificar una vida cristiana saludable. Tenlo en mente mientras sigues leyendo. Sin este entendimiento, te puede resultar difícil comprender lo que estamos a punto de discutir aquí, y quizá sucumbas a la idea de pensar: *¿Cuál es el punto?*

EL INFIERNO: METAFÓRICO O REAL

Antes de comenzar a escribir este libro, batallé con este pensamiento: *¿Cómo le hablo a una generación que "vive el presente" la realidad de las decisiones eternas que pronto tomará sobre nuestras vidas el Juez del universo?* Después de pensar en ello por unos días, mientras oraba surgió otra idea. Me di cuenta de que Jesús, para comunicar las verdades espirituales a las mentes de los seres humanos, contaba historias. De ahí surgió la idea de la alegoría de Affabel.

Mientras escribía sobre el juicio de los individuos de Affabel y su castigo de por vida en la tierra de Solo, yo mismo temblaba. De hecho, escribí la parte final del capítulo anterior durante un vuelo de regreso a casa un domingo en la noche. Ese día había predicado tres veces. Mis ayudantes estaban profundamente dormidos, pero yo no podía dejar de escribir. Al llegar a casa después de la medianoche no me podía dormir, temiendo por todos lo que un día finalmente se encontrarán en una situación mucho peor llamada el lago de fuego. Y, según Jesús, serán la mayoría:

> *Entren por la puerta estrecha, porque ancha es la puerta y espacioso el camino que lleva a la perdición, y muchos son los que entran por ella. Pero estrecha es la puerta y angosto el camino que lleva a la vida, y pocos son los que la encuentran.*
>
> (Mateo 7:13-14, RVC)

Ya en la cama esa noche, medité sobre una ocasión de hacía un par de años atrás en la que me pidieron que predicara el evangelio en una prisión de máxima seguridad para varones en Sudáfrica. Recuerdo haber entrado en el horrendo lugar: los olores, las repugnantes condiciones de vida, las celdas con veinte o treinta hombres hacinados, con literas apiladas. Incluso había condones colgados en las paredes. Había ministrado en varias prisiones en los Estados Unidos, pero en mi vida había visto condiciones tan tremendas. Nuestras prisiones parecían clubes de campo en comparación con eso.

No me podía imaginar vivir ni siquiera una semana en ese horrible lugar, ya no digamos una sentencia de cuarenta o cincuenta años. La mayoría de los presos estaban allí cumpliendo cadena perpetua. Se podía ver la total desolación en los rostros de quienes no creían en Jesús. Casi podía oír sus pensamientos: *Al menos un día saldré de aquí, cuando muera.* Pero, por otro lado, les aterraba la realidad desconocida de la muerte. Era realmente un enigma terrible. Su estado era de total desesperanza. Si uno había vivido en libertad, lo cual era el caso de todos ellos, enfrentar la realidad de tener que vivir en ese lugar por el resto de su vida era un tormento insoportable.

Mientras estaba allí pensé que, por muy horrible que fuera, comparado con el infierno era un buen lugar. Al menos esos presos tenían compañeros, y la luz del sol entraba por unas cuantas ventanas con rejas. En el infierno no hay ni compañeros ni luz, tan solo el fuego que jamás se apaga. En el lago de fuego no hay alivio alguno, nunca jamás; ¡las almas estarán en perpetua angustia! En el infierno, la gente no puede decir: *Algún día saldré de este lugar.* ¡Porque su castigo es *eterno*!

Como ésta es una de sus enseñanzas fundamentales, Jesús habló del infierno con frecuencia, mucho más de lo que hoy se oye desde los púlpitos. No veía como una falta de compasión describir el tormento que se produce, así como el hecho de que es algo para siempre, interminable. Él lo consideraba esencial en su misión por llegar a nosotros como el Buen Pastor. Sus enseñanzas sobre el infierno, por lo tanto, estaban motivadas por el amor, ya que todo lo que Jesús hacía y enseñaba lo hacía con un corazón compasivo. Por eso, mi pregunta es la siguiente: hoy día, ¿estamos haciendo un favor a la gente al no mencionar el tema del infierno desde nuestros púlpitos? ¿Es eso el verdadero amor?

Hay diversos nombres para el infierno en las Escrituras: el *Seol* (solo en el Antiguo Testamento), el *Hades* y el *sepulcro* son algunos de los nombres utilizados para hablar de las cámaras intermedias de la muerte. *Gehena* y el *lago de fuego* son los nombres que se dan al infierno eterno. Hablaremos de la diferencia entre lo intermedio y lo eterno un poco más adelante.

Las Escrituras nos dicen que el infierno es un lugar real y no metafórico, como nuestra sociedad quiere hacernos creer. En Números 16 la tierra se abrió y tres familias fueron físicamente tragadas hacia el Seol ante una multitud de testigos. En el Nuevo Testamento se nos habla del Anticristo y su falso profeta: "Ambos fueron arrojados vivos al lago de fuego que arde con azufre" (Apocalipsis 19:20 AMP, traducción libre). No solo su cuerpo fue a este lugar; tanto su cuerpo como su alma fueron arrojados al lago de fuego.

LÁZARO Y EL HOMBRE RICO

En el Evangelio de Lucas, Jesús relata un incidente real en el que presenta a un hombre rico que vivía únicamente para sí mismo sin prestar atención a un mendigo que todos los días estaba delante de su casa. Sabemos que no es una parábola porque Jesús empieza la historia diciendo: "Había un hombre rico". En segundo lugar, usa el nombre de Abraham y también da un nombre específico al mendigo: Lázaro. Jesús no solía dar nombres o mencionar personas reales en sus parábolas.

Lázaro murió y los ángeles lo llevaron al seno de Abraham, que era el lugar de consuelo para los santos del Antiguo Testamento hasta que Jesús llegó y les abrió el camino a la presencia de Dios en el cielo. El hombre rico murió y se encontró en el Hades. Leemos:

> *Cuando el rico estaba en el Hades, en medio de tormentos, alzó sus ojos y, a lo lejos, vio a Abrahán, y a Lázaro junto a él. Entonces gritó: 'Padre Abrahán, ¡ten compasión de mí! ¡Envía a Lázaro para que moje la punta de su dedo en agua, y me refresque la lengua, porque estas llamas me atormentan!*
> (Lucas 16:23-24 RVC)

Observemos que el hombre rico sufría mucho. Algunas traducciones utilizan los términos *agonía, angustia,* y *tormento*. Es decir, que el sufrimiento era realmente grande. El infierno es un lugar de tormento consciente. Observemos también que él reconoció a Abraham y a Lázaro, y que ellos podían reconocer al rico. En el infierno, las personas son tan seres humanos como aquí y conservan sus facultades racionales, emociones, voluntad, así como sus facciones físicas y sus sentidos. Este hombre podía oír, ver, y sentir dolor. También tienen algún tipo de carne, porque se puede ver el intenso deseo del hombre rico de que le refrescaran la lengua. Jesús dice que tanto el cuerpo como el alma son destruidos eternamente en el infierno (ver Mateo 10:28). En otras palabras, la carne de las personas será afligida de continuo, chamuscada por el fuego, comida por los gusanos.

Observemos además que el hombre rico rogaba misericordia, como los que pedían misericordia en el calabozo de Solo en nuestra historia. ¡El infierno es un lugar sin escapatoria, eternamente! No hay nadie que vaya desde el exterior para consolar a sus habitantes, por mucho que éstos lo anhelen. También parece que esta realidad nunca se llega a entender del todo. Abraham tuvo que recordarle al hombre rico: "Además, hay un gran abismo que nos separa. Ninguno de nosotros puede cruzar hasta allí, y ninguno de ustedes puede cruzar hasta aquí" (Lucas 16:26 NTV). Conozco a una persona que experimentó el infierno. Me contó después que todos los que veía allí clamaban diciendo que era insoportable. Esto es exactamente lo que oímos gritar al hombre rico en el versículo de arriba.

Seguimos leyendo:

> Pero Abrahán le dijo: 'Hijo mío, acuérdate de que, mientras vivías, tú recibiste tus bienes y Lázaro recibió sus males. Pero ahora, aquí él recibe consuelo y tú recibes tormentos...' Aquél respondió: 'Padre, entonces te ruego que envíes a Lázaro a la casa de mi padre, donde tengo cinco hermanos, para que les advierta, a fin de que no vengan ellos también a este lugar de tormento'.
> (Lucas 16:25, 27-28 RVC)

¿Has oído alguna vez el refrán "es mejor estar solo que mal acompañado"? ¿Por qué no se aplica esto aquí? ¿Por qué no quería el hombre rico que otros lo acompañaran? La respuesta es que en el infierno no existe ni la compañía ni la comunión. Hay quienes creen que habrá fiestas sin fin en el infierno, y otros creen que se divertirán con sus amigos. Si así fuera, entonces este rico habría querido que sus amigos se le unieran, pero estaba desesperado por ver que nadie llegara a este lugar de tormento. El infierno es un lugar de completa soledad y desesperanza. También es un lugar de eterno recuerdo, algo que personalmente creo ser uno de los mayores tormentos.

Oigamos cómo responde Abraham a este ruego por sus hermanos:

> Pero Abraham le contestó: 'Ya tienen a Moisés y a los profetas; ¡que les hagan caso a ellos!' 'No les harán caso, padre Abraham —replicó el rico—; en cambio, si se les presentara uno de entre los muertos, entonces sí se arrepentirían'. Abraham le dijo: 'Si no les hacen caso a Moisés y a los profetas, tampoco se convencerán aunque alguien se levante de entre los muertos'".
> (Lucas 16:29-31 RVC)

Aquí se nos expresa una gran verdad. A muchos les gustaría vivir experiencias extraordinarias para demostrar la validez del evangelio, para sí o para los demás. Sin embargo, Jesús nos muestra que no hay nada más grande que la Palabra de Dios para producir la fe necesaria para seguir a Dios hasta el final. No me entiendas mal: la mayoría queda impactada y cambia por un corto tiempo al experimentar cosas sobrenaturales, pero no siguen convencidos permanentemente en sus corazones por esas experiencias.

Cuando yo era adolescente, fiestero y profano, mi padre me llevó a ver la película *Los Diez Mandamientos*, protagonizada por Charlton Heston. Recuerdo con toda claridad cómo fijé la mirada en la enorme pantalla cuando la tierra se abrió para tragar a la gente hacia el infierno. El impacto en mí fue tremendo. Salí de aquel cine, y mi vida había cambiado. Me erguí y caminé de manera distinta durante una semana, pero a los pocos días volví a ser igual que antes. ¿Por qué? Porque no había oído la Palabra de Dios, no me había arrepentido de mi pasado ni le había entregado mi vida por completo a Jesús para que su gracia me cambiara.

Mis amigos y yo tuvimos otras experiencias extraordinarias que también me impactaron, pero no fui transformado por ninguna de esas experiencias sobrenaturales. Mi vida cambió solamente cuando uno de mis hermanos de la fraternidad de la universidad llegó a mi habitación y me presentó la Palabra de Dios a través del evangelio de Jesucristo. Se nos dice específicamente: "Así que la fe viene del oír, y el oír, por la palabra de Cristo" (Romanos 10:17), y "Pues ustedes han nacido de nuevo, no de simiente perecedera, sino de simiente imperecedera, mediante la palabra de Dios que vive y permanece" (1 Pedro 1:23 NVI). Por esta razón, es muy importante que enseñemos y prediquemos la Palabra Dios, no solo nuestras experiencias.

Por otra parte, aclarado esto, permíteme enfatizar lo siguiente: *si las experiencias complementan o ayudan a amplificar la Palabra de Dios, suponen una gran ayuda y hasta son necesarias.* Los testimonios tienen un papel muy importante en la comunicación del evangelio, pero es la Palabra de Dios que se recibe y se cree la que nos permite permanecer en Él para siempre.

¿POR QUÉ ESTOY YENDO HACIA ALLÍ?

Permíteme ahora contar un testimonio que complementará lo que hemos visto hasta aquí en las Escrituras. Mi esposa y yo estábamos sentados en la sala de la casa de un amigo una noche, y él nos contó lo que le había sucedido cuando era joven. Creció en el Caribe, y durante la estación de lluvias cayó en un pozo que se usaba como reserva de agua para la construcción. Su hermano saltó tras él para tratar de salvarlo, pero no lo consiguió, así que salió y corrió a buscar ayuda porque nuestro amigo no sabía nadar. Para cuando llegó la ayuda, él llevaba muerto una media hora más o menos.

Nos dijo que, al salir de su cuerpo, todos sus sentidos estaban intactos. Sintió que algo lo tiraba hacia abajo, a la más profunda oscuridad. Dijo que era tal la oscuridad, que ni siquiera podía ver sus propias manos, aunque las pusiera delante de sus ojos. La oscuridad parecía envolverlo como si fuera un manto. Dijo: "Tenía tanto miedo que pensé: *Esto ya no puede empeorar más*; sin embargo, cuanto más caía, más intenso era. Jamás experimenté un miedo así en la tierra. No se puede describir con palabras".

Continuó: "Después vi luces que titilaban y supe que iba hacia el infierno. Empecé a gritar: '¿Por qué estoy yendo hacia allí? ¡Soy cristiano!'". El padre y la madre de nuestro amigo eran cristianos comprometidos, pero él solamente iba a la iglesia porque sus padres se lo decían, porque no tenía opción.

Luego dijo que oyó gritos de miedo y tormento. Recuerdo, como si fuera hoy, cómo contó esto:

"John, Lisa, hay gritos que son comunes, y hay gritos que te hielan la sangre. Esos son los gritos que oía. Luego estuve cara a cara con una criatura que tenía una balanza y que no dejaba de decirme: 'Ven a mí, eres mío'. Luché con la criatura. Al principio no podía decir nada por el miedo, pero luego grité: 'Déjame. Suéltame'. Y entonces me encontré gritando en mi cuerpo, y mordí al médico que me había metido el dedo en la garganta, algo que me dijo mi madre cuando le conté mi experiencia. Al mismo tiempo, mi madre estaba sentada fuera del quirófano (ahora en el hospital) y clamando a Dios: 'Padre, si me devuelves a mi hijo te lo entrego para siempre'". Nuestro amigo tuvo más adelante un ministerio pionero en el Caribe.

Tal vez cuestionas esta experiencia. Sin embargo, ha habido muchos hombres, mujeres y niños que pasaron por situaciones parecidas. Como estas experiencias cercanas a la muerte (ECM) ocurren con frecuencia en presencia de médicos, algunos han querido investigarlas.

Uno de estos investigadores es Melvin Morse, un médico que ha realizado un extenso estudio en niños que pasaron por una ECM. El doctor Morse estudió a dos grupos de niños. El primer grupo de 121 pacientes estaba compuesto por niños con enfermedades graves, pero no cercanas a la muerte. Estaban en terapia intensiva, con respiración asistida o muy medicados, y tenían entre tres y dieciséis años. Ninguno de ellos reportó haber salido de su cuerpo.

El segundo grupo constaba de doce niños de edades similares a las del grupo anterior, que habían pasado por paros cardíacos a causa de asfixia, accidentes de tráfico, problemas del corazón, etc. De este pequeño grupo, cada uno de los doce reportaba haber tenido experiencias fuera de su cuerpo. Algunos solamente habían visto sus cuerpos desde afuera y describían a los médicos los procedimientos que empleaban para salvarles la vida.

Habrá quien piense que la experiencia de mi amigo fue fruto de una alucinación; sin embargo, los estudios realizados en estos otros niños demuestran lo contrario. Además, ¿cómo podría haber tenido una alucinación si estuvo clínicamente muerto durante casi treinta minutos?

EL HADES VERSUS EL LAGO DE FUEGO

Nuestro amigo, al igual que otras personas que conozco y que han experimentado el infierno, vio el lugar intermedio de tormento llamado Hades. Esta no es la morada eterna para los que no son salvos, sino una sala de espera llena de tormentos previa al Gran Juicio del Gran Trono Blanco. Después del juicio, el lugar permanente donde los seres humanos y los ángeles caídos pasarán la eternidad es el *lago de fuego*. Esto lo dice con claridad el siguiente pasaje de la Biblia:

> *Después vi un gran trono blanco y al que estaba sentado en él…Y el mar entregó a los muertos que había en él, la muerte y el Hades entregaron a los muertos que había en ellos y todos fueron juzgados, y sus casos fueron determinaron según lo que habían hecho, según sus motivaciones, metas y obras. Después, la muerte y el Hades fueron arrojados al lago de fuego. Esta es la segunda muerte, el lago de fuego. Y si el nombre de alguien no se hallaba escrito en el libro de la vida, era arrojado al lago de fuego.*
> (Apocalipsis 20:11, 13-15 AMP, traducción libre)

Lo primero que quiero señalar es que todos los que estuvieron en el lugar intermedio de tormento, en el Hades, fueron llevados antes del juicio. Una vez terminado el juicio, todo lo que ofende y todo aquel que vive quebrantando la ley será echado al lago de fuego, incluyendo a los demonios, los ángeles caídos, y hasta el mismo Hades.

UNA VISIÓN DEL LAGO DE FUEGO

Mi esposa y yo tenemos unos amigos griegos. La esposa, que se llama Joy, es la tercera generación de ministros de su familia. Su abuela nació y creció en Grecia y desde pequeña comenzó a buscar a Dios. Sus preguntas a quienes le rodeaban recibían como respuesta burlas o apatía. Quería ir a una iglesia, pero le decían que "Dios no existía" y que dejara ya esas tonterías.

Un día, mientras la abuela de Joy bailaba una danza tradicional con sus amigos en la plaza de su aldea durante un festival griego, una voz le dijo: "Efrosyni, busca la danza eterna".

¡Se quedó atónita! *¿Quién me ha hablado?*, se preguntaba. De inmediato dejó de bailar y regresó a su casa, esperando encontrar algo de claridad. Mientras corría, comenzó a sentir un peso muy grande como de un bulto enorme sobre su espalda.

Una vez dentro de su casa, Efrosyni se fue directamente a su cuarto, donde cayó de rodillas y comenzó a llorar. Quería hablarle a esa voz. ¿Quién le hablaba, y qué palabras le decía? ¿Qué intentaba comunicarle? Estas preguntas atormentaban su mente, aunque no lo hicieron por mucho tiempo. En cuanto Efrosyni tocó el piso, sintió que algo como un fuego entraba en el cuarto y le envolvió. Cayó de espaldas y tuvo una visión.

En la visión, vio a un ser angélico vestido de blanco que se le acercaba. La alzó y la transportó a un lugar donde la luz era tenue, y la dejó allí. Cuando pudo fijar la mirada, vio con asombro que se hallaba frente a la escena en el Gólgota. El Señor estaba colgado en la cruz, y sus heridas sangraban. Vio la agonía en su rostro mientras Él era atormentado.

Al mismo tiempo, Efrosyni oía gritos a la distancia. Se volteó para ver de dónde provenían y vio un gran abismo entre la cruz y el lugar que había del otro lado, donde enormes olas de fuego surgían de la tierra. Era un océano de fuego. Podía oír los gritos de lo que parecía ser una multitud de personas que maldecían a Dios. En ese momento, sintió que una fuerza le empujaba la cabeza hacia una enorme grieta en la tierra, y la voz que había oído con anterioridad le dijo: "Aquí es donde perteneces".

¡Se quedó aterrada! Comenzó a llorar y a rogar misericordia. Cayó al pie de la cruz llevando sobre sus espaldas ese gran peso que antes había sentido. Permaneció allí llorando durante un largo rato. Cuando la voz, llena de amor y compasión, volvió a hablarle, le dijo: "¡Él lo hizo por ti! ¡Murió por ti! ¡Si pides perdón y aceptas su sacrificio, no tendrás que ir allí (refiriéndose al lago de fuego)!".

En ese momento, Efrosyni lloró con más angustia, respondiendo inmediatamente a lo que le decía la voz. Pidió perdón y enseguida sintió que el peso que llevaba sobre la espalda se levantaba y rodaba hacia el pie de la cruz.

Miró hacia arriba y vio al Señor Jesús de pie frente a ella, vestido en su forma glorificada. Él la levantó y la llevó en brazos hacia la colina más verde y bella que jamás había visto. Ahora podía comunicarse con Él mediante su mente. Le hacía preguntas y Él le respondía. ¡Era increíble! Le preguntó hacia dónde iban, y Él respondió: "¡A conocer a tu Padre celestial!".

Al llegar a la cima de la montaña, pudo ver la luz procedente de una entrada. También de las flores y los árboles salían voces angelicales y una música preciosa. Llegaron arriba y entraron por la puerta. Era increíble. ¡La belleza era indescriptible!

Se dirigieron directamente al trono. Efrosyni no vio el rostro de Dios, porque estaba oculto tras un velo, pero pudo ver un gran libro y una mano que salía de las nubes y escribía. Se acercó para ver la escritura, y para su asombro notó que ¡su nombre estaba siendo anotado en el libro de la vida! (aunque en ese momento no sabía que ese libro era el libro de la vida).

Cuando el Padre celestial escribió su nombre en el libro de la vida, le dijo: "¡Bienvenida a la familia!", y besó a Efrosyni en la frente. En ese momento vio que los ángeles formaban círculos, y que cantaban y danzaban con gran alegría. Pudo reconocer que, mientras bailaban, los ángeles cantaban su nombre. Se unió a ellos, y mucho después descubrió que lo que hacían los ángeles era tener una gran celebración en su honor porque había sido salvada.

Después de un rato, el Señor le habló y dijo que era hora de que regresara a la tierra porque Él tenía planeada una gran tarea para ella. Tendría que pasar por pruebas muy grandes para gloria de su nombre, pero Él estaría con ella; y, cuando todo eso estuviera cumplido, podría volver a estar con Él para siempre.

En eso, Efrosyni se encontró de nuevo en su cuarto. Estaba muy decepcionada por estar de regreso en la tierra después de ese maravilloso viaje celestial que acababa de experimentar, pero no podía hacer nada al respecto.

Cuando en la aldea se difundió el rumor sobre la experiencia de Efrosyni, comenzó la persecución. Empezó con su papá, que amenazó con matarla con un hacha si no renunciaba a lo que creía. Ella respondió que no podía renunciar a lo que había experimentado.

La persecución se intensificó mucho hasta que, una noche, la hermana de Efrosyni se acercó para advertirle que algunos tenían pensado llegar a la mañana siguiente y llevarla a la plaza de la aldea donde estaba la iglesia griega ortodoxa. Sacarían a la plaza la imagen de María, y si ella no se inclinaba para adorarla y besarla, la rociarían con gasolina y le prenderían fuego.

Efrosyni no podía creer que pudieran llegar tan lejos, pero parecía que estaban decididos a hacerlo, porque esa misma noche un ángel del Señor se apareció a la joven Efrosyni y la despertó con un suave toque en el hombro. Una vez despierta, el ángel le dijo que se vistiera y fuera a la puerta delantera. Obedeció, y al llegar a la entrada sintió que alguien la alzaba en el aire. Fue transportada físicamente desde su hogar a un lugar seguro, en otra aldea que estaba a varios kilómetros de distancia.

TORMENTO INIMAGINABLE

La abuela de Joy no vio el Hades sino el lago de fuego, llamado también "muerte segunda".

Su destino cambió porque decidió seguir a Jesús con todo su corazón. Las Escrituras nos dicen:

> *Pero los cobardes, incrédulos, abominables, asesinos, inmorales, hechiceros, idólatras y todos los mentirosos tendrán su herencia en el lago que arde con fuego y azufre, que es la muerte segunda.*
>
> (Apocalipsis 21:8)

Observemos que es un lago que "arde con fuego y azufre". El azufre es una sustancia no metálica que arde produciendo mucho calor y un olor muy desagradable. Muchos de los que han descrito el infierno han hablado de su olor espantoso; lo describen como "insoportable". De hecho, los que sé que han pasado por este lugar de muerte dicen que no hay modo de describir en nuestra lengua el tormento y horror para los sentidos.

Observemos también el término *muerte segunda*. Jesús dice: "El que tiene oído, oiga lo que el Espíritu dice a las iglesias" (lo que va a decir no es para los no creyentes). "El vencedor no sufrirá daño de la *muerte segunda*" (Apocalipsis 2:11).

Quizá te parezca extraño que Jesús les dijera eso a las iglesias. Sin embargo, notemos en el versículo de arriba que hay tres categorías principales de personas que arderán en el lago de fuego: los primeros son los que se apartaron de Él. Los segundos son los que no le fueron fieles. Los terceros son los pecadores que nunca caminaron con Él. Los dos primeros grupos podrían describir a los que alguna vez pertenecieron a la iglesia.

Recuerda a las tres primeras personas de nuestra alegoría: *Corazón Flojo*, *Engañado*, e *Independiente*. Dos de ellos estaban activos en la Escuela de Endel, que es un tipo de la iglesia. Más adelante lo veremos en mayor detalle.

La *muerte segunda* es angustia en el lago de fuego por el resto de eternidad. Y, una vez más, piensa en el primer capítulo donde hablamos de la eternidad: ¡para siempre, sin fin, sin alivio ni salida! Algunos piensan que esta agonía en algún momento llegará a su fin, pero eso es claramente contrario a lo que enseña la Palabra de Dios, porque declara: "y serán atormentados día y noche por los siglos de los siglos" (Apocalipsis 20:10).

Para dejar todavía más claro que este sufrimiento no terminará nunca, Jesús dice lo siguiente acerca de todo aquel que no obedezca su palabra: "Y estos irán al *castigo eterno*, pero los justos a la vida eterna" (Mateo 25:46).

Presta atención a las palabras "castigo eterno". En otras palabras, que el castigo no termina jamás. ¡Es para siempre! Jesús nos dice:

> *Y si tu ojo te hace tropezar y caer, ¡sácatelo! Es mejor y más beneficioso para ti entrar en el reino de Dios sin un ojo que ser arrojado al infierno teniendo los dos ojos.*
> (Marcos 9:47 AMP, traducción libre)

Como verás, Jesús nos está hablando del lago de fuego, la Gehena. Ahora, mira lo que dice otra traducción:

> *Si tu ojo te lleva a pecar, sácatelo. Es mejor que entres en el reino de Dios con un solo ojo, y no que tengas los dos ojos y seas arrojado al infierno, donde los gusanos no mueren, y el fuego nunca se apaga.* (Marcos 9:47-48 RVC)

Observa que los gusanos nunca mueren, lo cual significa que siempre tienen algo que comer.

Comparemos esto con lo natural. Cuando alguien muere físicamente, los gusanos se comen su carne hasta que la consumen toda. Luego quedan solamente los huesos, y los gusanos mueren. Estos gusanos de la Gehena nunca mueren porque lo que consumen nunca deja de existir. Una de las personas que vio el infierno dijo que vio gusanos enormes comiendo la carne de las personas atormentadas en las llamas, y fuera cual fuese el tiempo que habían estado allí, seguían teniendo carne para que los gusanos se la comieran.

Sí, lo estás entendiendo bien: ¡el lugar es inimaginable! Lo que tenemos que recordar es que Dios no creó originalmente el lago de fuego para los seres humanos. Escuchemos lo que dice Jesús a los que son arrojados a este terrible lugar:

> *Entonces dirá también a los de su izquierda: 'Apartaos de mí, malditos, al fuego eterno que ha sido preparado para el diablo y sus ángeles'.* (Mateo 25:41)

El lago de fuego fue creado para el diablo y sus ángeles caídos, no para la humanidad. Sin embargo, el diablo engaña y atrae a muchos hacia el castigo eterno. Es similar a lo que vimos en nuestra alegoría: la influencia de *Dagon* hizo que muchos fueran engañados, y la ira de *Jalyn*, originalmente dirigida hacia *Dagon*, se tuvo que aplicar a quienes habían sucumbido a su influencia. De otro modo, *Jalyn* no habría sido justo.

IR BIEN PARA SIEMPRE

En el capítulo anterior ya vimos cuán gráfica era la ira de *Jalyn*. Las Escrituras declaran que quien beba "del vino del furor de Dios… será atormentado con fuego y azufre delante de los santos ángeles y en presencia del Cordero. Y el humo de su tormento asciende por los siglos de los siglos" (Apocalipsis 14:10-11).

De nuevo, piensa en "los siglos de los siglos". ¿Recuerdas lo que hablamos sobre la eternidad en el primer capítulo? ¿Trataste de comprender lo interminable? No podrás hacerlo mentalmente, pero sí con el corazón. Por eso, Dios se lamentó sobre una generación entera que no quería escucharlo, diciendo:

> *¡Oh si ellos tuvieran tal corazón que me temieran, y guardaran siempre todos mis mandamientos, para que les fuera bien a ellos y a sus hijos para siempre!* (Deuteronomio 5:29)

Fíjate en las palabras *para siempre*. ¡Si tan solo los motivara lo que perdura! ¡Si se dejaran guiar por la eternidad!

Observa también que Dios dijo: "y guardasen todos los días todos mis mandamientos". No dijo: "que guardasen todos mis mandamientos *por algún tiempo*". Ni tampoco dijo: "que guardasen siempre *algunos* de mis mandamientos". No, ¡*es guardar siempre todos mis mandamientos*! Se nos manda obedecer su voluntad por completo y continuamente.

Tal vez pienses: *Yo no he guardado todos sus mandamientos. ¡Seré hallado culpable en el juicio!* Sí, eso es totalmente cierto. La ley de Dios identifica y demuestra que todo ser humano se queda corto ante los estándares de rectitud de Dios y será hallado culpable en el juicio. Nadie puede acudir delante de Dios y decir: "He vivido una vida digna de tu reino y no merezco ser castigado eternamente".

La razón de esta falla está en el comienzo, en el jardín, donde el ser humano decidió desobedecer a Dios. Al hacerlo, tomó para sí la naturaleza de pecado. Con esta traición se hizo esclavo de Satanás, atado a su dominio, y de ninguna manera puede redimirse ni salvarse a sí mismo. Esta naturaleza caída pasó de generación en generación a todo descendiente de Adán y Eva; es decir, a toda la humanidad, porque nacemos con la naturaleza de nuestros padres.

Por puro amor, Dios prometió que, aunque el hombre fuera totalmente responsable de su naturaleza caída, el Señor enviaría a un Salvador para rescatarnos. Ese Salvador es Jesucristo. Fue anunciado siglos antes de su nacimiento que nacería de una virgen (ver Isaías 7:14). Su Padre es Dios, y su madre fue una virgen llamada María, descendiente del rey David. Esto tenía que ser así porque, si ambos padres hubieran sido humanos, Jesús habría estado destinado a tener la naturaleza de Adán, siendo así un esclavo del pecado; no podría haber vivido una vida perfecta y, como consecuencia, no podría habernos redimido. Sin embargo, tenía que nacer de una mujer porque fue el ser humano quien cayó y tenía que ser también un ser humano quien pagara el precio de nuestra traición. Por lo tanto, Jesús era cien por ciento Dios y cien por ciento hombre.

Cuando Jesús fue a la cruz, llevó todos nuestros pecados cargándolos sobre sí y derramó su sangre hasta la muerte, pagando el precio de nuestros pecado. Sin embargo, como vivió una vida perfecta de rectitud y justicia, el Padre lo resucitó de entre los muertos y lo sentó a su diestra. El rey David, que también era profeta y ancestro de Jesús, presagió lo que ocurriría después de la crucifixión de Jesús más de mil años antes de que ocurriera. Pedro se hizo eco de sus palabras el día de Pentecostés, diciendo:

> *Pero [el rey David] siendo profeta, y sabiendo que Dios le había jurado sentar a uno de sus descendientes en su trono, miró hacia el futuro y habló de la resurrección de Cristo, que no fue abandonado en el Hades, ni su carne sufrió corrupción. A este Jesús resucitó Dios, de lo cual todos nosotros somos testigos.*
> (Hechos 2:30-32)

Jesús fue resucitado de entre los muertos para liberarnos. Observemos que Pedro dice que no fue dejado en el Hades, lo cual automáticamente nos dice que sí estuvo allí. ¿Cuándo? En algún momento entre la cruz y la resurrección. Jesús sintió el sabor de la muerte, o el infierno, por todos para que no tuviéramos que recibir nuestro eterno y justo castigo. Ahora, cuando renunciamos a vivir centrados en nosotros mismos y nos entregamos por completo a su señorío, lo que Él hizo por nosotros, derramando su sangre y gustando la muerte, se convierte en el rescate que paga por nosotros y nuestra justificación ante Dios. Ahora somos reconciliados en su justicia, y podemos presentarnos confiadamente ante su trono del juicio. ¡Alabado sea Dios por siempre!

Por esta causa se nos dice explícitamente: "Dios los salvó por su gracia cuando creyeron. Ustedes no tienen ningún mérito en eso; es un regalo de Dios. La salvación no es un premio por las cosas buenas que hayamos hecho, así que ninguno de nosotros puede jactarse de ser salvo" (Efesios 2:8-9 NTV).

Si nunca te has arrepentido de vivir independientemente de Dios, ni has renunciado a tu pecaminoso andar, y si no te has entregado por completo al señorío de Jesús, ve de inmediato al Apéndice que se encuentra al final de este libro. En esta sección es donde explico el plan de Dios para tu salvación y oro contigo para que recibas a Jesucristo como tu Señor y Salvador personal.

La mayoría de los creyentes conocen bastante bien lo que acabo de escribir en estas últimas páginas; sin embargo, he descubierto que muchos de ellos no entienden del todo lo que voy a presentar en los próximos capítulos. De hecho, habrá muchos cristianos profesos que se quedarán impactados con las sencillas verdades reveladas en las Escrituras que veremos en las páginas siguientes. También descubriremos en los siguientes capítulos por qué el castigo eterno es un conocimiento fundamental que todo creyente debe tener para crecer de modo saludable.

Capítulo 5
EL JUICIO DE *ENGAÑADO*

Todos sabemos que el juicio de Dios contra los que practican tales cosas se ciñe a la verdad.
—Romanos 2:2 (RVC)

Jesús vino a salvarnos de pagar la pena eterna por el pecado, la cual estaba originalmente destinada para Satanás y sus secuaces. Su vida entregada por nosotros nos revela el maravilloso amor de Dios.

Piénsalo: el Señor creó todo perfecto en el principio, a los seres humanos junto con los animales, los pájaros, los insectos, las criaturas del mar y todo el resto de la tierra, incluida su atmósfera. Leemos: *Y vio Dios todo lo que había hecho, y he aquí que era bueno en gran manera* (Génesis 1:31, RV60). Luego puso la creación perfecta en manos del hombre para que la guardara y mantuviera. Como declara el salmista: *Los cielos son los cielos del Señor; a los mortales nos ha dado la tierra* (Salmos 115:16, RVC). Adán tenía la responsabilidad de proteger de Lucifer, el archienemigo de Dios, no solo a sí mismo sino también a toda la creación.

Dios no quería robots que no pudieran decidir amarlo libremente, obedecerlo, y vivir en relación con Él, así que entre una miríada de árboles en el jardín puso uno en el medio con el siguiente mandato: *Puedes comer de todo árbol del huerto, pero no debes comer del árbol del conocimiento del bien y del mal, porque el día que comas de él ciertamente morirás* (Génesis 2:16-17, RVC).

La muerte de la que Dios hablaba no era la muerte física, porque Adán no pasó por la muerte física sino hasta años después (aunque esto también fue resultado de su desobediencia). En cambio, el Señor le mostró al hombre que sería apartado de la vida de Dios tomando para sí la muerte, que es la naturaleza de Lucifer.

Después de un tiempo, Lucifer engañó a Eva al distorsionar ante sus ojos el carácter de Dios. Logró que no prestara atención a los árboles disponibles, y que solo quisiera el árbol prohibido. Una vez que Eva llegó a creer que el árbol era bueno, beneficioso y agradable, comió de su fruto porque ahora percibía al Señor como un Dios que "quita" y no como el Dios que "da". Sin embargo, en este punto la humanidad todavía no había caído, ya que esto sucedió cuando el esposo de Eva probó también del fruto del árbol y entonces la creación de Dios tomó la naturaleza de muerte. Por esta razón, su pecado era mayor. Ella había sido engañada; él no (ver 1 Timoteo 2:14).

Por consiguiente, no solo Adán sino también toda la creación sobre la que había sido puesto, tomó de inmediato la naturaleza de muerte. Antes de la traición de Adán, los animales no se devoraban los unos a los otros, ni comían carne ni morían. No había tornados, terremotos, huracanes, hambruna, enfermedades y pestilencias. Todo esto fue la consecuencia de que el hombre no guardó lo que Dios había puesto a su cuidado. Leemos lo siguiente:

> *Contra su propia voluntad, toda la creación quedó sujeta a la maldición de Dios. Sin embargo, con gran esperanza, la creación espera el día en que será liberada de la muerte y la descomposición, y se unirá a la gloria de los hijos de Dios.*
> (Romanos 8:20-21 NTV)

La naturaleza no fue maldecida con la muerte por decisión propia, sino por la insubordinación del hombre hacia Dios. El hombre no protegió lo que se le había confiado a su cuidado. Adán sujetó no solo a la naturaleza sino también a sí mismo, a su esposa, y a todos sus descendientes a la maldición que originalmente era para Lucifer: la separación de Dios. ¡Qué traición!

En este punto, Dios bien podría haber dicho: "La humanidad, a quien amé, bendije y creé de manera perfecta, eligió a Lucifer antes que a mí. Que sean todos echados en el lago de fuego, y nosotros (Padre, Hijo y Espíritu Santo) comenzaremos de nuevo, creando otro universo con seres que permanezcan leales y nos amen como nosotros los amamos a ellos".

Si el Señor hubiera hecho eso, su decisión habría sido perfectamente justa. Sin embargo, a causa de su maravilloso amor, prometió a la humanidad enviar un Redentor que nos liberaría de la esclavitud a la que nosotros mismos nos habíamos sometido. Ese Redentor sería su Hijo, con quien Él creó los cielos y la tierra. En otras palabras, Él pagaría el terrible precio por nuestro pecado y la naturaleza de muerte, aunque no había hecho más que amarnos desde el principio. Es un amor maravilloso.

De ahí la razón del Calvario. Me sorprende cuando los cristianos no saben qué responder ante un no creyente que dice: "¿Cómo puede un Dios de amor enviar al infierno a quienes no han oído el evangelio?". Mi respuesta es sencilla: "No es culpa de Dios, sino nuestra". Jesús pagó el terrible precio para liberar a la humanidad, y luego nos dijo a quienes ya entendíamos esta buena nueva que fuéramos al mundo entero a decirles a los que no habían oído que habíamos sido redimidos de nuestra maldición, bajo la que tanto nosotros mismos como toda la creación nos habíamos puesto. Tendremos que dar cuentas de nuestra generación; ¡Dios ya ha hecho su parte!

TOMAMOS LA NATURALEZA DE DIOS

Jesús no solo pagó el castigo por nuestros pecados, sino que también nos ha provisto de una nueva naturaleza a semejanza de Dios, así que ya no somos esclavos del pecado. Cuando una persona le entrega su vida por completo a Dios, se convierte en una nueva creación.

Esto significa que todo el que pertenece a Cristo se ha convertido en una persona nueva. La vida antigua ha pasado; ¡una nueva vida ha comenzado! (2 Corintios 5:17 NTV)

Literalmente morimos cuando recibimos a Jesucristo como Señor. Nuestra antigua naturaleza muere crucificada con Cristo ante los ojos de Dios. Nace una persona completamente nueva con la naturaleza de Dios. Por eso nacemos de nuevo. Ahora estamos libres de la naturaleza que antes gobernaba nuestras vidas. Como lo muestran con toda claridad las Escrituras: *Y tal como Cristo fue levantado de los muertos por el poder glorioso del Padre, ahora nosotros también podemos vivir una vida nueva… Sabemos que nuestro antiguo ser pecaminoso fue crucificado con Cristo para que el pecado perdiera su poder en nuestra vida. Ya no somos esclavos del pecado. Pues, cuando morimos con Cristo, fuimos liberados del poder del pecado* (Romanos 6:4, 6-7, NTV). Ahora podemos vivir de acuerdo a la naturaleza de Cristo, y no a aquella a la que estábamos atados por la traición de Adán.

Demuestra una completa ignorancia por parte de un cristiano menospreciar a una persona que no ha recibido a Jesús como su Señor por el estilo de vida que lleva. El ADN espiritual de esta persona es pecar, y eso es justamente lo que hace. Pero lo que no es natural y asusta es un "creyente" que peca de forma habitual o por propia voluntad. La razón por la que pongo la palabra creyente entre comillas es que la persona que practica el pecado puede declarar que Jesús es su Salvador y Señor, pero en realidad no lo es, porque si verdaderamente lo fuera, esa persona manifestaría la naturaleza de Dios en su vida. Jesús lo expresó así de claro cuando dijo:

Así, todo árbol bueno da frutos buenos; pero el árbol malo da frutos malos. Un árbol bueno no puede producir frutos malos, ni un árbol malo producir frutos buenos. Todo árbol que no da buen fruto, es cortado y echado al fuego. Así que, por sus frutos los conoceréis. (Mateo 7:17-20)

Lo que Jesús declara aquí no es algo complejo, y es definitivamente inalterable. La causa de lo que se produce no es el fruto, sino la naturaleza del árbol. Sin embargo, la naturaleza del árbol se evidencia por su fruto.

Si nos acercamos a un arbusto que da moras ricas y saludables, sabremos que ese arbusto es bueno como fuente de alimento. Por el contrario, si vemos que son moras venenosas, el arbusto no es bueno. La prueba o evidencia de que un árbol es bueno o venenoso está en el tipo de fruto que produce. También así, dice Jesús, la forma de identificar si una persona es genuinamente cristiana no es por lo que diga, por lo religiosa que parezca, o por la frecuencia con que asiste a las reuniones cristianas. Más bien, ¡es por lo que hace! ¿Su fruto no busca el interés propio y se enfoca en el reino? O es egoísta y se centra en el mundo, como lo describe el apóstol Juan en su carta:

> *No amen las formas del mundo. No amen los bienes del mundo. El amor al mundo ahoga nuestro amor por el Padre. Prácticamente todo lo que hay en el mundo, querer el interés propio, querer todo para uno mismo, querer parecer importante, no tiene nada que ver con el Padre. Tan solo les aísla de él. El mundo y todos sus deseos pasarán, pero el que hace lo que Dios quiere se prepara para la eternidad.*
>
> (1 Juan 2:15-17, MSG, traducción libre)

A Lisa y a mí nos tomó mucho tiempo convencer a nuestros hijos de esta verdad. Asistían a escuelas cristianas y observaban que muchos compañeros de clase asistían con sus padres a la iglesia y profesaban ser cristianos, pero de forma habitual solían producir fruto para su propia gratificación, como dice el pasaje arriba mencionado, en lugar de dar un fruto semejante al de Cristo. Esos compañeros vivían para sí mismos en lugar de desear, buscar, y deleitarse en hacer la voluntad de Dios.

La situación de nuestros hijos en la escuela es solo una entre innumerables ejemplos que podría mencionar. Este problema existe en los hogares, en el mundo de los negocios, e incluso en iglesias y ministerios. Hay muchos que confiesan ser cristianos, y sin embargo producen un fruto que claramente demuestra lo contrario.

LA TÍPICA "CONVERSIÓN"

El evangelio que hemos predicado está un tanto desequilibrado, ya que hace mucho énfasis en aceptar a Jesús al hacer la oración del pecador. Confesamos que Él es nuestro "Señor", y una vez hecho eso somos salvos para toda la eternidad. Pero no es eso lo que Jesús enseña. Él dice: *No todo el que me dice: "Señor, Señor", entrará en el reino de los cielos* (Mateo 7:21, NVI).

Si tan solo escucháramos la declaración de Jesús sin filtrarla a través de años de predicación, enseñanza, escritura y cantos desequilibrados sobre la gracia de Dios, veríamos que contradice nuestro evangelio moderno. Las palabras de Jesús no podrían ser más claras: no todo el que hace la oración del pecador, confesándolo como su Señor, irá al cielo. Y, si no van al cielo, hay una sola alternativa: la que vimos en el último capítulo.

Repasemos la típica reunión de evangelización. El orador predica un mensaje del tipo "vengan a Jesús, y obtengan bendiciones". Habla de cómo Jesús nos dará gozo, paz, prosperidad, felicidad, salud, el cielo, y lo demás. No me malentiendas. Dios sí desea bendecirnos, pero Jesús jamás utilizó las bendiciones para atraer a las personas a fin de que lo siguieran.

Tras unos cuarenta y cinco minutos de argumentar, el predicador le pide a la audiencia que incline la cabeza y pregunta si irían al cielo en caso de morir esa misma noche. En algunos casos, hasta alienta a todos a mirar a las personas que están sentadas a ambos lados y a preguntarles lo mismo para ayudar a reclutarlos. ¿Irían al cielo si murieran esta misma noche? "Si no pueden decir que sí", dice el líder, "tómenlos de la mano y tráiganlos aquí al frente".

A medida que los candidatos van avanzando hacia el altar, se cantan himnos y canciones como "Tal como soy". En otros casos, la gente simplemente aplaude o sonríe mientras los músicos tocan una melodía triunfante para acompañar la marcha hacia el frente.

Cuando todos están ya en el frente, el predicador les pide que inclinen la cabeza y repitan una oración común, como: "Padre, confieso que soy pecador. Perdóname mis pecados. Hoy pido que Jesús entre a mi vida como mi Señor y Salvador. Gracias por hacerme tu hijo o tu hija. En el nombre de Jesús, amén".

Toda la audiencia aplaude, suena la música, y los nuevos "convertidos" salen de la reunión "igual que estaban", salvo que ahora vivirán engañados. No se dijo nada con respecto al arrepentimiento de un estilo de vida desobediente, de negarse a sus propios deseos para abrazar la voluntad de Dios, y de perder sus vidas por causa de Cristo. Han confesado a Jesús como su Señor, pero no ha habido un cambio de corazón. Jesús ahora es una parte más de sus vidas.

Bueno, permíteme decirte que el Rey de reyes y Señor de señores no entra en la vida de nadie como el segundo, ni tampoco como el primero, entre amores rivales. Entra solamente como nuestro Rey completo y total, sin que haya ninguna persona, cosa o actividad que compita por su lugar en nuestro corazón. Él tiene que ser el Señor, lo cual significa el amo y dueño supremo, lo cual significa que ya no somos dueños de nuestras vidas.

Piénsalo: ¿te casarías con alguien que te dijera que te será leal tanto a ti como a sus otros amantes, pero que tú siempre serás el primero entre ellos? ¿Cuánto más absurdo sería decirle eso mismo al Rey del universo? ¿Aceptará Él a una esposa que diga: "Eres el primero entre todos mis amores"? En ese arreglo no hay ninguna relación de pacto, no hay unión para ser uno solo. ¡Qué engaño!

Estos nuevos "conversos" no han permitido que la cruz termine con sus vidas egocéntricas y haga espacio para que la nueva naturaleza de Jesús se forme en su interior. Tan solo se les ha vendido una vida mejor aquí y la promesa del cielo. Es interesante. En muchos países del mundo donde los cristianos son perseguidos, llegan a Jesús sabiendo que están perdiendo sus vidas. Hoy día, en las sociedades occidentales acudimos a Jesús buscando una vida mejor y la entrada al cielo. Pero también nosotros debemos perder nuestra vida.

Hoy día, muchos de los evangélicos típicos de nuestra sociedad viven engañados como resultado del tipo de evangelio que hemos predicado. Los nuevos conversos pueden sentirse muy vigorizados por esta nueva "fe" que acaban de descubrir, por participar de actividades cristianas, asistir a la iglesia, incluso participar en alcanzar a otros porque todo esto resulta refrescante y emocionante. Es como ser miembro de un nuevo club, probar un nuevo deporte, asistir a una escuela nueva, o cambiar de empleo. Todo es nuevo y refrescante, pero estos cristianos no han hecho lo que mandó Jesús a todo seguidor sincero: considerar el costo de seguirlo y luego tomar la decisión permanente de entregar sus vidas para su servicio (ver Lucas 14:27- 33).

PÉRDIDA POR GANANCIA

Es un intercambio. Tenemos que entregar nuestra vida entera, y a cambio obtenemos su vida (naturaleza). Jesús lo repite varias veces, al decir:

> *Si alguno quiere seguirme, niéguese a sí mismo [olvide, ignore, deje y pierda de vista tanto a usted como a sus propios intereses], y tome su cruz, y [uniéndose a mí como un discípulo y poniéndose a mi lado] sígame [de manera continua, aferrándose a mí con firmeza].* (Marcos 8:34, AMP, traducción libre)

Debemos aferrarnos a Él de manera continua y firme. La salvación no es solo una oración de un momento para después seguir viviendo igual que antes, con la diferencia de que ahora estás en el club de los "cristianos" y destinado a ir al cielo. Jesús continúa: *Si tratas de aferrarte a la vida, la perderás; pero si entregas tu vida por mi causa y por causa de la Buena Noticia, la salvarás* (Marcos 8:35, NTV). La versión en inglés *The Amplified Bible* lo dice así: *Todo el que pierda su vida [la cual se vive solamente en la tierra] por causa de mí y del evangelio, la salvará [su vida más alta, la espiritual, en el reino eterno de Dios]* (traducción libre).

Es un intercambio definitivo: renunciamos a nuestros derechos como dueños de nuestras vidas. Al hacerlo, estamos en disposición de seguir sus deseos, y a cambio recibimos su vida eterna. Con el evangelio que predicamos hoy no estamos enfatizando este aspecto extremadamente importante de seguir a Jesús. Solamente hemos hablado de los beneficios. En esencia, hemos predicado *las promesas de resurrección* sin predicar *el impacto y el llamado de la cruz*.

Se podría comparar esto a un joven que ve un anuncio en la televisión para alistarse en el ejército. Observa a un hombre de la armada de edad próxima a la suya, elegante en su impecable uniforme sobre la cubierta de un enorme barco que navega los mares bajo un claro y bonito cielo y sonriendo junto a sus compañeros. El anuncio después muestra a este marinero en puertos de todo el mundo, y todo es gratuito.

El joven acude de inmediato a la oficina de reclutamiento y se inscribe. No lee los términos y condiciones del contrato porque está concentrado en los beneficios. Está feliz. Ahora verá el mundo, formará parte de un gran ejército, y hará muchísimos amigos nuevos.

Sin embargo, este hombre enseguida se entera en su entrenamiento básico de que ya no puede dormir hasta las nueve de la mañana como solía hacer. Se le ordena cortarse su largo cabello, del que tanto presumía. No puede ir a muchas reuniones sociales porque no puede dejar la base más que un par de días al mes. Y lo peor de todo es que los horarios del regimiento no le dejan tiempo para salir con otras personas. Todo el tiempo tiene que limpiar baños y sucios comedores, y hacer abdominales además de entrenarse en otros ejercicios muy difíciles. Ha perdido el tiempo libre que tenía antes, y cae rendido en su cama todas las noches.

El joven todavía tiene esperanzas, porque sabe que pronto estará en un barco. Cuando termina su entrenamiento básico le asignan un barco, pero el trabajo es igual de intenso, aunque esta vez flotando sobre las aguas. Hay una guerra, y ahora se encuentra luchando en una batalla para la que jamás se alistó.

El hombre se enroló porque el servicio militar le ofrecía una vida que nunca podría haber conseguido por sí mismo, y era gratis. No se percató de los detalles en la oficina de reclutamiento: esta vida era gratis, pero le costaría todas sus libertades. En muchos sentidos, el joven ahora se siente ofendido. Siente que lo han engañado. Según lo ve, le vendieron un paquete que solo enseñaba solamente los beneficios, pero no le hicieron ver el costo personal.

Hemos predicado un evangelio que habla de una salvación gratuita, lo cual es exacto y verdadero en todo sentido, pero hemos omitido decir a los candidatos que les costaría su libertad. Cuando hablo de libertad, no me refiero a la libertad real sino a la percibida, porque todo el que está fuera de Cristo es esclavo del pecado. Son esclavos, aunque crean profundamente que son libres.

Podríamos compararlo con la película *Matrix*. Hace años atrás, mi hijo mayor rentó la versión editada de la película una noche y la vimos toda la familia, y pude ver un asombroso paralelismo.

En *Matrix* se plantea una pregunta muy interesante: "¿Cómo reconocerías la diferencia entre un mundo de sueños y el mundo real si nunca despertaras del sueño?".[1]

En esta película, la vida del siglo XX discurre con normalidad, o eso parece. En realidad, la historia comienza a finales del siglo XXI. El hombre desarrolla la inteligencia artificial, mencionada sencillamente como las Máquinas. Estas Máquinas toman el control de la tierra, y el hombre pelea contra ellas. En la lucha por el poder, el mundo queda diezmado y las Máquinas vencen.

Las Máquinas descubren que pueden sobrevivir utilizando la electricidad que genera el cuerpo humano, así que crean una gran ilusión para engañar a los humanos y servirse de ellos. El mundo todavía parece ser normal (y estar en el siglo XX), pero de hecho los cuerpos de los humanos están contenidos en cámaras en grandes "granjas". Sus mentes están conectadas a un programa mundial de realidad virtual llamado Matrix, el cual simula la vida normal. La libertad que percibe la humanidad no es real. Básicamente, son esclavos.

Es en este punto cuando la película inicia con un selecto grupo de hombres y mujeres que han logrado *hackear* el programa para salir de Matrix, descubriendo su verdadera identidad. Forman una colonia llamada Zion en el mundo real, la cual carece de vida en otros aspectos. Unos pocos vuelven a entrar en Matrix para combatir a las Máquinas y liberar a la humanidad. La batalla es intensa y la vida no es fácil, pero los cruzados están más interesados en la verdadera libertad que en vivir una mentira de falsa libertad. Prefieren tener libertad con dificultades que ser esclavos de una falsa comodidad.

Vemos aquí el paralelismo. Muchos no creyentes ven a los cristianos como esclavos, atados y perdiendo libertades mientras que ellos son libres. Sin embargo, la verdad es que los que están fuera de Cristo son los esclavos, parecidos a los que viven la mentira en las "granjas" mientras las Máquinas los tienen esclavizados. Son esclavos del pecado.

ES DIFÍCIL SER CRISTIANO

No solo son esclavos quienes nunca han oído el evangelio o los que se niegan a creerlo. Muchos de los típicos "convertidos" de esta generación también están esclavizados al pecado. Hemos creado este dilema al omitir proclamar el mensaje completo de lo que significa verdaderamente seguir a Jesús. Muchos suponen que son libres cuando en realidad no lo son, y la evidencia está en sus estilos de vida. Jesús dice:

> *Les aseguro, se lo digo solemnemente, que cualquiera que cometa y practique pecados es esclavo del pecado. Ahora bien, un esclavo no permanece en una casa para siempre; el hijo [de la casa] sí permanece. Así que si el Hijo les libertare [les hace libres], ustedes son verdaderamente e incuestionablemente libres.*
> (Juan 8:34-36, AMP, traducción libre)

Estas palabras reiteran la verdad que se encuentra en el fruto del árbol. Si alguien peca habitualmente, eso es una evidencia de que aún es esclavo del pecado. No es hijo, porque su verdadera naturaleza no ha cambiado. Puede pensar que es libre porque ha confesado la oración del pecador, pero no ha entregado voluntariamente sus "derechos" personales para seguir a Jesús. Sigue queriendo su libertad (la falsa) junto a los beneficios de la salvación. ¡No se pueden tener ambas cosas!

Como dije antes, estas personas pueden comenzar su "experiencia como nacidos de nuevo" con gozo, entusiasmo y pasión porque es algo nuevo y fresco. Sin embargo, llegará el momento en que se manifestará su naturaleza que no cambió, pero como se manifestará en círculos cristianos estará cubierta por un manto de lenguaje y estilo de vida evangélicos. Por eso es tan engañoso. Sin embargo, el Nuevo Testamento nos advierte específicamente sobre este engaño.

Pablo escribe: *Pero debes saber esto: que en los últimos días vendrán tiempos difíciles* (2 Timoteo 3:1). Estamos viviendo en los últimos días. No cabe duda. Todos los escritos proféticos revelan que Jesús volverá pronto. Pablo presagió nuestro tiempo como uno de los periodos más difíciles para ser cristiano.

Otras traducciones utilizan las palabras *peligroso* y *terrible* para describir nuestros días. ¿Por qué? Si analizamos la época de Pablo, veremos que soportó una gran oposición. Recibió treinta y nueve azotes en la espalda en cinco ocasiones diferentes. Tres veces fue golpeado con varas. Una vez fue apedreado, y pasó años en prisión. Dondequiera que fuese, se encontraba con una asombrosa persecución; sin embargo, ¡dice que en nuestra época será todavía más difícil ser cristiano! ¿Por qué? Aquí nos dice por qué:

> *La gente estará llena de egoísmo y avaricia; serán jactanciosos, arrogantes, blasfemos, desobedientes a los padres, ingratos, impíos, insensibles, implacables, calumniadores, libertinos, despiadados, enemigos de todo lo bueno, traicioneros, impetuosos, vanidosos y más amigos del placer que de Dios.*
> (2 Timoteo 3:2-4, NVI)

Si examinamos su declaración, es posible que nos preguntemos qué quiere decir Pablo. ¿En qué se diferencia esta lista de lo que había en su época? La gente en su sociedad también evidenciaba estas características. Se amaban a sí mismos y también amaban el dinero. Eran impíos, faltos de perdón, etc. Pedro incluso dijo el día de Pentecostés: *Sed salvos de esta generación torcida (perversa, malvada, injusta)* (Hechos 2:40, AMP, traducción libre). Entonces, ¿por qué Pablo destaca nuestra generación con estas características, presentándola como el tiempo más difícil para ser cristianos?

Luego nos da el motivo: *Porque [aunque] tienen una forma de piedad (verdadera religión), niegan, rechazan y están ajenos a su poder [su conducta contradice la autenticidad de su profesión]* (2 Timoteo 3:5, AMP, traducción libre). La versión *Nueva Biblia Viva* lo dice así: *Aparentarán ser religiosas, pero su conducta desmentirá sus apariencias.*

Así que ahora podemos ver lo que hace que sea difícil ser cristiano en nuestra generación. Habrá muchos (según otras referencias del Nuevo Testamento) que profesarán ser *cristianos, nacidos de nuevo* o *salvos*, pero no han permitido que la cruz dé muerte a su vida egoísta. No han tomado la decisión de renunciar a sus propios derechos y placeres para seguir a Jesús. Creen sinceramente que Él es su Salvador, pero se afilian a Él solo por el hecho de lo que Jesús puede hacer por ellos, y no por quién es Él. No son distintos de la mujer que se casa con un hombre porque tiene dinero. Quizá se case por amor, pero es un amor con motivaciones erróneas. Con esa misma motivación, muchos buscarán a Jesús por el beneficio de la salvación, la comunidad, el éxito en esta vida, y la entrada al cielo después de esta vida. Creerán sinceramente que Cristo es su Salvador, pero nunca habrán entregado el control de sus vidas.

Pablo continúa diciendo a estos "creyentes" que están *siempre aprendiendo, pero que nunca pueden llegar al pleno conocimiento de la verdad* (v. 7). Asistirán a las reuniones de la iglesia, a grupos de hogar y a otras reuniones, oirán la Palabra de Dios, pero les faltará una verdadera transformación.

LÍNEAS BORROSAS

Nos encontramos con la dificultad cuando las líneas son borrosas. Veamos a una persona que vive para sí, pero que confiesa haber pasado por la experiencia de nacer de nuevo, que utiliza el lenguaje de un verdadero creyente, tiene amistades cristianas, y también asiste con entusiasmo a las reuniones de los cristianos, pero no se evidencia un cambio en su naturaleza. Básicamente, esta persona es inconscientemente una impostora, y la dificultad está en el hecho de que su autoengaño se esparce como una enfermedad. Otros también basan sus vidas en la "norma" de la cultura cristiana, y como esta norma no está sincronizada con la manera de vivir del cielo, les resulta difícil ser verdaderos creyentes. En la época de Pablo, si eras creyente tu vida corría peligro constantemente. No había duda: si confesabas tu lealtad a Jesús, tu vida corría peligro.

En 2 Timoteo 3, Pablo continúa:

Pero tú, Timoteo, sabes muy bien lo que yo enseño y cómo vivo y cuál es el propósito de mi vida. También conoces mi fe, mi paciencia, mi amor y mi constancia. Sabes cuánta persecución y sufrimiento he soportado, y cómo fui perseguido en Antioquía, Iconio y Listra; pero el Señor me rescató de todo eso. Es cierto, y todo el que quiera vivir una vida de sumisión a Dios en Cristo Jesús sufrirá persecución; pero los malos y los impostores serán cada vez más fuertes. Engañarán a otros, y ellos mismos serán engañados. (2 Timoteo 3:10-13, NTV)

Pablo lo dijo con claridad. No era solamente lo que enseñaba lo que demostraba que Timoteo podía confiar en él. Su confiabilidad se encontraba también en lo que vivía y en su propósito en la vida (guiado por la eternidad, como veremos más adelante en este libro). El testimonio de Pablo no estaba en sus oraciones contestadas, las señales milagrosas que lo seguían, la popularidad de su ministerio, o ni siquiera su excelente capacidad para enseñar la Palabra de Dios. No, no señala estas características. Era su estilo de vida, que era y sigue siendo el factor determinante.

Pablo continúa diciendo que *"los malos e impostores"* serán cada vez más fuertes. Ahora bien, todos sabemos cómo apartarnos de una mala persona. Sin embargo, los más peligrosos son los impostores, aquellos que asumen una identidad externa que no coincide con su verdadera naturaleza. Son aquellos que profesan y tienen una apariencia de cristianismo, pero que su conducta no muestra evidencia del poder transformador de la gracia. Observa que Pablo dice que no solo engañarán a otros, sino que también ellos mismos serán engañados.

Esto describe perfectamente a *Engañado* en nuestra alegoría. El joven estaba activo en la Escuela de Endel, profesaba ser un devoto seguidor, y creía sinceramente que encontraría favor ante el rey. Puso más énfasis en su lealtad profesada que en una vida que revelara su lealtad. No solo estaba engañado, sino que también engañó a otros. Debido a los estándares que puso Engañado, muchos estuvieron en peligro, desde las muchachas con las que dormía hasta los muchos a los que influenció con su *mensaje* entre el cuerpo estudiantil.

Te preguntarás: "¿Su mensaje? Él no era ningún maestro". Oh sí, digo *mensaje* porque nuestra manera de vivir habla mucho más alto que nuestras palabras. Para los estudiantes de Endel que eran fieles a *Jalyn*, era una lucha constante no dejarse influenciar por la fuerte personalidad y el estilo de vida de *Engañado*. Los que no se mantenían firmes sucumbían a su influencia.

Es una batalla de la que no solo Pablo nos advirtió, sino también muchos otros autores del Nuevo Testamento. Judas nos dice:

Amados hermanos, yo he tenido un gran deseo de escribirles acerca de la salvación que tenemos en común, pero ahora me encuentro en la necesidad de escribirles para rogarles que luchen ardientemente por la fe que una vez fue dada a los santos.

(Judas 1:3 RVC)

Notemos la urgencia en su voz. Judas quería hablar de las cosas maravillosas que compartimos en la salvación, pero tenía que escribir sobre otra cosa distinta. Tenía que alentar al pueblo de Dios a pelear por la fe. ¿Qué batalla es ésta? Lo explica diciendo:

Pues por medio de engaños se han infiltrado entre ustedes algunos malvados. Éstos, que desde antes habían sido destinados a la condenación, convierten la gracia de nuestro Dios en libertinaje y niegan a Jesucristo, nuestro único Soberano y Señor.

(Judas 1:4, RVC)

La guerra es contra las influencias creadas por personas que han pervertido la gracia de Dios para excusar su estilo de vida impío. Estos ataques son más fatales que la persecución abierta contra la iglesia. Son más peligrosos que las leyes que se oponen a los principios bíblicos, como las que legalizan el aborto, el uso de la marihuana y el matrimonio del mismo sexo, o las que exigen a las escuelas enseñar la teoría de la evolución. Son una influencia más fuerte que cualquier culto o falsa religión. ¡Son eternamente funestas!

Quizá te preguntes cómo se aplica esto a las personas en la iglesia, ya que las personas a las que hace referencia Judas rechazan o niegan a Jesucristo. Nadie podría hacerlo hoy día en nuestras iglesias y seguir siendo aceptado como cristiano.

Pero ¿qué te hace pensar que los creyentes eran más vulnerables en la época de Judas? Léelo otra vez con atención. Estas personas se infiltran en nuestros círculos pasando *desapercibidos*. Nadie podría ponerse de pie en nuestras asambleas hoy (o en la época de Judas), confesar con su boca que niega a Jesucristo, y seguir pasando desapercibido. Entonces, ¿cómo lo rechazan? La respuesta está en otro libro del Nuevo Testamento: *Tales personas afirman que conocen a Dios, pero lo niegan con su manera de vivir. Son detestables y desobedientes, no sirven para hacer nada bueno* (Tito 1:16, NTV). Lo niegan con su estilo de vida, y no con sus palabras. De hecho, afirman conocer a Dios. Confiesan a Jesús como su Señor, pero comunican lo contrario con sus acciones. Recuerda que no solo engañan a otros, sino que también se engañan a sí mismos. En otras palabras, creen con toda sinceridad que son cristianos.

LA VERDADERA GRACIA DE DIOS

Judas declara que estas personas distorsionan el mensaje de la gracia de Dios. En nuestros días esto es algo predominante, porque nuestras enseñanzas han abierto la puerta para que así sea. Hemos enseñado que la gracia de Dios es una especie de manto de protección de Dios para cualquier estilo de vida mundano, incluso impío. Seguro que escuchas esta mentalidad a menudo en muchas iglesias, con declaraciones comunes como: "Sé que no vivo como debería, pero gracias a Dios por su gracia". Esto es un grave engaño. Las Escrituras no nos enseñan que la gracia de Dios sea como una gran venda para las heridas, sino más bien *la presencia empoderadora de Dios dentro de nosotros para poder hacer lo que la verdad nos demanda.*

La gracia se ha enseñado simplemente como un favor inmerecido de Dios. Es, sí, su favor y no podemos comprarla ni ganarla, pero la gracia además nos capacita para obedecer, y la evidencia de que realmente la hemos recibido se verá en nuestro estilo de vida piadoso. Nuestra obediencia a la Palabra de Dios confirma la realidad de la gracia. Por eso Santiago dice:

> *... La fe, si no tiene obras (acciones de obediencia que la respalden), por sí misma carece de poder (está inoperativa, muerta). Pero alguno [les] dirá: ustedes [dicen que] tienen fe, y yo tengo [buenas] obras. Así pues, muéstrame tu [supuesta] fe sin tus [buenas] obras [si puedes], y yo te mostraré mi fe mediante [buenas] obras [de obediencia]. Tú crees que Dios es uno; haces bien. Porque los demonios también creen y tiemblan...*
> (Santiago 2:17-19, AMP, traducción libre)

Santiago identifica una enorme brecha que existe hoy día en nuestra enseñanza. Tomamos versículos como: *Cree en el Señor Jesús, y serás salvo* (Hechos 16:31). Si el único requisito para ser salvo es creer que Jesús existe y que es el Hijo de Dios, entonces como nos muestra Santiago, los demonios serán salvos porque ellos también lo creen. ¡Esto es para reírse! Y, para explicarlo aún más, Santiago también indica que los demonios tiemblan delante de Dios. En otras palabras, los demonios lo temen más que algunos que dicen que tienen fe, pero carecen de acciones de obediencia correspondientes.

La evidencia de que realmente somos salvos por la gracia de Jesucristo es tener un estilo de vida que lo demuestre. Por eso el apóstol Juan declara:

> *Y en esto sabemos que hemos llegado a conocerle: si guardamos sus mandamientos. El que dice: Yo he llegado a conocerle, y no guarda sus mandamientos, es un mentiroso y la verdad no está en él; pero el que guarda su palabra, en él verdaderamente el amor de Dios se ha perfeccionado. En esto sabemos que estamos en Él. El que dice que permanece en Él, debe andar como Él anduvo.* (1 Juan 2:3-6)

Juan dice claramente que la prueba de que realmente conocemos a Jesucristo es que guardemos sus mandamientos. La persona que dice que conoce a Jesús, pero no obedece su Palabra se engaña, miente, se aparta de la verdad, aunque confiese con la boca tener conocimiento de la Palabra de Dios. Por eso Juan dice: *Hijitos míos, os escribo estas cosas para que no pequéis. Y si alguno peca, Abogado tenemos para con el Padre, a Jesucristo el justo* (1 Juan 2:1-2).

Observa que Juan no dice: "Les escribo estas cosas para que *cuando* pequen tengan un abogado". No. El objetivo es no pecar. Tenemos el poder de la gracia de Dios para poder tener la mirada puesta en vivir como Cristo (como dice 1 Juan 2:6, debemos "andar como él anduvo"), porque somos libres del control de la naturaleza de desobediencia. Pero, si sucumbimos al pecado, tenemos un abogado.

Lo que celebramos los creyentes es que ahora tenemos la capacidad de servir a nuestro Dios de manera aceptable:

> *Por lo cual, puesto que recibimos un reino que es inconmovible, demostremos gratitud, mediante la cual ofrezcamos a Dios un servicio aceptable...* (Hebreos 12:28)

Ahí está. La gracia nos capacita para servir a Dios de manera aceptable.

¿Por qué no hemos proclamado el evangelio completo, sino solo la mitad de la historia? Sí, la salvación es un regalo: no podemos comprarla, y no podemos ganarla. Todo esto es cierto. Sin embargo, olvidamos decirle a la gente que la única forma de obtener la salvación es entregando nuestras vidas y confesar el señorío de Jesús, y al hacerlo, recibiremos la capacidad por la gracia de vivir de acuerdo con su naturaleza. Como escribió Pedro:

> *Que abunden en ustedes la gracia y la paz por medio del conocimiento que tienen de Dios y de Jesús nuestro Señor. Su divino poder, al darnos el conocimiento de aquel que nos llamó por su propia gloria y excelencia, nos ha concedido todas las cosas que necesitamos para vivir como Dios manda. Así Dios nos ha entregado sus preciosas y magníficas promesas para que ustedes, luego de escapar de la corrupción que hay en el mundo debido a los malos deseos, lleguen a tener parte en la naturaleza divina.*
> (2 Pedro 1:2-4, NVI)

Observemos algunas cosas: que se nos ha otorgado la *gracia* a través del conocimiento de Jesucristo, que esa gracia es su *divino poder* que nos da todo lo que necesitamos para vivir como Dios manda, y que este estilo de vida piadoso es acorde a su *naturaleza divina*. Por eso hemos sido redimidos de la corrupción que entró en el mundo por medio de Adán, la cual se ha multiplicado por los deseos de los hombres que se oponen a Dios. No permitas que nadie, ni de palabra ni de obra, te desanime para vivir en la naturaleza divina impartida en tu ser. Pablo dice claramente:

> *En verdad, Dios ha manifestado a toda la humanidad su gracia, la cual trae salvación y nos enseña a rechazar la impiedad y las pasiones mundanas. Así podremos vivir en este mundo con justicia, piedad y dominio propio, mientras aguardamos la bendita esperanza, es decir, la gloriosa venida de nuestro gran Dios y Salvador Jesucristo. Él se entregó por nosotros para rescatarnos de toda maldad y purificar para sí un pueblo elegido, dedicado*

a hacer el bien. Esto es lo que debes enseñar. Exhorta y reprende con toda autoridad. Que nadie te menosprecie.

(Tito 2:11-15, NVI)

La gracia de Dios nos enseña a negar toda impiedad y pasiones mundanas, y a vivir una vida con dominio propio, rectitud y devoción. Los maestros nos instruyen y capacitan, y eso es exactamente lo que la gracia de Dios hace en nuestras vidas.

Observa que hemos de enseñar estas cosas. De hecho, Pablo sigue diciendo: "Esta declaración es digna de confianza, y quiero que *insistas* en estas enseñanzas, para que todos los que confían en Dios se dediquen a hacer el bien" (Tito 3:8).

Hemos de insistir en hacer buenas obras por el poder de la gracia de Dios en nuestras vidas. No teníamos gracia antes de ser salvos, ni tampoco la tenían los santos del Antiguo Testamento; es un regalo de Dios para nosotros a través de Jesucristo.

Por eso Jesús nos dice que, en los tiempos del Antiguo Testamento, a uno se le consideraba asesino, con peligro de ir al infierno, si le quitaba la vida física a alguien. Sin embargo, bajo la gracia, solo hace falta llamar tonto a un hermano, ser prejuicioso, negarse a perdonar o albergar alguna otra forma de rencor, y con eso basta para estar en peligro de arder en el infierno (ver Mateo 5:21-22). ¿Por qué? Porque ahora tenemos el poder para vivir de acuerdo a la naturaleza de Dios, tanto interna como externamente, mediante el poder de la gracia.

INSISTIR CON FIRMEZA

Observemos que en Tito 3:8 se nos dice que *insistamos* en enseñar con firmeza. ¿Oíste eso? A mí me parece que *raras veces* se habla de esto desde el púlpito o entre los creyentes, y ya no digamos nada de hacerlo continuamente. Por eso nos hemos apartado de la importancia del mantenimiento de buenas obras mediante la gracia de Dios. En esencia, estamos permitiendo que el poder que reside en nosotros permanezca dormido, por falta de fe y reconocimiento. Nuestra fe, que nos da acceso a la gracia, tiene que permanecer activa por medio de la verbalización de nuestras creencias. Pablo dice: *Y ruego que la comunión de tu fe llegue a ser eficaz por el conocimiento de todo lo bueno que hay en vosotros mediante Cristo* (Filemón 6, LBLA).

Si no afirmamos estas cosas de manera constante, nos apartamos de la verdad. Esto se ve muy claro en las palabras de Hebreos:

> *Por tanto, debemos prestar mucha mayor atención a lo que hemos oído, no sea que nos desviemos. Porque si la palabra hablada por medio de ángeles resultó ser inmutable, y toda transgresión y desobediencia recibió una justa retribución, ¿cómo escaparemos nosotros si descuidamos una salvación tan grande?*
>
> (Hebreos 2:1-3)

Al afirmar estas cosas constantemente, mantenemos delante de nosotros los urgentes asuntos de la eternidad que impiden que nos apartemos.

Recuerdo que cuando era niño solía ir de pesca. Mientras mis amigos y yo estábamos concentrados en pescar, el bote, si no estaba anclado, comenzaba a desplazarse y ni siquiera nos dábamos cuenta. A los cuarenta y cinco minutos mirábamos y ni siquiera reconocíamos el lugar donde estábamos. El desvío sucedía porque teníamos la mente puesta en otra cosa, en la pesca.

Para algunos, el precio de esta dinámica ha sido alto, porque muchos han estado pescando en ciertos ríos que desembocaban en cataratas mortales. Innumerables personas han muerto de este modo porque se alejaron de donde se habían posicionado en un principio.

Lo mismo sucede con los asuntos importantes de la eternidad. Si Dios dice que hemos de insistir en estas cosas constantemente, entonces aquí debemos poner el énfasis. ¿Por qué no estamos destacando el poder de la gracia que nos capacita para mantener un estilo de vida en obediencia a Dios?

He descubierto que la iglesia primitiva lo hacía. Examiné algunos de los escritos de los padres de la iglesia primitiva y encontré que enseñaban cosas que parecerían extrañas comparadas con nuestras enseñanzas de hoy, aunque no son cosas opuestas a las Escrituras. Los padres de la iglesia de los primeros siglos creían que las obras jugaban un papel esencial para aportar una evidencia de nuestra salvación. Veamos algunos ejemplos.

El primer hombre que citaré es Policarpo (69-156 d. C.), obispo de la iglesia en Esmirna y compañero del apóstol Juan, que a una edad avanzada fue arrestado y quemado en la hoguera. Escribió: "Muchos desean entrar en este gozo (de salvación) sabiendo que por gracia somos salvos, y no por las obras".[2] Esta sería una declaración aceptada en los círculos evangélicos actuales, ya que hemos destacado el hecho de que no somos salvos por nuestras buenas obras. Sin embargo, Policarpo también les escribió a los creyentes: "Aquel que lo resucitó de entre los muertos también nos resucitará a nosotros, si hacemos su voluntad y andamos en sus mandamientos y amamos lo que Él ama, apartándonos de toda iniquidad".[3] Esto probablemente no lo oigas desde los púlpitos de nuestras iglesias en la actualidad.

Observemos que usa el condicional *si*. Se nos dice que tenemos que hacer su voluntad y andar en sus mandamientos para ser resucitados en la resurrección de los creyentes. Enseguida verás que es exactamente lo que dijo también Jesús.

El próximo hombre que citaré es Clemente de Roma (30-100 d. C.), compañero de los apóstoles Pablo y Pedro y supervisor de la iglesia de Roma. Escribió: "No somos justificados por nosotros mismos, ni por nuestra bondad u obras, sino por la fe por la cual el Dios Todopoderoso ha justificado a todos los hombres".[4] Esta también sería una declaración aceptada en los círculos cristianos de hoy. Sin embargo, Clemente también escribió a los creyentes: "Es necesario que seamos diligentes en la práctica de las buenas obras. Porque

Dios nos previene: *[Dios] el cual pagará a cada uno conforme a sus obras* (Romanos 2:6-10)".

¿Será por eso que Pablo dijo: *Por consiguiente, oh rey Agripa, no fui desobediente a la visión celestial, sino que anunciaba, primeramente, a los que estaban en Damasco y también en Jerusalén, y después por toda la región de Judea, y aun a los gentiles, que debían arrepentirse y volverse a Dios, haciendo obras dignas de arrepentimiento* (Hechos 26:19-20)? La Nueva Traducción Viviente lo expresa con estas palabras: ... *y demostrar que han cambiado, por medio de las cosas buenas que hacen.* Ya que Pablo destacó esto, parece apropiado que su compañero, Clemente de Roma, hiciera lo mismo.

El siguiente líder que me gustaría destacar es Clemente de Alejandría (150-200 d. C.). Fue líder de la iglesia de Alejandría, en Egipto, y estaba a cargo de la escuela de instrucción para los nuevos creyentes. Escribió de los incrédulos: "Aunque hagan buenas obras ahora, no les servirán para después de la muerte si no tienen fe".[6]

También esto sería aclamado entre los evangélicos de hoy. Sabemos, como ya mencioné en los últimos capítulos, que sin importar cuántas buenas obras acumule un incrédulo, no podrá ganar su entrada al reino eterno de Dios. Es por la gracia de Dios como somos salvos. Sin embargo, veamos también lo que Clemente escribió a los creyentes:

> Quien obtiene la verdad y se distingue en buenas obras ganará el premio de la vida eterna... Algunas personas de manera correcta y adecuada entienden que Dios provee el poder necesario (para ser salvos), pero al dar poca importancia a las obras que llevan a la salvación, no hacen los preparativos necesarios para obtener el objeto de su esperanza.[7]

Puede que algunos de ustedes piensen: *Parece que estos tipos nunca leyeron el Nuevo Testamento.* Sí que lo leyeron. Josh McDowell señala en su libro *Evidencia que exige un veredicto* que Clemente de

Alejandría tomó 2400 de sus citas de casi todos los libros del Nuevo Testamento, a excepción de tres.⁸ Lo mismo vale para los demás que he citado aquí. Por el contrario, tengo que decir que muchos de los libros cristianos que hay en nuestras librerías tienen muy pocos versículos en ellos. ¿Será que nos hemos desviado por el hecho de que no hemos insistido constantemente en lo que es importante?

NUESTRO EVANGELIO INCOMPLETO

Es lamentable que principalmente citamos versículos como: *Que si confiesas con tu boca a Jesús por Señor, y crees en tu corazón que Dios le resucitó de entre los muertos, serás salvo* (Romanos 10:9). Y entonces les decimos a las personas que lo único que tienen que hacer es citar la oración mágica, y ya están dentro.

Pero ¿por qué no citamos también las palabras de Jesús? Él dijo: *¿Y por qué me llamáis: "Señor, Señor", ¿y no hacéis lo que yo digo?* (Lucas 6:46). Como vimos antes, Señor significa amo supremo, con una connotación de propiedad por su parte. Así que Jesús nos está advirtiendo: "No me llames Señor para seguir adelante con tu propia vida. Mejor entonces llámame 'Gran Profeta' o 'Maestro' para que no te engañes a ti mismo".

Ahora, volvamos a examinar la declaración de Jesús con la que abrimos esta discusión: *No todo el que me dice: "Señor, Señor", entrará en el reino de los cielos* (Mateo 7:21a, NVI).

Como hemos dicho, no todo el que llame *Señor* a Jesucristo estará en el cielo. Eso nos dice de manera muy enfática que únicamente recitar la "oración del pecador" no nos asegura un lugar en el cielo. Entonces, mi pregunta es esta: ¿quién entrará en el reino de los cielos?

Jesús responde a eso diciendo: *Sino solo el que hace la voluntad de mi Padre que está en el cielo* (Mateo 7:21b, NVI).

Es interesante. Son casi las mismas palabras que dijo Policarpo. Por lo tanto, no es solo por confesar a Jesús, sino al confesar a Jesús y hacer la voluntad de Dios como entraremos en el reino de los cielos. Y la única forma de hacer la voluntad de Dios es por medio de la gracia que Él nos da cuando nos humillamos a nosotros mismos, al negar nuestras propias vidas y recibiéndolo como Señor. Es tan simple como confesarlo. Pero la parte difícil viene cuando debemos entregarnos por completo a la realidad de su señorío.

Escucha ahora por qué pongo tanto énfasis en este punto:

En aquel día, muchos me dirán: "Señor, Señor, ¿no profetizamos en tu nombre, y en tu nombre echamos fuera demonios, y en tu nombre hicimos muchos milagros?" Pero yo les diré claramente: "Nunca los conocí. ¡Apártense de mí, obreros de la maldad!

(Mateo 7:22-23, RVC)

A finales de la década de 1980 Dios me dio una visión espiritual. Vi una multitud tan grande, que no se veía dónde terminaba. Era un mar de seres humanos. Sabía que no había ateos en ese grupo, ni pecadores reconocidos, ni seguidores de otras religiones; más bien todos confesaban ser cristianos. Esta multitud había llegado al Juicio y esperaba oír a Jesús decir: "Entra al gozo de tu Señor, el reino de Dios". Sin embargo, oyeron las palabras: *Apartaos de mí, los que practicáis la iniquidad* (Mateo 7:23).

Pude ver el asombro y el terror en sus rostros. ¿Te imaginas tener la seguridad de una salvación que no posees? ¿Te imaginas ser enviado al exilio de las llamas del infierno para siempre, cuando creías totalmente que tu destino sería el cielo? ¿Tener que lidiar para siempre con el hecho de saber que tú, y quizá aquellos que te predicaron, se habían tomado su destino eterno tan a la ligera?

¿Hay lugar para un mensaje complaciente con los que están buscando la verdad que descarte las amonestaciones de Jesús?

¿Puedes entender por qué tenemos que proclamar todo el consejo de Dios, y no únicamente lo positivo o sus beneficios? Sí, claro que nos gustan los beneficios, y deberíamos hablar de ellos y disfrutarlos, ¡pero no a expensas de dejar de lado las advertencias de las Escrituras!

Recuerdo que en una conferencia dije que la razón por la que predico estas verdades es que "no quiero que nadie me grite en el día del juicio: '¿Por qué no me dijiste la verdad?', mientras mis manos chorrean sangre ajena".

Después de mi sesión, un pastor se me acercó de inmediato muy molesto. De hecho, estaba enojado. Me dijo: "¿Cómo te atreves a imponer esa teología del Antiguo Testamento a los que somos ministros? Mis manos no chorrearán sangre por no proclamar el evangelio completo". Es obvio que le gustaban los aspectos positivos de la Palabra de Dios, pero que se mantenía apartado de las partes controvertidas.

Entonces dije: "Señor, vea lo que les dijo Pablo a los líderes de Éfeso". Como tenía la Biblia en la mano, fui al libro de los Hechos y le pedí que leyera: *Por tanto, os doy testimonio en este día de que soy inocente de la sangre de todos, pues no rehuí declarar a vosotros todo el propósito de Dios* (Hechos 20:26-27).

Me miró atónito, boquiabierto, y con los ojos como platos me dijo: "Ninguna de las veces que he leído el Nuevo Testamento me había dado cuenta de esa parte". Después tuvimos una conversación amigable. En la conversación mencioné que, para presentar a todo ser humano maduro en Cristo, no solo tenemos que enseñar sino también advertir (ver Colosenses 1:28). ¿Cuál es la advertencia? No apartarse de la verdad, no dejarse llevar por el mensaje que propagan algunos impostores que se engañan no solo a sí mismos sino también a innumerables personas, alejándose de la voluntad de Dios.

En el relato de Hechos 20, Pablo había estado con la gente de Éfeso durante bastante tiempo. Los amaba mucho y sabía por el Espíritu de Dios que no los volvería a ver hasta llegar al cielo. Piensa con qué cuidado elegirías tus palabras si supieras que es la última vez que vas a hablar con personas que te son casi tan queridas como tus propios hijos. Las palabras de despedida de Pablo fueron las siguientes:

Tengan cuidado de sí mismos y de todo el rebaño sobre el cual el Espíritu Santo los ha puesto como obispos para pastorear la iglesia de Dios, que él adquirió con su propia sangre. Sé que después de mi partida entrarán en medio de ustedes lobos feroces que procurarán acabar con el rebaño. Aun de entre ustedes mismos se levantarán algunos que enseñarán falsedades para arrastrar a los discípulos que los sigan. Así que estén alerta. Recuerden que día y noche, durante tres años, no he dejado de amonestar con lágrimas a cada uno en particular. (Hechos 20:28-31, NVI)

¿De qué modo distorsionarían la verdad estas personas? Quizá con palabras, pero lo más probable es que fuese con acciones. Observemos que Pablo se preocupaba tanto por esto, que durante tres años día y noche amonestó a los efesios. Vemos aquí otra vez el énfasis en que hemos de insistir en estas cosas constantemente.

DIOS DE AMOR Y JUSTICIA

En nuestra alegoría, pudimos sentir el asombro y la agonía de *Engañado*. El panorama del calabozo de Solo nos quita el aliento al pensar en los 130 años de oscuridad e insoportable calor en esa caja cerrada de aire contaminado. Sin embargo, eso no es nada comparado con lo que una innumerable cantidad de hombres y mujeres experimentarán si no proclamamos todo el consejo de Dios.

Si te acuerdas, *Jalyn* era a la vez amoroso y justo. En su sentencia, el amor se revelaba en el hecho de que no podía permitir que nadie que poseyera la naturaleza y el carácter de *Dagon* entrara en la ciudad de Affabel. Si así lo hiciera, esa persona pervertiría y contaminaría a la ciudad entera, incluyendo a todos sus habitantes. Su amor protegía a los inocentes.

Al mismo tiempo, era justo al no permitir que nadie que tuviera la naturaleza de *Dagon* pudiera recibir por su desobediencia una pena menor que el mismo *Dagon*. Por este motivo, todo el que no decidiera seguir a *Jalyn* tendría que ser enviado al exilio al mismo calabozo de Solo.

De la misma manera, el amor de Dios no puede permitir que alguien que tiene la naturaleza de Satanás entre en la ciudad eterna para siempre. Sería injusto si sentenciara a Satanás y sus seguidores al lago de fuego eterno haciendo una excepción para quienes estuvieran bajo su gobierno y decidieran mantener su naturaleza. Todo el que tenga su naturaleza será sentenciado con él para toda la eternidad al lago de fuego. Dios es y será misericordioso y justo, y su gloria será conocida en toda la tierra.

Preguntas de discusión

SECCIÓN 2: CAPÍTULOS 4-5

1. Antes de leer esta sección, ¿habrías definido el juicio eterno como una doctrina fundamental que todo cristiano debe entender? ¿Qué ocurre cuando discipulamos a las personas sin ahondar realmente en este tema?

2. Muchos cristianos no hablan a otros de las realidades del infierno porque tienen miedo a ser percibidos como personas negativas o críticas, pero hablar sobre estos asuntos en realidad es un acto de compasión. ¿Cómo sería que los creyentes (como individuos y en el entorno de la iglesia) abordaran este asunto con amor?

3. ¿Cómo explicarías la relación entre la fe y el fruto (o las obras)? Si la salvación es un regalo, ¿por qué lo que hacemos es relevante para lo que creemos?

4. En el capítulo 5 hablamos de la idea de que tendemos a compartir las promesas del evangelio sin hablar del impacto que tendrá sobre la vida de la persona su decisión de seguir a Jesús. ¿Por qué una vida de sumisión al señorío de Cristo en realidad es más rica y abundante que una vida en la que simplemente recibimos beneficios espirituales, sin tener que cambiar nuestra manera de vivir?

5. Piensa en todo lo que has aprendido hasta ahora con respecto a la salvación, el juicio, y el impacto que tienen ahora nuestras vidas sobre la eternidad. ¿De qué manera concreta influye la idea del capítulo 5 sobre la naturaleza de la gracia en tu visión de estos temas a partir de ahora?

SECCIÓN 3

Capítulo 6

CAEN LOS GRANDES

Pero el que resista hasta el fin, será salvo.
—Mateo 24:13, RVC

*A*hora llegamos a las verdades reflejadas por *Doble Vida y Corazón Flojo*. En un momento siguieron a *Jalyn* sinceramente; sin embargo, uno de ellos no lo siguió con la motivación correcta, y el otro al final se apartó permanentemente de sus enseñanzas. El fin para ambos fue fatídico.

"LEER LO QUE CREEMOS" O "CREER LO QUE LEEMOS"

Me he dado cuenta de que algunas de las verdades de las que trataremos en este capítulo son controvertidas en algunos círculos evangélicos. Sin embargo, si deseamos la verdad y somos sinceros con nosotros mismos, la controversia se elimina con la investigación exhaustiva de las Escrituras. Por lo tanto, antes de empezar a examinar lo que la Biblia revela con respecto a personas como *Doble Vida y Corazón Flojo*, permíteme pedirte primero que estés dispuesto a leer con una mente y un corazón abiertos.

Uno de los mayores impedimentos para llegar a conocer la voluntad de Dios es el hecho de que, cuando leemos las Escrituras, *leemos lo que creemos* en lugar de *creer lo que leemos*. Leemos lo que creemos cuando elegimos ver la verdad a través de lentes tintadas. El teñido se debe al conocimiento incorrecto obtenido de otros o enseñado por nuestra denominación, o a partir de nuestras ideas preconcebidas de quién es Dios o cuáles son sus caminos. Esto es muy peligroso porque puede llevarnos al engaño. Vemos un ejemplo de esto en el libro de Job.

Hace poco tomé mi Biblia, y antes de que pudiera abrirla oí que el Espíritu de Dios decía: "Ve al libro de Job y comienza a leer a partir del capítulo 32". Busqué ese capítulo de inmediato, y vi que era el comienzo del mensaje de Eliú.

Te daré un poco de trasfondo. Después de experimentar una gran tragedia, la percepción de Job con respecto a los caminos de Dios se deterioró rápidamente por su dolor e infortunio. Ahora veía a Dios a través de su experiencia en lugar de buscar a Dios por su sabiduría (ver Santiago 1:2-8). Con el tiempo, este razonamiento pasó a ser autojustificación. Los tres amigos de Job, que hablaron en los capítulos anteriores al que yo estaba leyendo ese día, se convirtieron en errados teólogos autodidactas que intentaban interpretar las tragedias de Job. Eso empeoró aún más las cosas. No encontraban la manera de refutar el desviado razonamiento de Job, y entonces lo condenaron.

Eliú, al ser el más joven del grupo, esperó mucho para oír la sabiduría de Dios de parte de Job o de sus tres amigos, pero cuando percibió que los tres amigos ya no tenían nada más qué decir, habló y dijo:

Ansiosamente esperaba escuchar buenas razones; he estado atento a sus argumentos mientras luchaban por encontrar las palabras. Les he prestado toda mi atención, ¡y ninguno de ustedes ha podido responderle a Job! ¡Ninguno de ustedes ha podido refutarle! ¡No me salgan con que consideran más sabio que lo refute Dios y no un simple hombre! (Job 32:11-13, RVC).

Eliú se dispuso a reprender a todos los hombres. Dijo: ¿Debe Dios adaptar su justicia a tus exigencias a pesar de que lo hayas rechazado? (Job 34:33, NTV) ¡Oh, con qué exactitud habló al error que tanto prevalece hoy en día! Esta es una de las principales raíces de la teología malentendida en la iglesia: *¡permitimos que nuestra experiencia interprete la*

Palabra de Dios en lugar de permitir que la Palabra de Dios establezca la verdad!

Eliú no habló razonamiento humano ni teología formada por eventos, ocurrencias o ideas preconcebidas de quién era Dios, sino que, sin torcer la verdad, habló la pura Palabra de Dios. Al concluir su mensaje, leemos:

> *El Señor le respondió a Job desde el torbellino: "¿Quién se atreve a oscurecer mis designios con palabras carentes de sentido? Pórtate como hombre, y prepárate; yo te voy a preguntar, y tú me vas a responder".* (Job 38:1-3, RVC)

La versión de la Biblia en inglés *The Amplified Bible* expresa así la pregunta de Dios: ¿Quién es éste que oscurece el consejo con palabras sin conocimiento? Eso es precisamente lo que hacemos cuando filtramos las palabras de Dios a través de nuestra propia experiencia, la opinión de otros, o la idea preconcebida de quién es Él. Oscurecemos su consejo y así lo quitamos del alcance de toda persona sobre la cual tengamos influencia. En realidad, ocultamos la verdad de los que buscan conocerla. Por eso Dios estaba tan enojado con Job y sus amigos, y también lo está con nosotros cuando representamos sus caminos de manera incorrecta. ¡Impedimos que las personas conozcan la verdad!

El Señor después dedica cuatro capítulos a revelarle a Job su palabra. Cuando termina, Job dice, contrito:

> *Yo sé bien que todo lo puedes, que no hay nada que tú no puedas realizar. Preguntaste: "¿Quién se atreve a oscurecer mis designios, con palabras carentes de sentido?". Yo fui ese atrevido, que habló sin entender; ¡grandes son tus maravillas! ¡Son cosas que no alcanzo a comprender! Por favor, escucha mis palabras; quiero preguntarte algo; ¡házmelo saber! Yo había oído hablar*

de ti, pero ahora mis ojos te ven. Por lo tanto, me retracto de lo dicho, y me humillo hasta el polvo y las cenizas.

(Job 42:2-6, RVC)

Observa que Job dice: *Yo había oído hablar de ti, pero ahora mis ojos te ven.* Hay una verdad muy poderosa en estas palabras. Las Escrituras declaran que somos transformados de gloria en gloria cuando lo *contemplamos* a Él (ver 2 Corintios 3:18), no cuando *oímos acerca* de Él. Jesús es la Palabra viva de Dios, y verlo es conocerlo a Él y conocer sus caminos.

Esto es lo que la verdad revelada le hace a una persona. Oímos la Palabra de Dios, pero no se produce un cambio hasta que somos *iluminados*. Cuando el entendimiento de la Palabra de Dios entra en nuestro corazón, gritamos: "¡Veo, veo!", y en ese momento somos iluminados y somos transformados más a su semejanza.

Es esta verdad espiritual lo que motiva que Pablo a orar: *No ceso de dar gracias por vosotros, haciendo mención de vosotros en mis oraciones; pidiendo que el Dios de nuestro Señor Jesucristo, el Padre de gloria, os dé espíritu de sabiduría y de revelación en un mejor conocimiento de Él. Mi oración es que los ojos de vuestro corazón sean iluminados* (Efesios 1:16-18). Los ojos del entendimiento de Job eran iluminados ahora como nunca antes, aunque había vivido su vida piadosamente antes de sus tragedias. Ahora conocía a Dios a un nivel más alto.

Cuando termina de hablar con Job, Dios se dirige a Elifaz, uno de sus amigos, y le dice: *Estoy muy enojado contigo y con tus amigos porque, a diferencia de Job, ustedes tienen un concepto erróneo de mí* (Job 42:7, RVC).

El Señor no se lo toma a la ligera cuando mostramos una representación incorrecta de Él y de sus caminos. Eso oscurece su consejo y pervierte su justicia. Por eso me parece extraño que los hombres hablen con tal facilidad de una teología que no está respaldada por el consejo global de las Escrituras. ¡Asusta! ¿Cómo podemos conocer la verdad si no estamos dispuestos a que la verdad nos instruya o corrija?

Cuando terminé de leer el libro de Job, el Señor me dijo algo que me respondió muchas preguntas. Me dijo: "Hijo, ¿observaste que no entré en escena mientras Job o sus amigos hablaban de mí de modo incorrecto? ¡Mi presencia no se manifestó hasta que alguien se puso de pie y declaró la verdad!".

Con asombro de que Dios hubiera hablado a mi corazón, comencé a meditar en todo eso. Y luego oí que me volvía a decir: "Por eso tantas personas, iglesias o denominaciones no experimentan mi presencia y mi poder transformador. No están proclamando mi Palabra pura sino sus propias interpretaciones y razonamientos filtrados, tal como Job o sus amigos. Oscurecen mi consejo con sus palabras carentes de sabiduría".

Si queremos conocer la realidad de la presencia y el poder de Dios, debemos tratar de buscar el conocimiento de la verdad, sin filtros. Por lo tanto, mientras seguimos examinando lo que las Escrituras revelan sobre los juicios de Dios, no permitas que las ideas preconcebidas de Dios, la teología errada, las experiencias o las circunstancias alteren lo que Él ya ha dejado claro. En cambio, busca a Dios en su Palabra revelada, a fin de que seas iluminado y puedas conocer sus caminos.

SEGUIR POR GANANCIA

Hablemos primero del destino de *Doble Vida*. Comenzaremos regresando a las palabras de Jesús que tratamos en el capítulo anterior:

> *En aquel día, muchos me dirán: "Señor, Señor, ¿no profetizamos en tu nombre, y en tu nombre echamos fuera demonios, y en tu nombre hicimos muchos milagros?". Pero yo les diré claramente: "Nunca los conocí. ¡Apártense de mí, obreros de la maldad!".*
>
> (Mateo 7:22-23, RVC)

La versión *Dios Habla Hoy* dice: ¡Aléjense de mí, *malhechores!* Esta versión nos acerca más a la interpretación original. El término griego para malhechores (*anomia*) significa hacer algo contrario a la ley (o voluntad) de Dios. En palabras sencillas, significa no someterse a la autoridad de Dios.

Jesús también da la idea de un malhechor utilizando el término *obreros*, lo que muestra que no es una persona que tropieza de tarde en tarde, ni un bebé en Cristo que lucha por ser libre y detesta su desobediencia. Más bien, está hablando de aquellos que viven de manera contraria a lo que agrada a Dios, pero lo pasan por alto, lo justifican o no les importa. Por lo tanto, las palabras de Jesús son aplicables tanto a la persona ilusa, como *Engañado*, como a los infieles, como *Doble Vida*.

Esta multitud a la que Jesús se dirige oirá proclamaciones de juicio que retumbarán en sus almas por toda la eternidad en las regiones de los condenados. Es de vital importancia que no pasemos por alto ni tomemos a la ligera esta advertencia del Señor.

Veamos más de cerca el segundo grupo al que hace referencia Jesús en el pasaje de arriba. Una parte de los que serán apartados del reino de Dios serán personas que echan fuera demonios *en el nombre de Jesús*.

¿Quiénes son estas personas? ¿Serían acaso hombres y mujeres que usan el nombre de Jesús para echar fuera demonios sin tener ninguna otra asociación con el Señor Jesús? Para encontrar la respuesta debemos leer el libro de Hechos.

> *Un grupo de judíos viajaba de ciudad en ciudad expulsando espíritus malignos. Trataban de usar el nombre del Señor Jesús en sus conjuros y decían: "¡Te ordeno en el nombre de Jesús, de quien Pablo predica, que salgas!". Siete de los hijos de Esceva, un sacerdote principal, hacían esto. En una ocasión que lo intentaron, el espíritu maligno respondió: "Conozco a Jesús y conozco*

a Pablo, ¿pero ¿quiénes son ustedes?". Entonces el hombre con el espíritu maligno se lanzó sobre ellos, logró dominarlos y los atacó con tal violencia que ellos huyeron de la casa, desnudos y golpeados. (Hechos 19:13-16, NTV)

¡Fue imposible para estos exorcistas echar un demonio en el nombre de Jesús! En este relato queda establecida una verdad: para echar fuera un demonio no basta con tener solamente el nombre de Jesús. Se debe tener algún tipo de relación con Aquel que porta ese nombre. Tienes que ser un seguidor de Jesús, a diferencia de las personas que analizamos en el capítulo anterior.

Puede que estés pensando: *Pero Jesús dijo que no los conocía, así que ¿cómo podían echar fuera demonios y hacer milagros en su nombre? ¿Se puede hacer eso?*

Había quienes con sinceridad se unían a Jesús por los beneficios de la salvación, aunque solamente por motivos de ganancia personal. Nunca llegarían a conocer el corazón de Dios. Solamente querían su poder y sus bendiciones. Pablo advierte que son *hombres de mente depravada, que están privados de la verdad, que suponen que la piedad es un medio de ganancia* (1 Timoteo 6:5).

Buscaban a Jesús por beneficio propio, así que lo servían motivados por la ganancia y no motivados por el amor. Jesús no los conocerá, porque leemos: *Pero si alguno ama a Dios, ese es conocido por Él* (1 Corintios 8:3).

Es conocido por Dios. La palabra *conocer* no significa solamente saber quién es alguien, porque Dios lo sabe todo acerca de todos: ¡es omnisciente! Más bien tiene una connotación de intimidad. La versión *The Amplified Bible* en inglés dice: *Si alguien ama a Dios con sinceridad [con reverente afecto, pronta obediencia y agradecido reconocimiento de su bendición], es conocido por Dios [reconocido como digno de su intimidad y amor, y Dios es su dueño].*

Jesús dice a la multitud en el día del juicio: "Nunca los *conocí*". Por lo tanto, los que no aman a Dios (lo cual es evidente porque no le dan su pronta obediencia, reverente afecto y gratitud) no son *conocidos* íntimamente por el Padre ni por Jesús, aun cuando lo hayan buscado para su salvación. Amar a Jesús significa que uno entrega su vida por Él. Ya no vivimos para nosotros mismos, sino para Él.

Judas es un ejemplo. Se unió a Jesús. Parecía amar a Dios por el gran sacrificio que hacía por seguirlo. Judas lo dejó todo para unirse al equipo ministerial y andar por los caminos junto al Maestro. Judas siguió con ellos aún bajo el fuego de la persecución; incluso cuando otros se fueron (Juan 6:66), él no se fue. Echaba fuera demonios, sanaba enfermos y predicaba el evangelio (ver Lucas 9:1).

Sin embargo, las intenciones de Judas no eran las correctas desde el principio. Nunca se arrepintió de sus motivos egoístas. Su carácter se reveló por declaraciones como: *¿Qué estáis dispuestos a darme para que...?* (Mateo 26:15). Mintió y fue adulador para sacar ventaja (Mateo 26:25), tomó dinero del tesoro del ministerio de Jesús para uso personal (Juan 12:4-6), y otras cosas más. Nunca conoció íntimamente al Señor, aunque pasó tres años y medio en su presencia como discípulo. Por eso, Jesús dijo de él: *¿No os escogí yo a vosotros, los doce, y sin embargo uno de vosotros es un diablo? Y Él se refería a Judas, hijo de Simón Iscariote* (Juan 6:70-71).

Hay quienes se parecen a Judas, y hacen grandes sacrificios por el ministerio y hasta echan fuera demonios, sanan a los enfermos, predican el evangelio, y confían en Él para su salvación, pero que jamás han conocido íntimamente a Jesús, pues todo eso lo hicieron motivados por el interés propio y no por amor a Dios. Esto describe perfectamente a *Doble Vida* en nuestra alegoría. Seguía a *Jalyn* porque amaba la influencia y el poder que eso le daba. Sus motivos, desde el principio, no estaban arraigados en el amor por *Jalyn*.

Para estos se reserva la condenación más grande. Jesús dice de Judas: *Mejor le fuera a ese hombre no haber nacido* (Mateo 26:24). A los líderes religiosos que sirven a Dios motivados por su amor a las ganancias y que se aprovechan de las personas en nombre del Señor, les dice: *Por eso recibiréis mayor condenación* (Mateo 23:14). Estos hombres y mujeres, al igual que *Doble Vida*, se encontrarán en los lugares más oscuros y atormentadores del infierno.

RENUNCIAR A LA SALVACIÓN

Lo anterior describe perfectamente a *Doble Vida* en nuestra alegoría. Sin embargo, ¿qué hay de *Corazón ¿Flojo?* Ella tenía una verdadera relación con *Jalyn*, incluso lo amaba, pero no soportó hasta el final. ¿Nos revelan esto las Escrituras? Comencemos a examinar esta pregunta con las palabras del profeta Ezequiel:

> *Pero si el justo se aparta de su justicia y comete iniquidad, actuando conforme a todas las abominaciones que comete el impío, ¿vivirá? Ninguna de las obras justas que ha hecho le serán recordadas; por la infidelidad que ha cometido y el pecado que ha cometido, por ellos morirá.* (Ezequiel 18:24)

Primero, y lo más primordial, Dios aquí está hablando de un hombre *justo*, y no uno que pensaba que era *justo* sin serlo. No hay duda de que esta persona no es igual que el engañado o el impostor de quienes hablamos en el capítulo anterior.

Dios dice que *no recordará* ninguna de sus justicias. Cuando Dios olvida algo es como si nunca hubiera sucedido. Hablamos de que Dios olvida nuestro pecado, poniéndolo tan apartado como el este está del oeste, enterrándolo en el mar del olvido, y eso es precisamente lo que hace. Porque Dios declara: *Pues tendré misericordia de sus iniquidades, y nunca más me acordaré de sus pecados* (Hebreos 8:12). Dios olvida nuestros pecados cuando recibimos a Jesús como Señor. El diablo intenta acusarnos, pero Dios dijo que ya no se acordará de nuestros pecados. Así que, en su mente, es como si nunca hubiéramos pecado.

Pues bien, lo contrario también es cierto. Cuando Dios dice que no recordará la justicia de una persona, quiere decir que olvidará haberlo conocido, porque la relación está terminada.

Ahora examinemos con detenimiento lo que declaran las Escrituras acerca de un creyente que se aleja permanentemente de su salvación. El apóstol Santiago escribe:

> *Hermanos míos, si alguno de entre vosotros se extravía de la verdad y alguno le hace volver, sepa que el que hace volver a un pecador del error de su camino salvará su alma de muerte, y cubrirá multitud de pecados.* (Santiago 5:19-20)

El primer punto que hemos de observar está en las palabras: *Hermanos, si alguno de entre vosotros...* Santiago no está hablando a personas que solo piensan que son cristianas. Está hablando de un *creyente* que se aparta del camino de la verdad. En este pasaje, el hermano que se aparta de la verdad es llamado *pecador*. Esto no significa que ya no sea nacido de nuevo, sino que está en pecado habitual y necesita regresar a la obediencia. Sin embargo, si persiste en el camino errado, Santiago nos deja claro que el resultado postrero será la muerte del alma (un alma perdida) si no regresa a Dios (arrepentimiento). Proverbios lo confirma diciendo: *Un hombre que se desvía del camino de la sabiduría habitará en la congregación de los espíritus (de los muertos)* (Proverbios 21:16, AMP, traducción libre).

Proverbios confirma las palabras de Santiago al mostrar que la última morada de una persona que se *aparta* de los caminos de Dios sin volver a la rectitud será la asamblea de los muertos, que es el Hades, y finalmente el lago de fuego.

EL LIBRO DE LA VIDA

El libro de la vida se menciona ocho veces en el Nuevo Testamento. Pablo y Juan escriben que todo el que pase la eternidad con Jesús está registrado en este libro. Nuestros nombres se escriben allí en el momento en que nacemos de nuevo.

Recuerda el testimonio de Efrosyni en el capítulo 4. Cuando esta joven griega entregó su vida a Jesús, Dios Padre escribió su nombre en el libro de la vida y le dijo: "¡Bienvenida a la familia!". Del mismo modo, Pablo escribe a un hermano creyente: *Y te pido a ti, mi fiel colaborador, que ayudes a esas dos mujeres, porque trabajaron mucho a mi lado para dar a conocer a otros la Buena Noticia. Trabajaron junto con Clemente y mis demás colaboradores, cuyos nombres están escritos en el libro de la vida* (Filipenses 4:3, NTV).

También es cierto lo contrario. Todos los que no están registrados en el libro de la vida están perdidos. Escucha lo que declara Apocalipsis: *Y el que no se encontraba inscrito en el libro de la vida fue arrojado al lago de fuego* (Apocalipsis 20:15).

Juan nos dice enfáticamente que las únicas personas que serán admitidas en la eterna ciudad de Dios son *solo aquellos cuyos nombres están escritos en el libro de la vida del Cordero* (Apocalipsis 21:27). El resto se encontrará en la asamblea de los muertos.

En Apocalipsis 3 Jesús le habla a una iglesia, no a una ciudad, un grupo de personas perdidas, ni a adoradores de dioses falsos, y tampoco habla a una "supuesta" iglesia. Habla a los que son de verdad suyos, y advierte: *Así el vencedor será vestido de vestiduras blancas y no borraré su nombre del libro de la vida* (Apocalipsis 3:5). La versión en inglés *The Amplified Bible* registra estas palabras: *Yo no borraré o tacharé su nombre del libro de la vida.*

¿Notaste la palabra *borraré*? La única forma en que puede *borrarse* el nombre de alguien del libro de la vida es si originalmente está ahí. Únicamente los que han nacido de nuevo verdaderamente por fe en Jesucristo están registrados en el libro de la vida. Los incrédulos y los engañados, que nunca anduvieron con Jesús verdaderamente, jamás fueron registrados en este libro, así que sus nombres no pueden borrarse. Está hablando a los que "son parte de la familia".

UNA VISIÓN ALECCIONADORA

Hay un hombre de Dios que sirvió fielmente en el ministerio durante casi setenta años en el siglo XX. Su influencia en el cuerpo de Cristo fue monumental, con más de sesenta y cinco millones de libros impresos y más de 20 000 personas graduadas de su escuela bíblica.

Escribió sobre este tema en uno de sus libros. Él narra que, en 1952, Jesús se le apareció en una visión y le mostró a la esposa de un pastor que él conocía. La mujer creía equivocadamente que, en el ministerio, su belleza y capacidad se estaban desperdiciando. Con el tiempo empezó a pensar en la fama, popularidad y riqueza que podría obtener en el mundo. Al final cedió, dejó a su esposo, y fue en busca del éxito que deseaba.

El Señor le dijo específicamente a este ministro: "Esta mujer era una hija mía", y después le indicó que *no* debía orar por ella. Lo siguiente está tomado directamente de su libro:

"Señor, ¿qué pasará con ella?", le pregunté.

"Pasará la eternidad en las regiones de los condenados, donde hay llanto y crujir de dientes", respondió Él. Y, en la visión, la vi cayendo en el pozo del infierno y oí sus gritos aterradores.

"Esta mujer era hija tuya, Señor. Fue llena de tu Espíritu y participó en el ministerio. Y aun así me dices que no ore por ella. ¡No lo entiendo!".

El Señor me recordó el siguiente versículo: *Si alguno ve a su hermano cometiendo un pecado que no lleva a la muerte, pedirá, y por él Dios dará vida a los que cometen pecado que no lleva a la muerte. Hay un pecado que lleva a la muerte; yo no digo que deba pedir por ese* (1 Juan 5:16).

Entonces yo dije: "Pero, Señor, siempre creí que el pecado al que se refiere este versículo es la muerte física y que la persona es salva, aunque haya pecado".

"Pero ese versículo no habla de la muerte física", me dijo el Señor. "Estás agregando algo. Si lees todo el capítulo 5 de la Primera Carta de Juan verás que habla de la vida y la muerte, la vida espiritual y la muerte espiritual, y esto es muerte espiritual. Se refiere a un creyente que puede cometer un pecado de muerte, y por consiguiente digo que no has de orar por eso. Te dije que no oraras por esta mujer porque ha cometido un pecado de muerte".

"Esto realmente trastorna mi teología, Señor. ¿Podrías explicarme más?", pregunté. (A veces necesitamos que nuestra teología sea trastornada si no está alineada con la Palabra).

Jesús me recordó el siguiente pasaje:

Porque es imposible que los que una vez recibieron la luz, y que gustaron aquel don celestial, y que fueron hechos partícipes del Espíritu Santo; y que así mismo gustaron la buena palabra de Dios, y las virtudes del siglo venidero, y recayeron, sean renovados de nuevo por arrepentimiento colgando en el madero otra vez para sí mismos al Hijo de Dios, y exponiéndolo a vituperio.[1] (Hebreos 6:4-6, JBS)

Hay ciertos requisitos enumerados en este pasaje que debemos notar. En primer lugar, la persona debe haber sido iluminada y haber gustado el don celestial. Esto se aplicaría a quienes han recibido a Jesús, quien es el don celestial. En segundo lugar, la persona debe haber sido llena del Espíritu Santo. Tercero, debe haber gustado la buena Palabra de Dios y los poderes del mundo por venir. Por esta lista podemos ver que no incluye a los cristianos bebés sino a los creyentes maduros.

Varias veces se me ha acercado gente llorando y diciendo que en algún momento le dijeron al Señor que ya no querían servirlo. Más tarde sintieron gran remordimiento y se arrepintieron. Tuvieron mucho miedo al encontrar este pasaje y otros más en sus Biblias. Sin embargo, los niños a veces hacen cosas estúpidas por ignorancia, y el

Señor lo sabe. El escritor de Hebreos no habla de un bebé en Cristo sino de un cristiano maduro.

Para seguir ministrando consuelo a esas atribuladas almas les digo que, si hubieran cometido pecado de muerte (como hemos visto más arriba), no tendrían deseos de volver a tener comunión con Jesús. El hecho de que sientan hambre de Él y se arrepientan, acompañado por buen fruto, significa que el Espíritu Santo los atrajo de nuevo hacia esa comunión. No habría deseo de cercanía con Jesús o de vivir una vida de santidad si se apartaran de Él permanentemente, como sucedió con esta mujer en la visión del pastor.

Jesús dijo que esta mujer verdaderamente era hija de Dios. El pastor que escribió este testimonio se crio en una denominación en la que muchos no creen que una persona se pueda alejar de su salvación; ellos creen en la seguridad eterna incondicional, razón por la cual él dijo: "Esto realmente trastorna mi teología".

Como hija de Dios, su nombre estaba escrito en el libro de la vida. No soportó, sino que regresó al mundo permanentemente y por eso su nombre fue borrado, tal como Jesús le advirtió a la iglesia en Apocalipsis 3. Ella eligió apartarse para siempre, no fue una "vencedora". Por eso, el escritor de Hebreos nos dice que es imposible que una persona como ella sea restaurada. Ahora estaba *dos veces muerta*. Estuvo una vez muerta en pecados y heredó la vida eterna, pero murió en pecado otra vez al apartarse para siempre (ver Judas 12).

Cuando una persona alcanza este estado, ya nunca más puede nacer de nuevo. Por eso el escritor de Hebreos dice que es "imposible... que sean otra vez renovados al arrepentimiento". Así que es completamente erróneo pensar que puede haber situaciones en que las personas nazcan de nuevo una y otra vez.

Una vez más, permíteme reiterar esto: si alguien comete este pecado, no tendrá deseos de arrepentirse y volver a vivir para Jesús otra vez, porque nadie puede acercarnos a Jesús excepto el Espíritu Santo. Una vez que Él se separa de un verdadero creyente como resultado de su apostasía, como es el caso de la mujer que describió el pastor, no volverá. Por eso el Espíritu Santo es paciente. No renunciará fácilmente.

LA OSCURIDAD DE LAS TINIEBLAS

El apóstol Pedro nos brinda más luz todavía cuando dice:

Y cuando la gente escapa de la maldad del mundo por medio de conocer a nuestro Señor y Salvador Jesucristo...
(2 Pedro 2:20, NTV)

Primero, detengámonos a examinar a quién está hablando Pedro aquí. Si alguien ha escapado de la maldad del mundo por medio de conocer a nuestro Señor y Salvador Jesucristo, esto sin duda le hace ser cristiano. No entraría en la categoría de impostor de la que hablamos en el capítulo anterior: aquellos que profesan conocer a Dios, pero en realidad no lo conocen. Más bien, estas personas han escapado verdaderamente de la corrupción de este mundo mediante la gracia salvadora del Señor Jesús. No hay duda de que Pedro está dirigiéndose a personas que verdaderamente han nacido de nuevo.

Seguimos leyendo:

(...) pero luego se enreda y vuelve a quedar esclavizada por el pecado, termina peor que antes. Les hubiera sido mejor nunca haber conocido el camino a la justicia, en lugar de conocerlo y luego rechazar el mandato que se les dio de vivir una vida santa. (2 Pedro 2:20-21, NTV)

Pedro se dirige a cristianos que volvieron a hacerse esclavos del pecado. Mejor les habría sido que jamás hubiesen conocido la realidad de la salvación a través de Jesucristo. Ellos escogieron permanentemente los placeres, la lujuria y el orgullo de la vida antes que la obediencia para vivir una vida santa.

¿Por qué habría sido mejor que nunca hubieran conocido el camino de la justicia? Judas responde a esto. Como Pedro, Judas también habla a quienes se apartan de su salvación y declara: ¡Ay de ellos! Porque han seguido el camino de Caín, y por lucro se lanzaron al *error de Balaam, y perecieron en la rebelión de Coré* (Judas 1:11).

Caín, Balaam y Coré en un momento tenían relación con el Señor, y dos de ellos fueron ministros. El error de Caín fue desobedecer abiertamente a Dios. Balaam cometió el error de amar el dinero; y, en Coré, su error fue la rebeldía ante la autoridad delegada.

Judas continúa diciendo:

Estos son manchas en vuestros convites, que banquetean juntamente, apacentándose á sí mismos sin temor alguno: nubes sin agua, las cuales son llevadas de acá para allá de los vientos: árboles marchitos como en otoño, sin fruto, dos veces muertos y desarraigados. Fieras ondas de la mar, que espuman sus mismas abominaciones; estrellas erráticas, á las cuales es reservada eternalmente la oscuridad de las tinieblas.

(Judas 1:12-13, SRV-BRG)

En la iglesia primitiva, los convites eran cenas que se realizaban donde los miembros se reunían como expresión de su cercana relación con Dios y con los hermanos. Por lo general, terminaban con el sacramento de la santa comunión.² Aquí aprendemos un dato muy aleccionador: no todos los que se apartan de la salvación se alejarán de la iglesia organizada, como lo hizo la mujer de la visión del pastor. Esto los convierte en personas muy peligrosas porque su influencia sobre los bebés, los débiles de conciencia y los heridos, puede ser fatal.

Coré sería un ejemplo de este tipo de persona. Era un ministro asociado de Aarón, pero les dijo a Moisés y Aarón: ¡*Ustedes han ido demasiado lejos! El Señor santificó a la comunidad entera de Israel y él está con todos nosotros. ¿Qué derecho tienen ustedes para actuar como si fueran superiores al resto del pueblo del Señor?* (Números 16:3, NTV). ¡Su influencia causó juicio de muerte sobre 250 líderes y 14 700 miembros de la congregación!

Judas nos dice que estos apóstatas, a los que llama *manchas*, siguen en nuestras congregaciones con un falso sentido de seguridad en la gracia en que una vez anduvieron, pero que han pervertido al vivir para su propio beneficio y habiendo perdido el temor de Dios. Observa que Coré dijo que Dios estaba "con todos nosotros". Él también tenía un falso sentido de seguridad, porque al día siguiente la tierra se abrió y lo tragó vivo hacia el infierno.

Por consiguiente, estos apóstatas seguirán utilizando un lenguaje cristiano y se reunirán con otros creyentes, pero no los encontraremos entre los vencedores que Jesús regresará a buscar. Él viene por una iglesia sin *mancha* (ver Efesios 5:27).

Judas destaca que estas personas están *dos veces muertas*. ¿Cómo puede uno morir dos veces? Podría ser que, habiendo estado muerto en pecados antes, y habiendo recibido la vida eterna a través de un nuevo nacimiento, han muerto trágicamente otra vez a causa del pecado persistente y sin arrepentimiento. Recordemos que Santiago dijo que, si un cristiano se aparta de la verdad y permanece en ese estado, su alma *morirá*. Juan dice que hay pecado de muerte para los creyentes. Ambos se refieren a alguien que está *dos veces muerto*.

Observemos que Judas nos dice: *A las cuales es reservada eternalmente la oscuridad de las tinieblas*. "La oscuridad de las tinieblas" significa el peor castigo eterno. Esto se ve con claridad en las palabras de Jesús cuando habla de su venida y juicio. Dice:

> *Dichosos aquellos siervos a quienes el señor, al venir, halle velando [...]. Pero si aquel siervo dice en su corazón: "Mi señor tardará en venir"; y empieza a golpear a los criados y a las criadas, y a comer, a beber y a embriagarse; el señor de aquel siervo llegará un día, cuando él no lo espera y a una hora que no sabe, y lo azotará severamente, y le asignará un lugar con los incrédulos. Y aquel siervo que sabía la voluntad de su señor, y que no se preparó ni obró conforme a su voluntad, recibirá muchos azotes;*

pero el que no la sabía, e hizo cosas que merecían castigo, será azotado poco. (Lucas 12:37, 45-48)

Hay muchas cosas en estos versículos. Permíteme señalar unas cuantas. En primer lugar, observa que es un *siervo*, no un pagano ni un pecador. Él *conocía la voluntad de su amo*, pero hizo lo contrario. Esto no se aplicaría a la conducta de *Independiente*, quien entraría en la categoría de los que no conocían y recibiría *pocos azotes*. Tampoco se aplica a *Engañado*, porque *Engañado* pensaba que era siervo, pero según *Jalyn*, nunca fue un verdadero siervo. Esta persona a la que Jesús se refiere es llamada *siervo*, y comprendía perfectamente la voluntad de su amo. Él es el que se alejó de su salvación.

Observemos que golpea a sus compañeros siervos. Esto habla de un estilo de vida que se aprovecha de otros para su propio beneficio o por placer. Él ahora vive para el día. Come, bebe, se emborracha, y vive para servirse a sí mismo. Recordemos que Judas dice que estos apóstatas banquetean con los demás creyentes sin temer a Dios y sirviéndose solamente a sí mismos. Todas sus decisiones, aunque parezcan nobles, son para su propio provecho.

Finalmente, observa que en lo que respecta al juicio de este siervo, se nos dice que se le asignó o envió allí donde había incrédulos (los que nunca fueron salvos), y que los no creyentes recibieron solo *pocos azotes*, mientras que el siervo que conocía la voluntad de su amo y se alejó de ella recibió *muchos azotes*. ¡Esto muestra que recibirá la más grande condenación del lago de fuego, o la oscuridad de las tinieblas para siempre!

AMARGA FALTA DE PERDÓN

Esto se aplicaría perfectamente a *Corazón Flojo* (junto a *Doble Vida*). *Corazón Flojo* sabía que la voluntad de *Jalyn* era la de perdonar, pero se negó a hacerlo. Eligió aferrarse a la ofensa de *Difamación*. Su amargura abrió las puertas a la corrupción de su corazón. Y, por esta razón, se nos dice al pueblo de Dios: *Mirad bien de que nadie deje de alcanzar la gracia de Dios; de que ninguna raíz de amargura, brotando, cause dificultades y por ella muchos sean contaminados* (Hebreos 12:15).

A través del estudio del Nuevo Testamento y de los años de experiencia en el ministerio, he aprendido que la trampa más grande para arrancar a la gente de su caminar con Dios es la falta de perdón. Como ocurrió con *Corazón Flojo*, la falta de perdón abre la puerta a todo tipo de otras creencias y conductas erróneas.

En Mateo 18 Jesús cuenta la parábola de un gran rey ante quien sus súbditos rinden cuentas. Le presentan a un hombre que le debía diez mil talentos. El talento no era una moneda sino una medida de peso utilizada para medir el oro (ver 2 Samuel 12:30), la plata (1 Reyes 20:39) y otros metales y mercancías. En esta parábola, un talento representa una medida de deuda, así que podemos suponer que Jesús se refería a una unidad de intercambio como el oro o la plata. Digamos que fuera oro.

El talento común equivalía a unos 35 kilogramos. Era todo el peso que un hombre podía cargar (ver 2 Reyes 5:23). Diez mil talentos entonces equivaldrían aproximadamente a unos 350 000 kg, o 350 toneladas. Así que este siervo le debía al rey 350 toneladas de oro. Cuando escribí este libro, el precio del oro era de unos 1200 dólares por onza (28,35 gramos). Así que hagamos cuentas. Diez mil talentos de oro valdrían aproximadamente unos catorce mil millones de dólares. ¡Esa era la cantidad que el siervo le debía al rey! El punto que Jesús enfatiza aquí es que este siervo tenía una deuda exageradamente grande que jamás podría pagar.

El rey mandó que él y su familia fueran vendidos y que se aplicara ese dinero al pago de la deuda. El hombre cayó a los pies del rey y rogó misericordia, la cual el rey le otorgó. Le perdonó la deuda por completo.

Podemos ver que, en esta parábola, el rey representa a Dios Padre. El hombre al que se le perdonó la deuda representa a alguien que ha recibido su perdón a través de Jesucristo. Cuando ofendemos, existe una deuda. Hemos oído decir: "Pagarás por esto". El perdón es la cancelación de esa deuda. Este hombre, al igual que nosotros, había recibido el perdón de una deuda impagable Sin embargo, leemos: *Pero al salir aquel siervo, encontró a uno de sus consiervos que le debía cien denarios, y echándole mano, lo ahogaba, diciendo: "Paga lo que debes"* (Mateo 18:28).

El denario representa el salario correspondiente a un día de trabajo. Digamos que fueran 100 dólares en moneda actual. Así que el total serían unos 10 000 dólares. Como puedes ver, no era una deuda (ofensa) pequeña.

Seguimos leyendo: *Entonces su consiervo, cayendo a sus pies, le suplicaba, diciendo: "Ten paciencia conmigo y te pagaré". Sin embargo, él no quiso, sino que fue y lo echó en la cárcel hasta que pagara lo que debía* (Mateo 18:29-30). A este hombre se le había perdonado una deuda de catorce mil millones de dólares. Un consiervo le debe 10 000 dólares, pero este hombre no lo libera de su deuda. Está decidido a hacer que este hombre le pague.

Es importante que notemos que las ofensas que podamos tener unos contra otros, comparadas con nuestra ofensa original contra Dios, ¡se pueden comparar con la deuda de 10 000 dólares contra la de catorce mil millones de dólares! No importa lo mal que alguien nos haya podido tratar, ya que jamás podremos compararlo con nuestras trasgresiones contra Dios. Tal vez sientas que a nadie le ha ocurrido algo tan malo, pero no te das cuenta de lo mal que trataron a Jesús. ¡Él era inocente, un cordero sin mancha, que fue inmolado y que cargó con nuestra deuda de catorce mil millones de dólares!

¡Una persona que no puede perdonar es alguien que ha olvidado lo grande que era la deuda que se le perdonó! Cuando entendemos la muerte y el tormento eterno de los que Jesús nos libró, no nos cuesta liberar a otros. No hay nada peor que la eternidad en un lago de fuego. No hay alivio, el gusano no muere y el fuego no se apaga. ¡Ese era nuestro destino hasta que Dios nos perdonó por medio de la muerte de su Hijo Jesucristo! Si una persona no puede perdonar es porque no es consciente de la realidad del infierno y no ha comprendido el amor y el perdón de Dios.

Sigamos con la parábola:

Así que cuando vieron sus consiervos lo que había pasado, se entristecieron mucho, y fueron y contaron a su señor todo lo que había sucedido. Entonces, llamándolo su señor, le dijo: "Siervo malvado, te perdoné toda aquella deuda porque me suplicaste. ¿No deberías tú también haberte compadecido de tu consiervo, así como yo me compadecí de ti?". (Mateo 18:31-33)

Quiero destacar que Jesús no se refiere a los incrédulos en esta parábola. Habla de los siervos del rey, o de los creyentes nacidos de nuevo. Este hombre había recibido el perdón de su gran deuda (la salvación) y se le llama siervo del señor, pero no pudo perdonar a su consiervo. Por lo tanto, podemos llegar a la conclusión de que su destino será el de un "creyente" que se niega permanentemente a perdonar.

Aquí encuentro algo asombroso. En todas las demás parábolas de los Evangelios que la gente escuchó, tuvieron que preguntar sobre el significado. Sin embargo, aquí Jesús da la interpretación de esta parábola sin que nadie se lo pida. Creo que es porque lo que Él comunicaba estaba tan lejos de la norma, que tenía que asegurarse de que lo entendieran. Aquí está su interpretación:

Y enfurecido su señor, lo entregó a los verdugos hasta que pagara todo lo que le debía. Así también mi Padre celestial hará con vosotros, si no perdonáis de corazón cada uno a su hermano.

(Mateo 18:34-35)

Hay tres puntos principales en estos dos versículos que yo quisiera destacar. Primero, el siervo que no quiso perdonar es entregado para que lo torturen. En segundo lugar, ahora tiene que pagar la deuda original, las 350 toneladas de oro. Y, en tercer lugar, esto es lo que Dios Padre le hará a cualquier "creyente" que no perdone la ofensa de su hermano.

Veamos brevemente cada uno de estos puntos. Primero, la palabra *tortura* significa la acción de infligir un dolor extremo y agonía de cuerpo o mente y torcer modificando una posición normal. El torturador es quien inflige la tortura.

El creyente que se niega a perdonar será atormentado por espíritus demoníacos. Estos *torturadores* tienen permiso para infligir tanto dolor y agonía de cuerpo y de mente como quieran. Muchas veces he orado por personas en reuniones que no podían recibir sanidad, consuelo o liberación, porque no estaban dispuestas a liberar a otros y perdonarlos en sus corazones. Esta amargura casi siempre lleva al enojo y la ofensa hacia Dios. La fe de la persona está ya tan contaminada que, si no hay arrepentimiento y perdón, su final será fatal.

En segundo lugar, este siervo que no perdona ahora tiene que pagar esa deuda original, que es impagable. ¡Ahora se le exige que haga lo imposible! Esta es la deuda que Jesús pagó en el Calvario. Es posible que esto te mortifique, pero escucha lo que dice Jesús en otro relato: *Y cuando estéis orando, perdonad si tenéis algo contra alguien, para que también vuestro Padre que está en los cielos os perdone vuestras transgresiones* (Marcos 11:25).

Fíjate bien a quién le habla Jesús aquí. Observa sus palabras: *Vuestro Padre que está en los cielos.*

Dios no es Padre del pecador. Es *Dios* del pecador, y *Padre* del creyente. Además, no es normal que los pecadores oren, así que queda muy claro que Jesús se está dirigiendo a los hijos de Dios.

Sigamos: "Pero si vosotros no perdonáis, tampoco vuestro Padre que está en los cielos perdonará vuestras transgresiones" (Mateo 11:26). No es posible ser más claro. Lo cual nos lleva al tercer punto: si una persona se niega a perdonar, sufrirá el tormento hasta que pague la deuda impagable. Eso es imposible, porque nadie puede pagar el rescate de su propia alma (ver Salmos 49:7, NTV). Jesús dice que, si no perdonas, tu Padre no te perdonará tus ofensas. ¿Vale la pena?

No estamos hablando de alguien que intenta superar una ofensa y está orando para poder perdonar. Estamos hablando de alguien como *Corazón Flojo*, que insiste en su negativa y no perdona. Observa en la alegoría que su falta de perdón abrió las puertas a todo otro tipo de maldad, y que poco a poco fue apartándose de su devoción a *Jalyn*. ¿Crees que valía tanto la pena esa ofensa viendo cuál sería su final tan fatal? Por eso, el escritor de Hebreos nos dice de manera enfática que nos examinemos con atención y nos apartemos de toda forma de amargura, porque a causa de esta, *muchos* serán contaminados.

Ahora podemos entender las palabras de Jesús con respecto a los últimos días de la iglesia. Dice: *Muchos tropezarán entonces y caerán, y se traicionarán unos a otros, y unos a otros se odiarán… Y debido al aumento de la iniquidad, el amor de muchos se enfriará. Pero el que persevere hasta el fin, ese será salvo* (Mateo 24:10, 12-13).

Observa que no son unos pocos sino *muchos* los que caerán en los días en que vivimos. La palabra *muchos* significa una cantidad extensa; muy grande o un gran número. La ofensa, o falta de perdón, llevará a la iniquidad, y el amor de un gran número se enfriará.

La palabra griega traducida aquí como *amor* es *ágape*, que describe el amor que Dios derrama en el corazón de los cristianos cuando estos son salvos. Jesús no está hablando de impostores, porque ellos nunca han recibido en verdad el amor de Dios. No, está hablando de creyentes, porque observa que dice: *Pero el que persevere hasta el fin, ese será salvo*. No se le dice a un pecador o impostor: "Si perseveras hasta el fin, serás salvo". ¡Ellos aún no han comenzado la carrera!

APARTARSE DE LA FE

Las Escrituras nos advierten sobre la *caída* que ocurrirá entre los creyentes en los días en que vivimos. Pablo dice: *Que nadie os engañe en ninguna manera, porque no vendrá [el día de la venida del Señor] sin que primero venga la apostasía* (2 Tesalonicenses 2:3). Y otra vez predice: *Pero el Espíritu dice claramente que en los últimos tiempos algunos apostatarán de la fe* (1 Timoteo 4:1).

¿Por qué? Porque vendrá tiempo cuando no soportarán la sana doctrina, sino que, teniendo comezón de oídos, acumularán para sí maestros conforme a sus propios deseos; y apartarán sus oídos de la verdad... (2 Timoteo 4:3-4).

Observa que, en el pasaje citado más arriba, Pablo dice que *algunos apostatarán de la fe*. La fe de la que habla no es una fe imaginaria, sino la fe verdadera en Jesucristo. Para que estas personas se aparten de la fe, en algún momento tuvieron que haber estado realmente en ella.

He compartido las verdades de casi todos los escritores del Nuevo Testamento en cuanto a que los creyentes se aparten de la fe verdadera. Ahora permíteme compartir algunos de los escritos de los padres de la iglesia primitiva más relevantes, algunos de los cuales fueron compañeros de los apóstoles que escribieron el Nuevo Testamento. Me doy cuenta de que sus escritos tienen una correlación directa con lo que hemos visto en las Escrituras:

"Practiquemos entonces la rectitud para que podamos ser salvos hasta el fin".

—Clemente de Roma[3]

"Aún en el caso de alguien que haya hecho las mejores buenas obras en su vida, pero al final se echa a correr hacia la maldad, todos sus esfuerzos anteriores no le servirán de nada. Porque en el punto culminante del drama, renunció a su parte".

—Clemente de Alejandría[4]

Algunos piensan que Dios está obligado a dar hasta al indigno lo que Él ha prometido [dar]. Así que convierten su liberalidad en su esclavitud... porque ¿acaso no hay muchos que después caen [de la gracia]? ¿No se les quita a muchos este don?".

—Tertuliano[5]

"El hombre puede poseer una justicia adquirida, de la que es posible que se aparte".

—Orígenes[5]

"A quienes no lo obedecen les desheredará, pues han dejado de ser sus hijos".

—Ireneo[7]

Al oír mi postura en cuanto a estas verdades de las Escrituras, algunos me han dicho de manera errónea: "John, eres arminiano". Es un término que el diccionario describe como sigue: "De lo relacionado con la teología de Jacobo Arminio y sus seguidores, que rechazaban las doctrinas calvinistas de la predestinación y la elección y que creían que el libre albedrío del ser humano es compatible con la soberanía de Dios".[8]

A estas personas les contesto sencillamente: "No, no soy ni calvinista ni arminiano, sino un cristiano que cree que la Biblia es la Palabra de Dios infalible".

Jacobo Arminio vivió mucho después que los escritores de las Escrituras y que los primeros líderes citados arriba. Por lo tanto,

¿llamaríamos arminianos a estos escritores? Claro que no, porque vivieron y escribieron antes de que naciera Arminio. Lo que estoy escribiendo aquí no es una idea, un concepto o creencia personal, sino una verdad del Nuevo Testamento claramente comunicada. Y Dios dejó muy claro su mensaje de advertencia para los que creemos. Hemos de ser cuidadosos de no dejarnos llevar por las escuelas de pensamiento, sino mantenernos abiertos al contexto de las Escrituras inspiradas por el Espíritu Santo, porque:

> *Toda la Escritura es inspirada por Dios y es útil para enseñarnos lo que es verdad y para hacernos ver lo que está mal en nuestra vida. Nos corrige cuando estamos equivocados y nos enseña a hacer lo correcto. Dios la usa para preparar y capacitar a su pueblo para que haga toda buena obra.*
> (2 Timoteo 3:16-17, NTV)

Es interesante observar que quienes eran falsos líderes, a quienes Jesús reprendió con severidad, eran los que se congregaban en torno a las escuelas de pensamiento y enseñaban estas cosas. Sin embargo, si vemos lo que se decía de Juan el Bautista, de Jesús, o de otros que hablaban la verdad, se reporta repetidamente que *les enseñaba como uno que tiene autoridad, y no como sus escribas* (Mateo 7:29). Por eso Pablo instruye a Tito: *Esto habla, exhorta y reprende con toda autoridad* (Tito 2:15), y a Timoteo le escribe: *Como te rogué al partir para Macedonia que te quedaras en Éfeso para que instruyeras a algunos que no enseñaran doctrinas extrañas* (1 Timoteo 1:3). Pablo también le indicó a Timoteo:

> *¡Proclama y predica la Palabra! Mantén una sensación de urgencia [mantente firme, cercano y preparado], ya sea que la oportunidad parezca favorable o desfavorable. [Al margen de que sea conveniente o no, bien recibida o mal recibida, tú como predicador de la Palabra tienes que mostrar a la gente los errores en su manera de vivir]. Y convencerles, reprenderles, corregirles,*

advertirles y urgirles y animarles, siendo incansable e inagotable en cuanto a la paciencia y la enseñanza.

(2 Timoteo 4:2, AMP, traducción libre)

En Efesios 6 Pablo pide oración para sí mismo: *Que al proclamarlo hable con denuedo, como debo hablar* (Efesios 6:20). Como puedes ver, este es un rasgo distintivo entre todos los verdaderos voceros de Dios. Su autoridad está basada en la Palabra de Dios. No se reúnen en torno a sentimientos personales, escuelas de pensamiento o el consenso de la mayoría. La mayoría a veces puede estar equivocada ¡Tenemos que saber que Dios dice lo que piensa y piensa lo que dice!

PARA QUE NO TROPIECES

Algunos se sienten sacudidos por este mensaje de caer de la gracia, que tan claro aparece en las Escrituras. Se acercan a mí en un estado de pánico, y me dicen: "Pero yo pensé que teníamos seguridad eterna".

Les respondo: "Sí, claro. ¡Tenemos seguridad eterna! Jesús dijo que no perdería a ninguno de los que el Padre le diera (ver Juan 18:9) porque jamás nos dejaría ni nos abandonaría. Pero no dijo que no pudiéramos dejarlo nosotros a Él". Por lo general, las personas reaccionan con rostros contrariados, y entonces les digo: "Si realmente amas a Jesucristo ¿por qué querrías apartarte? ¡Nunca lo negarás si lo amas verdaderamente!".

Si amas a Dios, no te costará nada guardar sus mandamientos. Si servir a Dios es una obligación, significa que has entrado en una relación legalista, y te resultará difícil guardar sus mandamientos. No debemos servir a Dios para ganar su aprobación. ¡Tenemos que servirlo porque estamos enamorados de Él!

Judas sigue diciéndonos cómo mantener vivo y fresco nuestro amor, aun cuando haya malas influencias en la iglesia. Dice: *Conservaos en el amor de Dios, esperando ansiosamente la misericordia de nuestro Señor Jesucristo para vida eterna* (Judas 1:21). Hemos de buscar al Señor en cada momento del Día. Debemos anhelarlo y buscarlo continuamente para que Él se revele de manera más grande, porque *todo el que tiene esta esperanza puesta en Él, se purifica, así como Él es puro* (1 Juan 3:3). Juan hablaba específicamente de la revelación de Jesucristo.

Cuando buscas a Dios y buscas tener comunión con su Espíritu, no querrás apartarte nunca. Así que no hay nada que pueda zarandearte. Una de mis promesas favoritas de la Biblia aparece al final del libro de Judas. A quienes se mantienen en el amor de Dios buscando que Jesús se les revele, les dice:

> *Y a aquel que es poderoso para guardaros sin caída y para presentaros sin mancha en presencia de su gloria con gran alegría, al único Dios nuestro Salvador, por medio de Jesucristo nuestro Señor, sea gloria, majestad, dominio y autoridad, antes de todo tiempo, y ahora y por todos los siglos. Amén.* (Judas 1:24-25)

¡Esta es mi ferviente oración y mi deseo para ti!

Capítulo 7

EL FUNDAMENTO

Pero el [inflexiblemente] justo tiene un fundamento eterno.
—Proverbios 10:25, AMP, traducción libre

Antes de regresar a nuestra alegoría de Affabel para hablar de los juicios y las recompensas de *Egoísta* y *Caridad*, repasaremos lo que hemos visto en los tres últimos capítulos. Recordemos el siguiente pasaje de las Escrituras, que mencionamos en el capítulo 4:

> *Por lo tanto, avancemos más allá de la etapa elemental en cuanto a las enseñanzas y doctrina de Cristo (el Mesías), avanzando con paso firme hacia la plenitud y la perfección que pertenecen a la madurez espiritual. No volvamos a establecer de nuevo el fundamento de [...] el juicio y el castigo eterno.*
> (Hebreos 6:1-2, AMP, traducción libre)

No tener un fundamento firme en las verdades del juicio y el castigo eterno nos impide edificar una vida sana y apropiada en Cristo. Se podría comparar a intentar avanzar en tu educación sin las herramientas básicas adquiridas en la escuela primaria, como la habilidad para leer y escribir.

¿Por qué es esto así? Al estudiar con atención los Evangelios, observarás que Jesús habló del infierno y lo describió con mayor detalle de lo que hizo con el cielo. Lo hizo para plantar en nosotros un fundamento: el temor de Dios. Este es un ejemplo:

Todo lo que hayan dicho en la oscuridad se oirá a plena luz, y todo lo que hayan susurrado a puerta cerrada, ¡se gritará desde los techos para que todo el mundo lo oiga! Queridos amigos, no teman a los que quieren matarles el cuerpo; después de eso, no pueden hacerles nada más. Les diré a quién temer: teman a Dios, quien tiene el poder de quitarles la vida y luego arrojarlos al infierno. (Lucas 12:3-5, NTV)

Sus palabras son fuertes y precisas: obteniendo y manteniendo un buen entendimiento del juicio y el castigo eterno conseguimos plantar firmemente en nuestro corazón el temor del Señor.

Permíteme explicarlo. Solamente Dios puede emitir la sentencia a pasar la eternidad en el infierno. Lo que hayamos dicho en secreto será revelado bajo la luz de su gloria en el juicio. Y no solo nuestras palabras, sino también nuestras motivaciones, actitudes y obras serán dadas a conocer. El temor de Dios nos mantiene siempre conscientes de que a Él no podemos ocultarle nada, ni siquiera lo más secreto. Sabemos que nada escapará de su juicio, y que su juicio es justo. Si nos falta este entendimiento podemos engañarnos, creyendo que Dios pasa por alto o que ni siquiera ve la desobediencia, y nos consolamos con una misericordia que no es bíblica y que no existe (como lo hicieron *Engañado*, *Corazón Flojo* y *Doble Vida*). Podemos convertirnos con toda facilidad en una de esas muchas personas que en estos últimos días se apartan de la firme devoción para inclinarse a la desobediencia.

Quienes carecen de este fundamento no cabe duda que caerán en el temor del hombre, y en última instancia siempre servimos a aquel a quien tememos. Si tememos a Dios, lo obedeceremos, aunque estemos bajo presión; sin embargo, si tememos al hombre nos rendiremos al hombre, especialmente si estamos bajo presión, y buscaremos lo que más beneficie y satisfaga nuestros placeres, deseos carnales u orgullo. Ceder constantemente a la carne finalmente conduce a graves consecuencias. Por lo tanto, si nos falta el entendimiento consciente del juicio y el castigo eterno, nos faltará cierta medida del temor del Señor, porque los juicios de Cristo son, de hecho, un aspecto del temor del Señor. Pablo lo dice de este modo:

> *Porque es necesario que todos nosotros comparezcamos ante el tribunal de Cristo, para que cada uno reciba según lo que haya hecho mientras estaba en el cuerpo, sea bueno o sea malo. Conociendo, pues, el temor del Señor, persuadimos a los hombres...* (2 Corintios 5:10-11, RV60)

Pablo no se refería aquí al juicio ante el gran trono blanco (al que Jesús hizo referencia en Lucas 12), en el que las personas serán sentenciadas al infierno, sino que se refería al juicio del creyente. Comenzaremos a hablar de este juicio en el próximo capítulo, pero observemos que Pablo equipara el tribunal de Cristo con el temor del Señor. De hecho, en el versículo de arriba en realidad llama al tribunal de Cristo "el temor del Señor". El punto es que no podemos separar el temor del Señor del entendimiento del juicio, y el temor del Señor es la clave para una vida saludable.

Escucha las palabras del profeta Isaías: Él será la seguridad de tus tiempos, te dará en abundancia *salvación, sabiduría y conocimiento; el temor del Señor será tu tesoro* (Isaías 33:6, NVI).

El temor santo es la clave de un cimiento seguro en Dios. Recuerda que en los capítulos anteriores Jesús predijo a la multitud que algunos harían cosas milagrosas en su nombre, pero que luego serían enviados al castigo eterno. No es sorprendente que, en Mateo 7, Jesús de inmediato siguiera explicando la causa de su caída. Fue su cimiento. Estas personas construyeron sus vidas sobre creencias e ideas que no pudieron soportar las tormentas de la vida. En palabras de Jesús:

> *A cualquiera que me oye estas palabras, y las pone en práctica, lo compararé a un hombre prudente, que edificó su casa sobre la roca. Cayó la lluvia, vinieron los ríos, y soplaron los vientos, y*

azotaron aquella casa, pero ésta no se vino abajo, porque estaba fundada sobre la roca [el cimiento seguro de Dios, el temor del Señor]. Por otro lado, a cualquiera que me oye estas palabras y no las pone en práctica, lo compararé a un hombre insensato, que edificó su casa sobre la arena. Cayó la lluvia, vinieron los ríos, y soplaron los vientos, y azotaron aquella casa, y ésta se vino abajo, y su ruina fue estrepitosa. (Mateo 7:24-27, RVC)

Los que perseveraron hasta el final soportaron las tormentas gracias a su fundamento firme. El temor del Señor es ese cimiento. Nos brinda estabilidad. Es un almacén de las riquezas de Dios. Su salvación, sabiduría y conocimiento están ocultos allí.

EL TEMOR DEL SEÑOR

¿Qué es el temor del Señor? ¿Es tener miedo de Él? No, en absoluto. ¿Cómo podríamos tener cercanía con el Señor (que es lo que Él más desea) si le tuviéramos miedo? Cuando Dios vino para revelarse a Israel, lo hizo para tener comunión con ellos como la tuvo con Moisés, pero todos ellos huyeron y no quisieron acercarse a Él. Moisés le dijo al pueblo: *No temáis, porque Dios ha venido para poneros a prueba, y para que su temor permanezca en vosotros, y para que no pequéis* (Éxodo 20:20).

Las palabras de Moisés parecen contradictorias, pero no lo son. Él diferencia entre tener miedo de Dios y el temor de Dios, y hay una distinción. La persona que tiene miedo de Dios tiene algo que ocultar. Recuerda lo que hizo Adán cuando desobedeció en el jardín del Edén: se escondió de la presencia de Dios. Por otro lado, la persona que teme a Dios teme alejarse de Él. Huye de la desobediencia. Así que la primera definición del temor santo es tener miedo de alejarnos de Dios.

Sigamos desarrollando lo que significa. El temor del Señor es honrar, estimar, valorar, respetar y reverenciar a Dios por encima de todas las cosas y personas. Es amar lo que Él ama y odiar lo que Él odia. Lo que es importante para Él es importante para nosotros, y lo que no es importante para Él tampoco tiene importancia para nosotros. Cuando tememos a Dios, *temblamos ante su Palabra*, lo que significa que la obedecemos al instante, aunque no tenga sentido, aunque nos duela, aunque no veamos los beneficios, y la obedecemos hasta el final. Por lo tanto, sí, la manifestación del temor del Señor es la *obediencia* a su Palabra, sus caminos o sus mandamientos.

Las Escrituras nos dicen que el temor del Señor es el principio de la sabiduría. Podríamos decir que es el *fundamento* de la sabiduría. La sabiduría, de la que hablaremos con detenimiento en los siguientes capítulos, es el conocimiento y la capacidad de tomar buenas decisiones en el momento oportuno. Quienes toman malas decisiones bajo presión carecen de sabiduría, y la fuente de la sabiduría es el temor del Señor.

Las Escrituras nos dicen que podemos comparar nuestra vida con el proceso de construcción de una casa. Primero viene el cimiento, y luego la estructura. Leemos: *Con sabiduría se edifica una casa, y con prudencia se afianza* (Proverbios 24:3). Si estamos edificando nuestras vidas con la capacidad de tomar buenas decisiones, entonces edificaremos una vida sana que podrá presentarse con confianza ante el tribunal de Cristo. El principio, fundamento o cimiento de esta sabiduría es el temor del Señor.

PARA NO APARTARNOS

Los cristianos no nos apartaríamos si tuviéramos el temor del Señor plantado con firmeza en nuestro corazón. No tropezaríamos ni nos separaríamos de nuestra firme devoción a Jesús. No tomaríamos su Palabra a la ligera, ni la trataríamos de modo informal. No coquetearíamos con el pecado, lo cual hace que los corazones de los creyentes se endurezcan y finalmente caigan (ver Hebreos 3:12-13).

Siempre sabríamos que lo que se dice y se hace en secreto será proclamado en público ante el tribunal de Cristo.

Escucha lo que le dijo Dios a Jeremías sobre las personas del Nuevo Testamento:

Ellos serán mi pueblo, y yo seré su Dios; y les daré un solo corazón y un solo camino, para que me teman siempre, para bien de ellos y de sus hijos después de ellos. Haré con ellos un pacto eterno, por el que no me apartaré de ellos, para hacerles bien, e infundiré mi temor en sus corazones para que no se aparten de mí. (Jeremías 32:38-40)

Observemos que Dios dice: *Para que me teman siempre... para que no se aparten de mí.* Recuerdo una reunión en Malasia, donde el Espíritu del temor del Señor se manifestó fuertemente. Había gente de todo el hemisferio oriental: estudiantes de seminario, pastores y muchos otros colmaban el auditorio donde yo estaba hablando. Cerca del final del servicio muchos lloraban incontrolablemente, postrados en el piso, por todo el frente cerca de la plataforma.

El terror del Señor era tan asombroso en esa atmósfera, que pensé: *John Bevere, si te equivocas al hacer o decir algo ¡eres hombre muerto!* No sé si habría pasado eso; pero lo que sí sé es que un hombre y una mujer cometieron un error en una atmósfera similar en el Nuevo Testamento, y murieron. El resultado inmediato de su juicio fue que *vino un gran temor sobre toda la iglesia, y sobre todos los que supieron estas cosas* (Hechos 5:11).

Al término de esta reunión en Malasia se me acercó una pareja de la India, y me dijeron: "John, nos sentimos muy limpios por dentro".

Yo respondí: "Sí, yo también".

A la mañana siguiente, estaba en la habitación de mi hotel y encontré este versículo: *El temor del Señor es limpio, que permanece para siempre* (Salmos 19:9).

El Espíritu Santo le habló enseguida a mi corazón: "Lucifer era el ángel que lideraba la adoración en el cielo, ungido, hermoso y bendecido. Pero no sentía temor de mí; *no permaneció para siempre*".

Consideré esas palabras, y luego oí: "Un tercio de los ángeles que rodeaban mi trono y veían mi gloria no me temieron. *No permanecieron para siempre*".

Me impactó lo que Dios me revelaba, y entonces oí nuevamente: "Adán y Eva caminaban en presencia de mi gloria. Tenían comunión conmigo, pero no sentían temor de mí; *no permanecieron en mi presencia para siempre*".

El temor del Señor nos da poder para permanecer. Nos mantiene constantemente obedientes a la Palabra de Dios. Se advierte a los creyentes: *Por tanto, temamos, no sea que, permaneciendo aún la promesa de entrar en su reposo, alguno de vosotros parezca no haberlo alcanzado* (Hebreos 4:1). Es interesante que el escritor de este versículo dice *temamos*, en lugar de *amemos*. Es el temor de Dios lo que impide que nos apartemos y volvamos al pecado.

UN EVANGELISTA FAMOSO

Jamás olvidaré la ocasión en que visité a un evangelista famoso que estaba cumpliendo su último año de prisión de una condena de cinco años. Su caso fue conocido en el mundo, y trajo gran reproche sobre el reino. Sin embargo, durante su primer año en prisión tuvo un encuentro genuino con el Señor. Cuando entré en la prisión cuatro años más tarde, una de las primeras cosas que me dijo fue: "John, esta prisión no fue el juicio de Dios sobre mi vida, sino su misericordia. Si hubiera seguido viviendo como lo hacía, habría terminado en el infierno para toda la eternidad".

Ahora había logrado captar mi atención. Supe que estaba hablando con un hombre de Dios quebrantado, con un verdadero siervo de Cristo. Yo sabía que comenzó en el ministerio muy enamorado de Jesús. Su pasión era evidente. Me preguntaba cómo había podido acabar tan lejos del Señor, estando aún en la cúspide de su ministerio, así que le pregunté: "¿Cuándo dejaste de estar enamorado de Jesús?".

Me miró, y sin titubear dijo: "¡Jamás!".

Muy impactado, respondí: "¿Qué hay entonces del fraude con el correo y con tu adulterio en estos últimos siete años? Por eso estás en prisión".

Me dijo: "John, siempre amé a Jesús, pero no tenía temor de Dios. Él no era la autoridad suprema de mi vida". Luego dijo algo que me dejó absorto: "John, hay millones de cristianos estadounidenses que son como yo. Dicen que Jesús es su Salvador y lo aman, pero no lo temen como Señor supremo en sus vidas".

Entonces se encendió una luz en mi interior. Fui consciente de que podemos amar a Jesús, pero que únicamente eso no impedirá que caigamos. También tenemos que sentir temor de Dios. Recordemos las palabras de Moisés: *Dios ha venido para poneros a prueba, y para que su temor permanezca en vosotros, y para que no pequéis* (Éxodo 20:20). Es el temor del Señor lo que nos da el poder para no desviarnos de nuestra obediencia a Dios como lo hicieron Lucifer, un tercio de los ángeles, Adán, y los muchos que en la iglesia se apartarán en estos últimos días.

COMPLETA TU SALVACIÓN

Por esta razón, Pablo nos dice: *Ejerciten (cultiven, lleven adelante hasta la meta, y terminen por completo) su propia salvación con reverencia y temor y temblor (con una seria cautela, ternura de conciencia, vigilancia ante la tentación, apartándose tímidamente de cualquier cosa que pudiera ofender a Dios y desacreditar el nombre de Cristo)* (Filipenses 2:12, AMP, traducción libre). Llevamos adelante y completamos nuestra salvación con un *temor y temblor* reverente. Esto nos mantiene alerta, sabiendo que cada pensamiento, palabra y obra serán puestos de manifiesto en el juicio. Tener esta consciencia nos mantiene humildes, cautelosos, con dominio propio, tiernos y conscientes de la tentación de desobedecer. Siempre nos impulsa a mantenernos lejos de todo aquello que pudiera desagradar a Dios.

Observemos que Pablo no dice que completemos del todo o que terminemos nuestra salvación con amor y bondad. El temor del Señor nos da las fuerzas que necesitamos para no apartarnos de su gracia y caer en una vida de desobediencia. El amor de Dios, por el contrario, nos guarda del legalismo, lo cual también destruye la intimidad con Dios. Nuestro amor por Dios también alimenta nuestras motivaciones e intenciones, asegurándose de que sigan siendo apasionadas y precisas. Debemos tener en nuestra vida la gran fuerza de ambas cosas, el amor y el temor, para mantener una relación saludable con Él. Por esta razón, Pablo llama a Dios Padre celestial y Abba (que quiere decir papi), pero también dice que nuestro Dios es fuego consumidor (ver Hebreos 12:29). Él es amor; pero también es un juez justo y santo. No tener temor de Dios es carecer de estabilidad prolongada, y Jesús repetidamente dice: *El que persevere hasta el fin, ese será salvo* (Mateo 10:22).

NUESTRA INFLUENCIA

La otra razón por la que es crucial que tengamos un sólido entendimiento de la doctrina elemental del juicio y el castigo eterno es la influencia que tenemos sobre los demás. Si nos falta el temor del Señor, comunicaremos de palabra o acción un evangelio desequilibrado y, como resultado, aquellos en los que influimos serán susceptibles de tropezar y aún caer para siempre.

Como pastores o maestros del evangelio, sin este fundamento transmitiremos solamente los principios que se encuentran en las Escrituras sobre cómo vivir una vida bendecida, próspera y feliz. Estos principios actuarán como deben, produciendo salud, éxito financiero, paz, mejores relaciones, etc. Sin embargo, sin el entendimiento fundamental de los juicios eternos, dejaremos de predicar la cruz y el precio de seguir a Jesús. Predicaremos más mensajes autogratificantes que el llamado a entregar nuestra vida al costo que sea.

Si no somos guiados por la eternidad, viviremos y comunicaremos más para el beneficio de esta vida en lugar de ver la vida desde una perspectiva eterna. Enseñaremos a la gente a vivir para el presente en lugar de vivir como los patriarcas, quienes *esperaba[n] la ciudad que tiene cimientos, cuyo arquitecto y constructor es Dios* (Hebreos 11:10).

Sí, hay recompensas en esta vida por obedecer los principios de Dios, y los hemos enseñado bien, pero no olvidemos que somos residentes temporales en esta tierra. Debemos tener éxito en esta vida, pero debemos hacerlo según las normas del cielo, y no las de nuestra cultura. Nuestro verdadero hogar no está aquí.

Lee detenidamente la motivación de los santos que renunciaron a este mundo por seguir a Dios:

Todos estos murieron en fe, sin haber recibido las promesas, pero habiéndolas visto y aceptado con gusto desde lejos, confesando que eran extranjeros y peregrinos sobre la tierra. Porque los que dicen tales cosas, claramente dan a entender que buscan una patria propia. Y si en verdad hubieran estado pensando en aquella patria de donde salieron, habrían tenido oportunidad de volver. Pero en realidad, anhelan una patria mejor, es decir, celestial. Por lo cual, Dios no se avergüenza de ser llamado Dios de ellos, pues les ha preparado una ciudad.
(Hebreos 11:13-16)

La patria que buscaban estos santos es la ciudad de Dios, la Nueva Jerusalén, a la que prestaremos atención en lo que queda de este libro. Los que vivirán en esta ciudad son llamados *vencedores*. Su recompensa será infinitamente mejor que todo lo mejor que puede ofrecernos la vida aquí en la tierra.

Preguntas de discusión

SECCIÓN 3: CAPÍTULOS 6-7

1. ¿Qué beneficios de seguir a Cristo crees que te verías más tentado a perseguir en detrimento de la intimidad con Jesús? ¿Qué podría ayudarte a mantener tu corazón alineado con el enfoque correcto?

2. Es una idea seria el que un creyente pueda decidir alejarse de su fe. ¿Entra esto en conflicto con lo que has creído hasta ahora? Expresa tu respuesta a la luz de esta verdad: como creyentes, buscamos responder no solo con temor sino con el temor del Señor.

3. Medita en la parábola del siervo sin misericordia, que se encuentra en Mateo 18:23-35. ¿Por qué crees que Dios se toma tan en serio el asunto del perdón?

4. En tus propias palabras, describe cómo un enfoque torcido de la misericordia de Dios, sin la influencia del temor santo, puede llevar a un creyente al engaño.

5. Nuestra perspectiva eterna no solo nos afecta a nosotros mismos. También tiene influencia sobre otros. ¿Cómo se podrían comunicar los beneficios terrenales de seguir a Dios (tales como la salud, el éxito o la realización) sin desviar el énfasis de lo que más importa?

SECCIÓN 4

Capítulo 8

EL REINO DE AFFABEL: EL DÍA DEL JUICIO II

> ... *Yo soy quien escudriña las mentes (los pensamientos, sentimientos y propósitos) y los corazones [lo más íntimo], y daré a cada uno [la recompensa de lo que haya hecho] según lo merezca su obra.*
> —Apocalipsis 2:23, AMP, traducción libre

Regresemos a la alegoría del reino de Affabel para averiguar lo que ocurrió con *Egoísta* y *Caridad*. Por medio de ellos aprenderemos aspectos importantes del juicio de los creyentes, y uno de los cuales es que no todos los creyentes recibirán la misma recompensa.

EL JUICIO DE LOS CREYENTES

El juicio se realizó en la mañana, poco después de que los endelitas llegaran al Gran Salón. Unos quinientos endelitas esperaban en la Sala de la Vida, anticipando con ansias su primer encuentro con el rey *Jalyn*. Tanto *Caridad* como *Egoísta* habían visto allí viejos amigos y otros nuevos, y estaban conversando con ellos cuando de repente la Guardia Real entró en el salón. Toda conversación cesó cuando el Guardia Principal se dirigió al grupo:

"Pronto estarán cara a cara ante su rey. Él siempre los ha amado y ha esperado con ansias el día en que estuvieran juntos. Aunque ustedes nunca han estado con él, él sí los conoce. Ha visto sus corazones y ha discernido su fruto. Conoce sus corazones, motivaciones, pensamientos, sentimientos y obras. Nada le es oculto. Sepan que su juicio es justo. Nadie será tratado con injusticia ni ligereza".

El Guardia Principal procedió a instruirlos en cuanto a cómo serían llevados al Gran Salón, además de darles indicaciones sobre el necesario protocolo cuando estuvieran dentro. Cuando terminó, les dijo: "El primero en ir ante el rey *Jalyn* será *Egoísta*. Da un paso al frente para que te escoltemos hasta el Gran Salón".

EGOÍSTA Y SU JUICIO

Egoísta supuso que lo habían llamado primero debido a su posición como alcalde de Endel. Se sentía confiado pensando que lo recompensarían muy bien por su liderazgo en el reino de Endel, que pertenecía al rey. Recordaba que las enseñanzas de los antiguos escritos hablaban de recompensas y posiciones de autoridad en Affabel para quienes fueran considerados fieles en Endel. Había visto cómo prosperó su comunidad durante su mandato de dos años como alcalde. Estaba muy confiado mientras avanzaba para encontrarse cara a cara con el rey.

Se abrieron las puertas del Gran Salón, y *Egoísta* fue escoltado hasta la presencia del rey. Le abrumó la grandiosidad de este auditorio tan enorme. Notó que estaba casi repleto. Todos los asistentes estaban de pie. *Egoísta* se preguntaba por qué habría aquí y allá algunos asientos vacíos, pero pronto desechó esa interrogante al darse cuenta que eso se debía a que los ciudadanos se sentaban donde más les gustaba, sin un orden preestablecido.

Allí, a una gran distancia, vio el trono de *Jalyn* y observó que era más majestuoso de lo que jamás podría haber imaginado. También vio tronos más pequeños y supuso, con acierto, que pertenecían a los vicegobernantes de *Jalyn*. Su corazón dio un vuelco: todavía había asientos sin ocupar allí. Estaba seguro de que le asignarían uno de los tronos vacantes.

UN VIEJO AMIGO

Mientras *Egoísta* avanzaba, le asombró ver la gloriosa transformación en el aspecto de los exendelitas que hoy eran ciudadanos de Affabel. Tras avanzar solo unos pasos hacia el trono, reconoció a un viejo amigo que estaba ubicado cerca del fondo del auditorio. Se llamaba *Social*, y había sido propietario de un restaurante al que *Egoísta* solía ir a comer. Miró al Guardia Principal, como para preguntarle si podía hablar. El guardia asintió, dándole permiso.

Egoísta se acercó y los dos se abrazaron: "¿Cómo estás, *Social*?", le preguntó *Egoísta*.

"Muy bien", respondió el viejo amigo, "pero ya no me llamo *Social*. Ahora me llamo *Contento*. El Señor *Jalyn* me dio este nombre nuevo, como lo hace con todos sus siervos cuando se presentan ante su trono. Affabel es más maravilloso de lo que podríamos haber soñado jamás", prosiguió *Contento*. "Este Gran Salón es solo un preludio a la belleza, el esplendor y la grandiosidad de la magnífica ciudad. El rey es más agradable, amoroso y majestuoso que cualquier persona que hayas conocido. Estoy muy agradecido de conocerlo y servirlo. Es un honor estar en su reino. Mejor que cualquier cosa que hayamos conocido jamás. Si hubiera sabido en Endel lo que sé hoy, habría vivido de modo diferente, más concentrado en agradar al rey. Habría vivido siendo un mejor ciudadano durante mi corta estadía en Endel. Si lo hubiera hecho, hoy estaría más cerca del rey".

Egoísta respondió: "¿A qué te refieres? ¡Eras un gran ciudadano en Endel! Dirigías uno de los mejores restaurantes, y patrocinaste muchos eventos de la comunidad. Con frecuencia donaste dinero y alimentos a campañas de recaudación de fondos. ¡Hasta sacrificabas noches de ganancias para hacerlo!".

Contento negó con la cabeza. "Todo eso lo hice para obtener la aceptación y el reconocimiento de la gente. También, porque sabía que atraería a más clientes al restaurante. Mi motivo no era bendecir a otros sino asegurar mi propio éxito. Tenía que haber prestado más atención a las palabras de *Jalyn* cuando nos decía: 'Cuando ofrezcas una comida o una cena, no llames a tus amigos, ni a tus hermanos, ni a tus parientes, ni a tus vecinos ricos, no sea que ellos a su vez también te conviden y tengas ya tu recompensa. Antes bien, cuando ofrezcas un banquete, llama a pobres, mancos, cojos, ciegos, y serás bienaventurado, ya que ellos no tienen para recompensarte; pues tú serás recompensado en la resurrección de los justos'.[1] Yo donaba esas cenas para mi propio beneficio y no por el bien de la comunidad. Quería moverme entre los influyentes de Endel".

Egoísta siguió indagando: "Pero con frecuencia donabas a la Escuela de Endel. ¿No te aportó eso favor ante los ojos de *Jalyn*?".

Contento respondió: "Sí, donaba a la Escuela de Endel, pero no en proporción al éxito de mi negocio. En realidad, solo daba un pequeño porcentaje. Guardaba y acumulaba gran parte de las ganancias del restaurante porque tenía miedo de fracasar. Eso se unía también a mi deseo de vivir la buena vida. Mis verdaderas intenciones eran las de protegerme a mí mismo, y lo poco que daba era para acallar mi conciencia. Sentía que tenía que hacerlo porque nuestros maestros hablaban muchas veces de la importancia de dar al reino y a los necesitados. Terminaba dando motivado por la culpa o por obligación, y no por compasión o amor".

Contento continuó: "Olvidé la ilustración de *Jalyn* acerca de la viuda que amaba el reino de Affabel. Recuerda que dijo: *De cierto les digo que esta viuda pobre echó más que todos los que han echado en el arca, porque todos han echado de lo que les sobra, pero ésta, de su pobreza echó todo lo que tenía, ¡todo su sustento.*[2]

Egoísta pensó en todas las cenas y fiestas sociales que había dado en su casa. Allí no había pobres ni desafortunados. Y recordó los cinco mil dólares que dio para acallar a quienes estaban decepcionados por su decisión de entregar el terreno a la tienda en lugar de dárselo a la escuela. En ese momento había pensado que era mucho dinero, pero ahora le avergonzaba haber dado tan poco. ¿Cómo podría *Jalyn* considerarlo justo?

Sus reflexiones se vieron interrumpidas por otro comentario de *Contento*: "Si hubiera sentido pasión sincera por *Jalyn* y su pueblo", dijo apenado, "habría dado de mi tiempo para servir en la escuela. Si todos hacen su parte, la carga es más liviana; pero, si la llevan solo entre unos pocos, es más pesada. Si se implementara el designio de *Jalyn*, nadie estaría sobrecargado. Los pocos que cargaban con ese peso pesado han sido recompensados en abundancia. El punto es que lo poco que di, lo di para acallar mi conciencia a causa de mi falta de compromiso con el reino de *Jalyn*".

"Cuando repasaron mi vida, fue evidente y claro para todos que había vivido más para mi propia comodidad, seguridad y reputación que para la gloria de *Jalyn*. Ahora soy uno de los ciudadanos menos importantes en esta ciudad. Aun así, me siento abrumado por la bondad de *Jalyn* y por lo mucho que me ama. En realidad, no merecía nada de lo que recibí de él, pero como pronto descubrirás, su amor y generosidad están más allá de nuestra comprensión. Estoy en deuda con su desmesurada bondad, y lo estaré durante el resto de mi vida".

Atónito, *Egoísta* espetó: "¡Uno de los ciudadanos menos importantes! ¿Hay un sistema de clases aquí?".

Contento sonrió y dijo: "Sí, algo así. Nos enseñaron eso en Endel, aunque muchos nunca lo tomamos en serio. Aun así, en el fondo lo sabíamos. De hecho, tú también pensaste en esta verdad cuando entraste en este auditorio. Oí lo que pensabas. Pensaste que te asignarían un trono. Sabías que era posible por los antiguos escritos que nos enseñaban en clase, aunque dudo que hubieras reconocido tu creencia con respecto a tu futura posición en Endel".

"Aquellos que fueron fieles a *Jalyn* durante nuestra corta estancia en Endel son los líderes y ciudadanos con las posiciones más interesantes en esta sociedad. Viven en la sección más hermosa de la ciudad y tienen el privilegio de interactuar con el rey a menudo. A los que vivíamos más para nosotros mismos en Endel se nos han asignado posiciones en las afueras de la ciudad. Eso también se ve en este auditorio. Los que estamos en el fondo somos los que vivimos en las planicies. Se nos asignaron los trabajos más intensivos y duros. Somos los menos importantes en el reino. Los que ocupan las secciones intermedias viven en las montañas, con posiciones más creativas, y los que están al frente y ocupan los tronos viven en el Centro Regio, donde vive el rey. Tienen el privilegio de vivir y trabajar junto a él. Son los más grandes en el reino".

Contento entonces concluyó: "Mi amigo *Egoísta*, has de saber que Jalyn es un líder justo y amoroso. Lo que sea que te dé, será una recompensa. Ninguno de nosotros tendría una vida como la que hay en las partes menos importantes de la ciudad si no fuera por él".

Dicho esto, *Contento* regresó a su lugar dando un paso atrás. El Guardia Principal entonces indicó a *Egoísta* con un gesto que siguiera avanzando hacia el trono.

UN MAESTRO POPULAR

Egoísta avanzó unos cuantos pasos más y observó que había otra persona a quien conocía y admiraba. Su nombre era *Motivador*. Era un antiguo maestro en la Escuela de Endel, y *Egoísta* lo consideraba sobresaliente. Era informativo, claro, y siempre inspiraba a *Egoísta* cuando hablaba. Este fabuloso instructor enseñaba de una manera que los estudiantes se sentían animados y bien consigo mismos. Los otros maestros también animaban, pero a veces parecían un poco severos y sus palabras producían una dolorosa convicción. No eran así las clases con *Motivador*. Uno siempre se sentía muy bien al salir de sus clases. De hecho, él era el maestro favorito de *Egoísta* con diferencia.

Egoísta volvió a mirar al Guardia Principal buscando autorización para hablar con este exmaestro. El guardia volvió a asentir en señal de afirmación. *Egoísta* se acercó a *Motivador* y se saludaron con afecto.

Entonces no pudo evitar preguntar: "¿Por qué estás en las filas del fondo?".

"Esta es mi posición y mi lugar. Soy uno de los ciudadanos menos importantes de Affabel. Vivo en las planicies y trabajo como fontanero".

"¿Qué?", exclamó *Egoísta*. "¡Pero si eras uno de los mejores maestros de *Jalyn*! ¿Cómo puede ser que seas aquí uno de los ciudadanos menos importantes? Tendrías que estar ocupando uno de esos tronos".

"Hay varias razones por las que no estoy en un rango superior en esta gran asamblea, ni gobernando con *Jalyn*", dijo *Motivador*. "Para ser breve, voy a contarte cuál fue el origen de mi estupidez. ¿Recuerdas que a todo el que entregaba su vida a *Jalyn* se le comparaba con un constructor? Se nos enseñaba eso en la escuela continuamente. Una de nuestras principales responsabilidades en Endel era edificar las vidas de los demás. Se hacía por medio de los mensajes que comunicábamos, ya fuera mediante palabra, conducta o acciones. Como instructor, se me dio un gran privilegio y una gran responsabilidad. Tenía que enseñarles a los estudiantes los principios y caminos de *Jalyn*. Sin embargo, fracasé como maestro en muchos aspectos.

Mis enseñanzas estaban desequilibradas. Enfatizaba solo los aspectos positivos de servir a *Jalyn*, y motivaba a muchos de mis estudiantes a buscar solamente el éxito sin tomar en cuenta los efectos a largo plazo. No les enseñaba que el verdadero y más alto objetivo en la vida era el de agradar a *Jalyn*. Les enseñaba cómo usar sus caminos para prosperar en la vida. Por consiguiente, jamás les advertí de las trampas y los peligros de nuestra sociedad.

Los antiguos escritos establecían con claridad que tenía que predicar todo el consejo de *Jalyn*, lo cual incluía: *Amonestando a todos* los *hombres, y enseñando a todos los hombres con toda sabiduría, a fin de poder presentar a todo hombre perfecto en Jalyn*.[3] Yo enseñaba, pero no amonestaba. Al ser un maestro exclusivamente positivo y no enseñar jamás las saludables advertencias, edifiqué muchísimas vidas que produjeron muy poca gloria a *Jalyn*". Al decir eso bajó la cabeza. "Y muchos de ellos están en la perdición".

Al ver el asombro en el rostro de *Egoísta*, el maestro insistió en su punto. "Sí, cayeron en la perdición. Muchos hoy habitan en la olvidada tierra de Solo, en parte debido a mis enseñanzas faltas de equilibrio. No les di a los estudiantes lo que necesitaban. Les di lo que querían. No quería perder su aceptación ni mi popularidad. Es la razón por la que edifiqué mal. No señalé ni arranqué de raíz las partes débiles o erróneas que pudiera haber en sus vidas. Lo cubría todo con lindas palabras que solo sirvieron para alimentar sus deseos egoístas.

Recuerda la advertencia que los antiguos escritos dan a los instructores: *Han engañado a mi pueblo diciendo: '¡Todo anda bien!' pero las cosas no andan bien; construyen paredes endebles de hermosa fachada. Pues diles a esos constructores que sus fachadas se vendrán abajo con una lluvia torrencial, abundante granizo y viento huracanado*.[4] Muchos de mis estudiantes erigieron y refugiaron sus vidas en las cosas temporales, y yo en el fondo de mi conciencia sabía que las paredes eran endebles, pero aun así no les advertí. Decía que todo estaba bien, aunque no lo estaba. Los alenté y consolidé su engaño.

Y ahora me duele mucho saber que mis antiguos alumnos están en Solo. Hay algunos que consiguieron entrar a Affabel, pero muchos de los que aceptaron solamente las enseñanzas positivas", mirando por encima de su hombro, *Motivador* bajó el tono de su voz hasta convertirlo en un susurro: "Están en estas filas del fondo. Sus vidas fueron malgastadas y sus esfuerzos se consumieron ante el fuego en este tribunal".

Egoísta quiso saber: "¿Se quemaron en este tribunal?".

"Sí", le contestó el maestro. "¿No recuerdas los antiguos escritos?: *El que edifique sobre este fundamento podrá usar una variedad de materiales: oro, plata, joyas, madera, heno o paja; pero el día del juicio, el fuego revelará la clase de obra que cada constructor ha hecho. El fuego mostrará si la obra de alguien tiene algún valor. Si la obra permanece, ese constructor recibirá una recompensa, pero si la obra se consume, el constructor sufrirá una gran pérdida. El constructor se salvará, pero como quien apenas se escapa atravesando un muro de llamas".*[5]

El famoso maestro prosiguió: "El fundamento del que hablaba el antiguo apóstol es el señorío de *Jalyn*, que ambos sabemos es la única forma en que una persona puede entrar en este reino. No obstante, cuando pertenecemos con sinceridad a nuestro rey, debemos edificar sobre este fundamento. Al medirla con los antiguos escritos, mi vida no llegó a cumplir con las justas demandas de *Jalyn*, y fallé en el área de mi influencia sobre aquellos a quienes enseñaba. No usé mi autoridad para influir a esos estudiantes para la gloria de Affabel, e inevitablemente perdí mi recompensa. Recuerda lo que dijo el gran maestro de antaño, Pablo, en cuanto a quienes había sido llamados a influir en los demás: *Después de todo, ¿qué es lo que nos da esperanza y alegría?, ¿y cuál será nuestra orgullosa recompensa y corona al estar delante del Señor Jesús cuando él regrese? ¡Son ustedes! Sí, ustedes son nuestro orgullo y nuestra alegría".*[6]

"Yo conocía bien las verdades de *Jalyn* cuando empecé a enseñar, pero luego permití que la inseguridad, el deseo de ser aceptado por los demás, y por último el orgullo, me desviaran. Enseguida me aparté de todo lo que sabía. Con el tiempo, empecé a vivir lo que predicaba. Al apartarme cada vez más, perdí de vista las advertencias de *Jalyn* en mi vida personal. Vivía engañado. La perspectiva de la popularidad y el favor aquí es muy diferente de la de Endel. Gran parte de lo que allí se consideraba grande, aquí no importa para nada".

Egoísta entonces preguntó: "*Motivador*, mi amigo me dijo que *Jalyn* cambia nuestros nombres, ¿cómo te llamas ahora?".

El maestro sonrió. "Mi nombre es *Humillado*". Al decirlo agachó la cabeza y, dando un paso atrás, recuperó su lugar. *Egoísta* se volteó hacia el Guardia Principal, quien asintió afirmando como cierto todo lo que había escuchado de *Humillado*.

Egoísta siguió avanzando hacia el trono. Ya no se sentía tan confiado como cuando lo llamaron para que entrara a la sala. Reflexionaba sobre su vida. ¿Cuáles habían sido sus motivaciones? ¿Había gobernado para la gloria de *Jalyn*, o movido por ambiciones egoístas? ¿Cómo había vivido? ¿En línea con las palabras de *Jalyn*, o también él había sido engañado? ¿Edificaba a otros o los utilizaba para edificar su propio éxito?

UNA GOBERNANTE

Egoísta ahora pasaba por el sector medio del Gran Salón. Notó que los ciudadanos en esta zona parecían más regios, por increíble que eso le pareciera. Todos lo miraban con mucho amor y aceptación. En sus miradas y expresiones encontraba consuelo. Esto le ayudó inmensamente, porque se sentía bastante inseguro con respecto a sí mismo y lo que habría de enfrentar.

A *Egoísta* le pareció que el camino hasta el trono estaba durando una eternidad. Con cada paso revisaba muchísimos aspectos de sus años en Endel. Todavía tenía esperanzas de que le asignaran un puesto de autoridad junto a *Jalyn* a causa de su éxito como alcalde.

Ahora *Egoísta* se encontraba en medio de los vicegobernantes de *Jalyn*. Observó las regias vestiduras y las coronas que adornaban sus cabezas. Cada uno de ellos sostenía un cetro. Eran en verdad los ciudadanos más regios de esta gran ciudad. Le asombraba que algún humano pudiera parecer tener un aspecto tan glorioso.

Entre estos vicegobernantes, *Engañado* vio a la exsecretaria de uno de los concejales. *¿Por qué está sentada en uno de estos tronos?*, se preguntaba *Egoísta*. La mujer nunca había destacado en nada en la escuela. Se había graduado un año antes que él. En realidad, no la conocía en persona, porque la joven era bastante reservada.

La mujer avanzó, y el Guardia Principal se detuvo e hizo una reverencia. Ella saludó a *Egoísta* dándole un abrazo y con una cálida sonrisa. "Bienvenido a Affabel, *Egoísta*. Soy *Paciente*. *Jalyn* me pidió que hablara contigo antes de presentarte ante él. Soy una gobernante en Affabel".

Egoísta dijo sin pensar: "¿Una gobernante? ¿Cómo es posible que lo seas? Jamás hacías nada en Endel". Se sonrojó al notar lo insensible y fuera de lugar que había estado su comentario.

Paciente asintió, como entendiendo. "No te avergüences por tu comentario. El engaño no se puede ocultar en este salón, ni en la gran ciudad. Solo estás siendo sincero. En Endel te importaba la imagen y la reputación. Eso entrena a muchos para que hablen con palabras engañosas, sin darse cuenta de su necedad. Aquí las palabras son muy importantes, pero nuestras motivaciones e intenciones pesan todavía más, y en este lugar son siempre evidentes. Pronto lo aprenderás porque serás juzgado por cada palabra que hayas pronunciado en Endel".

"¡Por cada palabra!", gritó *Egoísta*. "¿Te refieres a cada una de mis palabras, en cada una de mis conversaciones?".

"Sí", respondió *Paciente*. "¡Cada palabra! Recuerda lo declarado por el Señor *Jalyn* en los antiguos escritos: *Pero yo les digo que, en el día del juicio, cada uno de ustedes dará cuenta de cada palabra ociosa que haya pronunciado. Porque por tus palabras serás reivindicado, y por tus palabras serás condenado*.[7] Las palabras ociosas son vanas, inútiles, dichas sin cuidado. Todo eso es contrario a la naturaleza de *Jalyn*".

Egoísta cuestionó eso: "Siempre pensé que daríamos cuentas de las grandes mentiras o las grandes verdades que hubiéramos pronunciado, junto con las buenas obras e importantes logros alcanzados". Pensó por un momento, y luego añadió: "¿A qué me enfrentaré ahora?".

Paciente le contestó: "Los antiguos escritos dicen con claridad: *El hombre se sacia del buen fruto de su boca, y recibe su paga según la obra de sus manos*.[8] Así que serás juzgado no solo por todo lo que hiciste sino también por cada palabra que dijiste, lo cual incluye las malas, las buenas y también las ociosas, las vanas y todo lenguaje inútil que haya salido de tu boca. Sin embargo, no se examinarán solo tus palabras y acciones, sino también tus motivaciones. Serás juzgado también por tus pensamientos. No olvides que el juicio de *Jalyn* es justo, porque *examina(s) los sentimientos y el corazón*[9] y él mismo dice: *Pero yo, Jalyn, investigo todos los corazones y examino las intenciones secretas. A todos les doy la debida recompensa, según lo merecen sus acciones*.[10] Él examina no solo cada acción y cada palabra, sino también las intenciones que hay detrás de ellas".

Paciente siguió hablando: "Por eso te asombra tanto verme sobre un trono. Me juzgaste según mis logros a la luz de Endel. El juicio de *Jalyn* es bajo una luz diferente, la que ahora estás empezando a ver y pronto verás de manera personal. Mi querido hermano, recibirás una justa recompensa por tu vida en Endel".

Egoísta jamás había experimentado un tipo de verdad tan franca, pero a la vez saturada de tanto amor, un amor que nunca había conocido. Ahora sabía que *Jalyn* debía ser un rey amoroso y compasivo, porque acababa de probar una medida de ello de parte de una de sus autoridades subordinadas. Las palabras de *Paciente* fueron como una corrección envuelta en amor. Supo que el amor no tenía que ver con agradar a los demás, sino que tenía que ver con la verdad.

Paciente inclinó la cabeza: "Tu rey te espera". Con eso, regresó a su trono y el Guardia Principal hizo señas a *Egoísta* para que avanzara solo hasta el trono. El guardia esperaría en el escalón más bajo de la plataforma, donde estaban situados los tronos de los vicegobernantes.

EGOÍSTA ANTE *JALYN*

Como le habían indicado, *Egoísta* subió con cautela los escalones que llevaban al estrado que había justo por debajo del majestuoso trono. Entonces alzó la mirada y contempló al rey mismo. Nadie en toda esta asamblea era tan apuesto, regio y majestuoso como *Jalyn*. Su esplendor era cautivador y maravilloso a la vez. *Egoísta* jamás había visto a alguien como este hombre. Supo de inmediato que nadie podría resistirse a su sabiduría y fortaleza.

Al mirar a *Jalyn* a los ojos por primera vez, *Egoísta* reconoció que el rey era más tierno y más aterrador de lo que podría haber imaginado. Su mirada penetrante atravesó a *Egoísta*, y se sintió desnudo. Era evidente que nada se quedaba oculto. *Egoísta* perdió toda confianza en un juicio favorable, pero ya no le importaba. Ahora quería la verdad, más que ninguna otra cosa.

Jalyn dijo: "Bienvenido a mi reino, *Egoísta*. He estado esperando por mucho tiempo este momento. Gobernaste sobre mi pueblo en Endel. ¿Eres digno de gobernar y ocupar uno de los tronos de Affabel?".

Este hombre normalmente confiado, que tenía en todo momento la palabra adecuada, ahora no sabía qué decir. Antes sentía que podía hacer un buen trabajo como líder en Affabel, pero después de las conversaciones que había tenido en el Gran Salón, pensó que sus pensamientos probablemente serían engañosos.

Jalyn le preguntó a uno de sus subordinados que estaba cerca: "¿A cuántos ciudadanos impactó *Egoísta* para mi reino?".

Solo se escucharon unos pocos nombres. *Egoísta* se quedó asombrado, sin palabras ante esta revelación.

El rey entonces preguntó al mismo funcionario: "¿A cuántos ciudadanos impactó *Paciente* para este reino?".

"A más de cinco mil, mi señor", respondió el gobernante.

"¿Cómo es posible?", espetó *Egoísta*. "Ella era solamente una secretaria, y yo era el alcalde. ¿Cómo es posible que mi cantidad sea tan baja y la suya tan alta?".

Jalyn contestó con tono firme: "Es que no he preguntado cuántos fueron influenciados, sino cuántos fueron influenciados para este reino".

Su tono se hizo más suave, aunque conservando la firmeza: "Incluso tu antiguo maestro, *Motivador* y hoy llamado *Humillado*, tuvo más influencia en las vidas de los demás de la que tuviste tú. Sin embargo, una cantidad muy pequeña de esa influencia trascendió hasta este reino. Por eso no es gobernante en la ciudad. La influencia que soporta la prueba de este tribunal está en línea con mis caminos y mi reino".

Jalyn continuó: "Permíteme contarte algunas de las maneras en que *Paciente* influyó sobre cinco mil personas. Ella daba con alegría a la escuela, tanto dinero como su servicio, y por eso todos los beneficiados por el ministerio de la escuela se le acreditan a ella".

Egoísta replicó: "Pero yo también daba dinero a la escuela".

Jalyn le contestó: "Tus contribuciones estaban motivadas por la necesidad de acallar tú conciencia o de mantener o reparar tu reputación. Por eso recibiste plena recompensa en Endel. *Paciente*, en cambio, estaba motivada por su pasión por el reino y por su amor a los demás. *Paciente* hizo que viniera a mi servicio un hombre llamado *Brutal*. En este momento está en la Sala de la Vida esperando ser juzgado. Cambiaré su nombre por *Evangelista*, porque se convirtió en gran comunicador de mis caminos. Personalmente influyó mil vidas para gloria del reino. Todas esas vidas que edificó se acreditan a la cuenta de *Paciente* porque fue ella quien lo trajo hacia mí y apoyaba la escuela que le brindó capacitación".

Egoísta recordaba a *Brutal*, a quien había conocido en Endel. Él pensaba que *Brutal* era demasiado celoso en sus creencias. Escribía como colaborador del periódico de la comunidad, y muchas veces en su columna mencionaba la falta de compromiso con Affabel que veía en los ciudadanos. También llamaba a los endelitas a enviar correos electrónicos o a telefonear a los concejales pidiendo su apoyo para la ampliación de la escuela. Dio a conocer su desagrado cuando *Egoísta* cambió su voto negándose a otorgar el terreno a la escuela. Por eso a *Egoísta* no le había gustado *Brutal*. Ahora se sentía avergonzado porque veía que todo aquello que *Brutal* defendió era para el avance de Affabel. ¿Cómo podía haber sido tan ciego?

Jalyn continuó mostrándole de qué otras maneras *Paciente* había influido en las vidas de ciudadanos endelitas para el avance del reino. Eran muchas cosas pequeñas, pero que sumadas representaban mucho. Trataba a todos con bondad porque su corazón era puro y estaba lleno de amor. Era generosa con quienes tenían necesidades, y también era muy decidida en su posición de defensora de la verdad.

Cuando el rey terminó de hablar de *Paciente*, repasó de manera exhaustiva la vida de *Egoísta*. Como *Paciente* le había adelantado, se evaluó cada motivo, palabra y acción.

Egoísta vio el bien que había hecho en nombre del rey, pero se sintió abrumado al notar cuántas de sus acciones estaban motivadas por un deseo de autoprotección, de pensar en su reputación y lograr algo para sí. Cuando se terminó la revisión, *Egoísta* sentía que su destino no sería bueno.

Clamó ante el rey: "Merezco ser castigado durante el resto de mi vida. ¡Merezco ir a Solo! He desperdiciado demasiado y he producido muy poco a cambio de los talentos y responsabilidades que tenía". El dolor que *Egoísta* sentía era indescriptible; lloraba desconsoladamente. Este hombre, que había entrado al Gran Salón con tanta confianza, ahora parecía estar buscando al menos una brizna de hierba de donde sostenerse para no caer. Lo único que le quedaba era la esperanza de encontrar misericordia, pero incluso eso le parecía poco probable. Se preparó para oír al rey, que seguramente lo sentenciaría a Solo.

Después de unos minutos de abrumador silencio, el rey finalmente habló: "*Egoísta*, eres mi siervo. Creíste en mí y te sujetaste a mi señorío, aunque hayas desperdiciado tanto. Te amo y te doy la bienvenida a mi reino durante el resto de tu vida".

Egoísta no podía creerlo. Levantó la mirada y entonces no pudo ya contener los sollozos, no de tristeza sino de un gozo tremendo. La bondad y misericordia del gran rey eran demasiado para él. En apenas una fracción de segundo entendió con claridad mucho de lo que había oído decir del carácter de *Jalyn*. Tan solo segundos antes había sentido dolor y angustia profundos como nunca imaginó que pudieran existir. No merecía nada más que ser exiliado. Merecía ser condenado. La revisión de su vida lo demostraba, pero ahora, con las palabras más tiernas y bondadosas, oía decir a este majestuoso rey que era bienvenido a la magnífica ciudad. ¡Qué misericordia! ¡Qué amor tan maravilloso!

Egoísta vio cómo casi todo lo que había hecho en Endel era consumido por las llamas. Aun así, oyó las palabras: "Te amo y te doy la bienvenida a mi reino". Entendió que lo que su amigo *Contento* le había dicho era cierto. Cualquier cosa que pudiera recibir sería mucho más de lo que merecía.

Entonces el rey volvió a hablar: "*Egoísta*, ya no te conocerán por tu nombre anterior. Te doy un nuevo nombre. En mi reino se te conocerá por el nombre de *Modesto*, porque no tienes pretensión alguna. He preparado una residencia para ti en las planicies, y tu oficio será el de paisajista. Aunque no serás gobernador en esta ciudad, me ayudarás a gobernar los reinos periféricos".

Egoísta preguntó: "¿Gobernar contigo los reinos periféricos?".

Jalyn respondió: "Todos los que viven en esta ciudad son gobernantes. Mi reino se extiende hasta los confines del planeta. Hay muchas otras ciudades en mi reino. Los ciudadanos de esas ciudades periféricas no han pasado por el entrenamiento de Endel, como sí sucedió con los ciudadanos de Affabel, ni han pasado por el juicio. Por consiguiente, no tienen las capacidades superiores que tienen los ciudadanos de esta ciudad. Aunque no serás líder en la ciudad de Affabel, serás mi asistente en la administración de mi gobierno global. Tu tarea específica será la de liderar, a través del servicio y la capacitación de todos los paisajistas de las veinte ciudades del continente de Bengilla".

Egoísta inclinó la cabeza y lloró. Le abrumaba la bondad del rey.

El rey se dirigió hacia una mesa y tomó un objeto. Luego se volteó para acercarse a *Modesto*. Caminó por la plataforma y dijo: "Ahora, toma y come de este fruto".

Modesto tomó el fruto de la mano de *Jalyn* y lo comió. Era el fruto más delicioso que había probado jamás. Parecía aclarar su mente y su corazón. Sus pensamientos fluían con un gran amor y deseo de servir. Mientras comía, se estaban lavando su antiguo dolor y sus oscuros pensamientos. Se sentía lleno de vigor, feliz, y repleto de fe y esperanza. No tardó mucho en llegar a la conclusión de que era el fruto del famoso árbol de la vida del que los maestros hablaban en clase. Se le dibujó una enorme sonrisa en el rostro mientras *Jalyn* lo observaba con agrado.

Entonces, *Jalyn* dijo: "Vuélvete, y mira a tu familia".

Modesto se volteó con mucha cautela. Todavía sentía un poco de vergüenza porque todos habían visto y oído los detalles de su vida. Cuando terminó de girarse por completo, la multitud estalló en aplausos y gritos de alegría. Se oía música, y algunos ciudadanos incluso bailaban. *Modesto* casi no podía creer este amor, esta aceptación de parte de los ciudadanos del reino. Fue la medicina que sanó por completo todos sus errores en Endel.

Modesto se volteó y vio una sonrisa gloriosa y gozosa en el rostro de *Jalyn*. Fue entonces cuando se fijó en los ojos del rey. Miraban a *Modesto* con un amor y una calidez tal, que no tenían comparación con nada que hubiera visto antes. Ahora podía oír los pensamientos de *Jalyn*, así como *Paciente* y los demás habían podido oír los suyos.

Eran pensamientos de aceptación, deleite, y anticipación de años de dicha para este ciudadano al que tanto amaba. *Modesto* cayó de rodillas y agradeció al rey. El rey lo tomó de la mano para que se pusiera de pie, lo abrazó, y con una gran sonrisa le dijo: "Bienvenido, amigo".

Entonces *Modesto* fue escoltado hasta su lugar, al fondo del auditorio, para esperar el juicio de sus compañeros endelitas. Sus lágrimas habían sido enjugadas. Ya no había tristeza, ni dolor, ni llanto. Las cosas viejas habían pasado.

CARIDAD Y SU JUICIO

Pasaba el tiempo esa mañana, y todos los ciudadanos ya habían sido llamados a salir de la Sala de la Vida. Todos excepto *Caridad*. Se quedó sola. No le molestó porque en la habitación había muchos libros hermosos, de autores de la ciudad. Estaba leyendo la *Segunda Crónica de Affabel* cuando el Guardia Principal vino a buscarla, y le dijo con ternura: "*Caridad*, tu rey te espera".

Su corazón galopaba de gozo. Ahora tendría el privilegio de ver a aquel que anhelaba ver y amar. Había esperado durante años este momento, y ya había llegado. El guardia sonrió cuando ella se le acercó, y juntos avanzaron hacia el Gran Salón.

Cuando se abrieron las puertas del Gran Salón, *Caridad* quedó abrumada por la magnificencia que se desplegaba ante sus ojos. Sin embargo, tenía la mirada fija en el trono de *Jalyn* a la distancia. Lo único que podía ver desde donde estaba era su silueta. Con la mirada recorrió la audiencia de todos los ciudadanos regios de Affabel. *Oh, son personas excepcionales*, pensó *¿Cómo podría llamar a estos hombres y mujeres regios mis compañeros?*

Notó que todos los ciudadanos se inclinaban a su paso. ¿Por qué se postrarían ante ella estos hombres y mujeres tan importantes? Eran apuestos, bellísimos, con sus vestimentas de gloriosa belleza, que se hacían más elaboradas y hermosas a medida que avanzaba hacia el trono. Parecían sobrehumanos. ¿Cómo podía ser que se inclinaran ante alguien, y especialmente ante ella?

Caridad reconoció a varios de los ciudadanos de Endel. Sus sonrisas se mostraban entusiastas, llenas de amor por ella. Quería detenerse para abrazar a cada uno, pero algo le decía que no era el momento adecuado para hacerlo. Miró a *Cruel* y no pudo contenerse. Corrió hacia él y lo abrazó. Ambos se regocijaron juntos.

Después del abrazo, *Cruel* se inclinó ante ella y dijo: "Bienvenida a tu nuevo hogar".

Caridad dijo: "¿Por qué te inclinas ante mí, *Cruel*? Yo no soy un dios para ser adorada".

El regio ciudadano respondió: "Hay una diferencia entre la adoración y la honra. Solamente nuestro Señor es digno de adoración, pero en este reino honramos a quienes en Endel fueron buenos servidores. También honramos a los que nos gobiernan. No entendíamos en Endel la importancia de la honra. *Caridad*, tú me serviste en Endel. Si no hubiera sido por tu obediencia al rey, yo no estaría aquí. Estaría en la olvidada tierra de Solo. Ante todo, estoy en deuda y agradecido con el rey, pero también te debo y también estoy agradecido y en deuda contigo. Será un placer para mí servirte y honrarte durante el resto de mi vida".

Luego continuó: "*Caridad*, ya no me llamo *Cruel*. El *Señor Jalyn* cambió mi nombre ante este tribunal de Cristo. Ahora me llamo *Reconciliado*. Soy quien posiblemente haya recibido la misericordia más grande de nuestro rey".

Caridad dijo entonces: "*Reconciliado*. ¡Qué nombre tan magnífico! Querido amigo, no me acerqué a ti en Endel para que me sirvieras a cambio. Lo hice porque te amaba y me importaban tu vida y tu destino".

"Tu motivación es precisamente la razón por la que te honraré y te serviré. El rey te recompensará ricamente. Te esforzaste siempre por amor a *Jalyn*. Nunca buscaste el reconocimiento de los demás, ni recompensa alguna. *Jalyn* se deleita en quienes llegan a otros con su amor. Era muy importante que mientras estábamos en Endel comprendiéramos su corazón, y no solo su visión. Hiciste ambas cosas, querida hermana, y me impartiste la motivación de tu corazón. Por eso pude llegar a tantos con mucha pasión en mi última semana en Endel. Ahora se me ha recompensado generosamente por mi labor, aunque fue breve".

Caridad sonrió: "*Reconciliado*, me alegro mucho por ti. Te serviré el resto de mi vida".

"*Caridad*, ya hablas como alguien que ha vivido en Affabel durante años", respondió *Reconciliado*. "En esta gran ciudad vivimos para servirnos los unos a los otros. De hecho, los que lideramos somos los que más servimos. Tenemos las responsabilidades más grandes, y en ello nos deleitamos. Es distinto a como era en Endel. Los líderes aquí no buscan que les sirvan, sino que se regocijan cuanto más grandes sean las oportunidades de ministrar y servir. El gozo más grande de cualquier ciudadano aquí es servir, primero a nuestro rey y luego a nuestros conciudadanos, en especial a quienes nos influenciaron en Endel, y luego a los ciudadanos de los reinos periféricos, de los que ya oirás".

Reconciliado dijo, para finalizar: "Mi querida hermana, estoy orgulloso de ti. Ve ante tu rey. Él anhela verte y recompensarte por cómo lo serviste". Con eso, ambos se abrazaron, y *Caridad* volvió con el guardia. Juntos, avanzaron hacia el trono.

CARIDAD ANTE JALYN

Las facciones de *Jalyn* ahora se veían con toda claridad, ya que *Caridad* estaba a solo unos veinte metros del trono. Al pasar junto a los gobernantes, ni siquiera notó que se inclinaban a su paso. Su mirada estaba fija en *Jalyn*. Le abrumaba su majestuoso esplendor.

Caridad subió los escalones y, al llegar al estrado, se postró ante su rey. *Jalyn* bajó del trono y le tomó de la mano para que se pusiera de pie. Le habló con afecto: "*Caridad*, mi querida sierva, bienvenida a mi reino. He anhelado que llegara este momento de conocerte en persona".

Caridad respondió: "Señor, soy yo la que ha anhelado con ansias este momento. Eres mi rey. Espero ahora estar en tu presencia por el resto de mi vida para poder servirte más plenamente".

El rey dijo entonces: *De cierto te digo que todo lo que hiciste por uno de mis hermanos más pequeños, por mí lo hiciste; tuve sed, y me diste de beber; fui forastero, y me recibiste; estuve desnudo, y me cubriste; estuve enfermo, y me visitaste; estuve en la cárcel, y viniste a visitarme.*

Caridad, muy asombrada, respondió: *Señor, ¿cuándo te vi con hambre, y te di de comer; o con sed, ¿y te di de beber? ¿Y cuándo te vi forastero, y te recibí; o desnudo, ¿y te cubrí? ¿Cuándo te vi enfermo, o en la cárcel, y te visité?*

El rey respondió: De cierto te digo que todo lo que hiciste por uno de mis hermanos más pequeños, por mí lo hiciste.[11]

Jalyn entonces le mostró a *Caridad* el modo en que le había ministrado a él al servir a su pueblo y obedecer sus leyes. Se repasó su vida: cada palabra, acción, pensamiento y motivo de su corazón. Todo fue revelado. Su servicio, su aportación a la escuela, el amor que mostraba hacia sus conciudadanos, su negativa a tomar parte en actividades y discusiones inútiles o inadecuadas, las persecuciones que sufrió por su pasión por *Jalyn*, su esfuerzo por servir a los demás a través del restaurante, llegando a las almas que se habían desviado, las horas de suspiros y llanto por los perdidos, la firme postura y estricta adhesión a los caminos de *Jalyn*, las veces que le habían hecho a un lado en eventos sociales a causa de su celo por *Jalyn*, su negativa a hablar en contra de los demás o repetir chismes, y continuaba una extensa lista.

Caridad estaba impactada ante las formas en que sus acciones habían afectado o influenciado las vidas de otras personas. Gran parte de lo que hacía por dar gloria a *Jalyn* ni siquiera había sido planeado conscientemente. Solo seguía bien de cerca el modo de vida que enseñaban los antiguos escritos.

Había algunas cosas que *Caridad* había hecho que ardieron en el fuego. Le causaron tristeza y remordimiento las oportunidades perdidas o los errores cometidos. Sin embargo, solo se perdió una mínima parte de los esfuerzos de su vida.

LA RECOMPENSA DE *CARIDAD*

Después de la revisión de sus últimos pensamientos y palabras, el rey miró a uno de sus vicegobernantes que estaba sentado muy cerca, y le preguntó: "¿A cuántas vidas influyó *Caridad* para mi reino?".

El gobernante respondió: "Mi Señor, son 5183 personas, algo más de la sexta parte de la población de la comunidad".

Caridad estaba sorprendida. "¿Cómo pueden ser tantas?".

Jalyn contestó: "Recuerda que en los antiguos escritos prometí que [Dios] *multiplicará vuestra sementera y aumentará la siega de vuestra justicia*.[12] *Caridad*, mi reino funciona según el principio de la multiplicación".

El rey entonces le mostró en mayor detalle cómo sus obedientes esfuerzos se multiplicaron para influir sobre multitudes, aunque ella no hubiera sido una líder en la comunidad. El efecto de sus acciones era como las olas producidas por una piedra que se lanza a un lago. *Jalyn* añadió: *Como está escrito: [La persona benevolente] Reparte; da a los pobres; sus obras de justicia y bondad y amabilidad permanecerán para siempre*.[13] Una vida sometida a mí da como resultado un efecto multiplicador, del que ningún ciudadano es plenamente consciente hasta que no está ante este trono de justicia. Por esa razón, muchos no obedecían en las cosas pequeñas porque las consideraban insignificantes, pero a menudo las cosas que aparentemente no son importantes en realidad son las que producen la mayor cosecha en este reino. La clave fue tu obediencia, al margen de las circunstancias".

Jalyn prosiguió: "*Caridad*, ¿ves el trono vacante a tu izquierda, muy cerca del mío?".

"Sí, mi señor", respondió ella.

"Será tu trono. Allí te sentarás y gobernarás conmigo durante el resto de tu vida".

Caridad estaba atónita. "Señor, no soy digna de gobernar. Solo fui propietaria de un restaurante, nada más. Hay muchos más talentosos que yo. ¿Cómo podría gobernar contigo en un reino tan magnífico? *Egoísta* era un gran líder en nuestra comunidad. ¿Qué hay de él? Por favor, dame una ocupación en la que solo tenga que servirte a ti o a tu pueblo".

Jalyn respondió: "*Egoísta* está al fondo del Gran Salón y trabajará como paisajista en secciones de nuestra ciudad llamadas planicies. También servirá a los paisajistas en algunas ciudades de la periferia. Sin embargo, tú gobernarás a causa del amor que demostraste tener por mí y por mi pueblo. Tu entereza, lealtad y humildad te han asegurado este honor. ¿O no recuerdas mis palabras en los antiguos escritos? Porque *cualquiera que se enaltece, será humillado (estará por debajo de otros que son honrados o recompensados), y el que se humilla (que tiene una opinión modesta de sí mismo y se comporta acorde a ello), será enaltecido (elevado en rango)*.[14] No solo gobernarás conmigo, sino que te he preparado un hogar glorioso sobre la costa del Gran Mar, cerca de mi casa en el Centro Regio. Sé cuánto te gusta el agua y el sonido de las olas, y por lo tanto te concedo tu deseo y deleite. A todos mis siervos fieles les otorgo los deseos de sus corazones".

Caridad no sabía qué decir.

El rey continuó: "Gobernarás sobre diez distritos de la ciudad. Hay otros once gobernadores además de ti, que supervisan un total de ciento veinte distritos en la ciudad de Affabel. Trabajarás de cerca conmigo, junto con los otros setenta y siete gobernantes de nuestra ciudad, que ocupan estos tronos. Los otros gobernantes tienen autoridad sobre áreas como la educación, la producción, el entretenimiento, las artes, y otros campos. Los setenta y siete gobernantes, mi Padre y yo somos los que planificamos, diseñamos y supervisamos los eventos de la vida en Affabel. Serás parte de los consejeros en quienes más confío, además de ser vínculo de contacto entre mi pueblo y yo. No solo gobernarás conmigo en esta ciudad, sino como sucede con los otros setenta y siete, también liderarás sobre las ciudades de los reinados periféricos. Te pongo a cargo de veinte ciudades en el continente de Bengilla. Serás primera ministra de ese continente. Todo el que vive y lidera allí dará cuentas ante ti. Tú solamente darás cuentas ante mí".

Mientras *Jalyn* le decía todo esto a *Caridad*, *Modesto* estaba en el fondo del auditorio, lleno de gozo por su excompañera de clase. Sin embargo, su gozo se mezclaba con algo de remordimiento al pensar en las oportunidades que había tenido de influir en miles de vidas para el reino, sin haberlas aprovechado. Podría haber sido uno de esos privilegiados vicegobernadores que trabajaban directamente con *Jalyn*. Sentía gratitud porque le habían aceptado en el reino de Affabel, pero vio que había desperdiciado el tiempo durante su corta estancia en Endel, y que eso afectaría el resto de sus 130 años de vida.

El rey entonces le dijo al Guardia Principal: "Tráeme la corona del vencedor, y el cetro de gobierno".

Cuando se los trajeron, *Jalyn* puso la corona sobre la cabeza de *Caridad*, y exclamó: "¡Bien hecho! Eres una buena sierva. Has sido fiel con lo poco que te confié, así que como recompensa serás gobernadora de diez ciudades".[15]

Después el rey le entregó el cetro y dijo: "Ya no te llamarás *Caridad*, porque te doy un nuevo nombre. Te llamarás *Vencedora Preciada*. Porque les predije a los ciudadanos de Endel: *Al que salga* vencedor y cumpla mi voluntad hasta el fin, le daré autoridad sobre las naciones —así como yo la he recibido de mi Padre— y él las gobernará con puño de hierro".[16]

Jalyn se acercó a la mesa donde quedaba aún un último fruto. Se lo dio a *Vencedora Preciada* y dijo: "Mi querida amiga y compañera de gobierno, puedes comer del fruto del árbol de la vida".

Cuando *Vencedora Preciada* comió, sintió una gran limpieza y purificación, como lo habían sentido antes los otros al comer este fruto tan delicioso. Sus pensamientos desbordaban de amor todavía más grande, y su deseo de servir creció a una magnitud que nunca antes había experimentado. Se había lavado todo dolor y todo pensamiento oscuro de Endel. Todas las cosas habían sido hechas nuevas. Se sentía totalmente vigorizada, feliz, y llena de esperanza y fe. Alzó su mirada hacia *Jalyn* y sonrió. Entonces, sin saber muy bien por qué, rieron juntos, llenos de gozo. Era el comienzo de una relación de compañerismo para toda la vida.

Jalyn la acompañó hasta su trono y dijo: "*Vencedora Preciada*, voltéate y mira a tu familia".

Se volteó y recibió un aplauso atronador. Los asistentes danzaban con grandes sonidos gozosos. Era más de lo que habían visto en cualquier otra celebración de juicio. La atmósfera se llenó de regocijo y celebración exuberantes. *Vencedora Preciada* sonrió, radiante, y tanto amor la maravilló. Su rey le rodeó los hombros con el brazo, y con gran gozo proclamó: "Bien, sierva buena y fiel... entra en el gozo de tu señor".[17]

Así concluye nuestra historia del gran rey, sus siervos, y el reino de Affabel.

UNAS PALABRAS DE INSTRUCCIÓN Y ADVERTENCIA

En este capítulo solamente he compartido algunos destellos de lo que será el juicio de los santos. No puedo enfatizar suficientemente el que la gloria del tribunal de Cristo será mucho mayor que toda gloria descrita en esta historia. Sin embargo, esta alegoría ilustra muchas verdades reflejadas en el reino de Dios.

Los detalles de esta historia no tienen la intención de establecer la verdad, sino más bien de ampliarla y transmitirla. Cuando Jesús contaba parábolas, los oyentes veían lo que quería decir a través de las historias y no se detenían en los detalles que no tenían relevancia para las verdades que Él estaba comunicando.

Aun así, he intentado enfatizar cuidadosamente los puntos importantes de la historia que tienen relevancia para el reino eterno de Cristo. Para cuando hayas terminado de leer el libro, podrás releer la alegoría y posiblemente encontrar mayor profundidad en las enseñanzas de las Escrituras que contienen los capítulos previos, y también los posteriores.

Capítulo 9

EL CIELO

En cuanto a mí, en justicia contemplaré tu rostro; al despertar, me saciaré cuando contemple tu imagen.
—Salmos 17:15

Hablemos ahora de la muerte de los justos. Así como hay una morada temporal para el incrédulo llamada Hades, y después un lugar final llamado el lago de fuego, asimismo hay dos lugares de residencia para los creyentes que han partido. El hogar presente es conocido por la mayoría como el *cielo*, pero en las Escrituras se le llama la *Jerusalén celestial*. El hogar definitivo de los justos también se llamará Jerusalén, pero estará ubicado en la tierra. Esta es la ciudad que descenderá del cielo después del juicio final. Se llama la *Nueva Jerusalén* (ver Apocalipsis 21:2).

LA JERUSALÉN DE ARRIBA

Vosotros, en cambio, os habéis acercado al monte Sión y a la ciudad del Dios vivo, la Jerusalén celestial, y a miríadas de ángeles, a la asamblea general e iglesia de los primogénitos que están inscritos en los cielos, y a Dios, el Juez de todos, y a los espíritus de los justos hechos ya perfectos, y a Jesús, el mediador del nuevo pacto... (Hebreos 12:22-24)

La Jerusalén celestial, o "Jerusalén de arriba" (ver Gálatas 4:26), es una ciudad como la que se describe en nuestra alegoría con el nombre de Affabel. Está construida sobre un monte llamado Sión. Allí residen el Padre y el Hijo, además de millares de ángeles. La asamblea general y la iglesia de los primogénitos residen allí junto a los santos del Antiguo Testamento y a los muertos en Cristo.

Observemos que *los espíritus de los justos hechos ya perfectos* se encuentran también en esta ciudad. ¿Quiénes son estas personas, pues el escritor ya ha mencionado a los santos del Antiguo y el Nuevo Testamento que han alcanzado su recompensa?

Recuerda que, cuando nacemos de nuevo a través del Espíritu de Dios, nos convertimos en nuevas creaciones. Nuestros espíritus son hechos perfectos a semejanza de Cristo y nos hallamos en Él. En este versículo, el escritor no hace referencia a sus almas o cuerpos sino solo a sus espíritus. Personalmente creo que esto se refiere a los santos que sirven a Jesús aquí en la tierra. ¡Piénsalo! El escritor de Hebreos nos apremia: *Por tanto, acerquémonos con confianza al trono de la gracia* (Hebreos 4:16). El trono de la gracia está ubicado en medio de la ciudad de Dios, y esta invitación se nos hace a los que estamos en la tierra. ¿Podría ser que muchos de los que viven todavía en la tierra son bien conocidos en la sala del trono porque se acercan a él a menudo por medio de la oración?

Somos espíritus con almas (el alma es una combinación de nuestro intelecto, voluntad y emociones) que ahora vivimos en cuerpos físicos. Jesús dijo que la única forma en que podemos adorar realmente a Dios es en "espíritu y verdad" (Juan 4:24). Pablo insiste en esto: *Pues Dios, a quien sirvo en mi espíritu en la predicación del evangelio de su Hijo* (Romanos 1:9). Como nuestros espíritus han sido creados a imagen de Dios y hemos nacido de nuevo, ahora tenemos la capacidad, por medio de la sangre de Jesús y el poder del Espíritu Santo, de ir a la sala del trono de Dios en cualquier momento en que queramos o necesitemos adorar.

VISITAS AL CIELO

La Jerusalén de arriba está ahora situada en un lugar llamado el tercer cielo. Es un lugar real, que el apóstol Pablo visitó antes de su muerte. Escribió:

> *Paso a referirme a las visiones y revelaciones del Señor. Conozco a un seguidor de Cristo que hace catorce años fue llevado al tercer cielo (no sé si en el cuerpo o fuera del cuerpo; Dios lo sabe). Y sé que este hombre (no sé si en el cuerpo o aparte del cuerpo; Dios lo sabe) fue llevado al paraíso y escuchó cosas indecibles que a los humanos no se nos permite expresar.* (2 Corintios 12:1-4, NVI)

Los estudiosos de la Biblia concuerdan en que Pablo estaba hablando de sí mismo. De hecho, en la versión *Nueva Traducción Viviente* el versículo 2 dice: *Hace catorce años fui llevado hasta el tercer cielo*. Observemos que Pablo no sabía si estaba dentro o fuera de su cuerpo. Esto solo puede explicarse si el cielo es un lugar real, físico. Muchos piensan que es un área invisible donde las personas flotan como fantasmas. No, es un lugar físico con calles, árboles, animales, edificios, agua, etc.

Conozco a varias personas que fueron al cielo y luego regresaron, como Pablo, pero quisiera contarles una historia, mi favorita. Tengo un amigo, Greg, que es pastor. En octubre de 1979, en su primera noche de ministerio volvió a casa después de la reunión y encontró a su esposa acurrucada bajo la escalera, llorando incontrolablemente. Supo de inmediato que algo estaba muy mal. Pronto se enteró de que su hijo Justin[1] de diez años había llevado un televisor pequeño al baño para ver un partido de fútbol mientras se bañaba. Accidentalmente, empujó el televisor, cayó dentro de la bañera, y se electrocutó.

Cuando Greg encontró a su hijo Justin, ya no tenía pulso. Estaba frío y de color azulado, y con las pupilas totalmente dilatadas, lo cual indica que no hay actividad cerebral. Greg había aprendido las maniobras de primeros auxilios cuando trabajaba como ayudante del comisario en el condado de Los Ángeles, y había visto muchas muertes. Si hubiera encontrado una situación similar siendo policía, habría declarado muerta a la víctima y llamado al forense.

Pero Greg era un creyente que conocía el poder de la oración. Comenzó a orar y a tratar de revivir a su hijo con las maniobras de resucitación que había aprendido. Minutos más tarde llegaron los paramédicos, por lo que Greg les dejó el trabajo a los expertos mientras seguía orando. Se esforzaron durante cuarenta y cinco minutos intentando recuperar a Justin, pero no hubo éxito. El electrocardiograma dibujaba una línea plana y continua. Los paramédicos ahora estaban un tanto inquietos, esperando que este fanático se diera por vencido.

Greg finalmente oró: "Padre, ya no tengo más fe. La mía se ha agotado, pero sé que en tu Palabra hablas de otra fe". (Se refería al don de fe que se menciona en 1 Corintios 12:9).

Greg dijo que sintió algo como una mano sobre su cabeza. Entonces, percibió que una fuerza y autoridad muy potentes se levantaban de su espíritu, y le gritó a su hijo: "Vivirás, y no morirás, ¡en el nombre de Jesús!".

De repente, la máquina de electrocardiogramas emitió un sonido, y la pantalla mostró una línea irregular, con pulso. Los paramédicos dieron un salto de alegría. En el tiempo en que tardaron en bajar a Justin por las escaleras y meterlo a la ambulancia había pasado del color azulado al rosado, sus ojos estaban totalmente recuperados, y su cuerpo tibio.

Greg estaba muy entusiasmado. Su hijo estaba vivo, a salvo. También tenía una grandiosa historia de milagro para contarles a sus amigos lo que Dios había hecho. Lo que no sabía entonces era que la lucha por la vida de su hijo no había hecho más que comenzar.

Los médicos le dijeron que su hijo estaba en coma. Después de examinarlo, encontraron que del catéter salía tejido del riñón, lo cual significa en términos comunes que su cuerpo estaba en colapso. Le dijeron a Greg que, si su hijo vivía, sería en estado vegetativo. Y luego le informaron que su edad socialmente funcional sería la de un bebé de tres meses, con un coeficiente intelectual de 0,01.

Para no extenderme mucho con esta historia, solo contaré que después de siete meses de oración y de negarse a claudicar como familia, Justin de repente despertó del coma. Su padre estaba junto a la cama cuando eso ocurrió, y comenzó a preguntarle cosas a su hijo, una tras otra. El niño respondió a todo de forma inmediata. Justin luego se graduó de la escuela secundaria, de la Universidad de Los Ángeles, y de la escuela bíblica, con honores en todas las ocasiones. Hasta llegó a ser el presidente de la clase en su último año de escuela secundaria. Hoy está felizmente casado y tiene dos hijos.

"PAPÁ, HE ESTADO CON JESÚS"

Tres días después de que Justin saliera del hospital, Greg notó que el rostro de su hijo estaba radiante.

Le preguntó: "¿Qué pasa, Justin?".

Justin respondió: "Papá, he estado con Jesús. Cuando el televisor cayó al agua, no sentí nada. Un ángel muy grande me tomó del brazo derecho y me sacó de mi cuerpo. Volamos por un túnel, rapidísimo, como a la velocidad de la luz, y luego aterrizamos en las calles del cielo".

Justin le siguió contando a su padre que las calles no eran doradas sino de oro puro, y que se podía ver a través de ellas. En la tierra, el oro no se puede refinar tanto como en el cielo, pero en su estado más puro, el oro es transparente. Incluso en la tierra, a menudo se usaba en ventanas para darles un color dorado (piensa en las viseras de los antiguos cascos de los astronautas, en los parabrisas de algunos jets, o en las ventanas de algunos edificios).

Justin contó que las primeras personas en acudir a saludarlo en las calles del cielo eran familiares que habían muerto. Y los nombró a todos, aunque en muchos casos nunca había llegado a conocerlos ni a saber siquiera sus nombres (que su mamá y su papá reconocieron). En el grupo de bienvenida había también una señora llamada Phyllis. Era una vecina por la que la madre de Justin había orado para que recibiera a Jesús un mes antes de que Justin se electrocutara. Ella murió dos semanas después de su conversión.

Justin estaba conversando con todas esas personas cuando, de repente, oyó un sonido como de un crujido y el grupo se separó. Allí estaba Jesús.

El Señor se llevó a Justin para darle un recorrido por el cielo. Había muchas calles y edificios. Era indudablemente una ciudad grande. Las flores, la hierba y hasta las rocas tenían vida y cantaban en armonía. Justin dijo que le parecía como si estuvieran alabando a Dios. Si pisaba la hierba o una flor, no quedaba aplastada, sino que recuperaba al instante su posición anterior. Justin observó que los colores eran vibrantes, brillantes, mucho más que los de la tierra, y hasta había colores que no había visto nunca. También tuvo el privilegio de ver las mansiones de su madre, su padre, y dos de sus hermanos.

Entonces vino el impacto: Jesús le dijo a Justin que tenía que regresar a la tierra. Justin no quería irse del cielo, pero cuando Jesús lo llevó a un lugar donde corrió un velo, Justin pudo ver que su padre lo llamaba. Entonces Jesús le dijo: "Él es tu padre y tiene autoridad para llamarte de regreso".

Desde entonces, Justin le ha dicho a su padre que no vuelva a llamarlo nunca si llega a morir otra vez. Me pareció chistosa esta parte cuando Greg me la contó. Pero el cielo es mucho mejor que la tierra; tanto, que he visto que a los que llegan a vivir esa experiencia siempre les cuesta mucho trabajo regresar.

A Pablo también le costó, porque le dijo a la iglesia de Filipo: *Mi ardiente deseo sería irme (ser liberado de este mundo, ser enviado) y estar con Cristo, porque eso es muchísimo mejor* (Filipenses 1:23, AMP, traducción libre). No mejor, ni mucho mejor, sino ¡muchísimo mejor! Pablo había experimentado la ciudad de Dios y quería regresar, pero decidió quedarse por el bien del reino.

Después, Justin le dijo a su padre que cuando estaba en el cielo no tenía diez años. Tenía el cuerpo de un adulto. Muchos, incluso Justin, creen que todos tendremos treinta y tres años cuando estemos en nuestros cuerpos glorificados. Eso tiene sentido, porque esa era la edad que tenía Jesús cuando fue crucificado, pues las Escrituras dicen: *Queridos amigos, ya somos hijos de Dios, pero él todavía no nos ha mostrado lo que seremos cuando Cristo venga; pero sí sabemos que seremos como él, porque lo veremos tal como él es* (1 Juan 3:2, NTV).

Esta es solo una de las muchas historias reales que podría contar, y la historia, junto a las Escrituras, muestran la realidad del cielo. Los que sean siervos fieles de Jesús entrarán en esa ciudad al dejar esta tierra.

LA SALVACIÓN DEL ESPÍRITU, EL ALMA, Y EL CUERPO

Como ya dijimos, el espíritu de una persona se convierte en nueva creación en el momento de recibir a Jesús como su Señor. Es recreado instantáneamente a la semejanza de Jesús. Esto lo afirma el apóstol Juan cuando declara: *Pues como Él es, así somos también nosotros en este mundo* (1 Juan 4:17). Como puedes ver, Juan habla específicamente a los creyentes que están aquí en la tierra, y no a los que ya han partido hacia su recompensa. La persona que realmente nace de nuevo por obra del Espíritu de Dios es hecha perfecta en espíritu, aquí y ahora.

Una vez salvo nuestro espíritu, comienza el proceso de la salvación de nuestra alma, que como dije antes, comprende nuestra mente, voluntad y emociones. Nuestra alma es salvada o transformada por la Palabra de Dios y nuestra obediencia a ella. El apóstol Santiago lo confirma al decir: *Sabéis, mis amados hermanos [...] desechando toda inmundicia y todo resto de malicia, recibid con humildad la palabra implantada, que es poderosa para salvar vuestras almas. Sed hacedores de la palabra y no solamente oidores que se engañan a sí mismos* (Santiago 1:19, 21-22). Es importante observar que Santiago les habla a *hermanos* con respecto a la salvación de sus almas, y no a incrédulos. Él enfatiza ambas cosas, escuchar y obedecer la Palabra de Dios.

El alma es la única parte del hombre en la cual ayudamos a determinar el paso de la salvación.

Cooperamos al oír y obedecer la Palabra de Dios, lo cual a su vez acelera el proceso o, por el contrario, puede hacerlo más lento al menospreciar lo que Dios ha dicho. La transformación de nuestra alma es esencial para terminar bien como creyentes.

Y, por fin, hay una última parte de nosotros que tiene que ser salvada: nuestro cuerpo. Lee con detenimiento lo que escribe Pablo sobre este asunto:

Pues sabemos que, cuando se desarme esta carpa terrenal en la cual vivimos (es decir, cuando muramos y dejemos este cuerpo terrenal), tendremos una casa en el cielo, un cuerpo eterno hecho para nosotros por Dios mismo y no por manos humanas. Nos fatigamos en nuestro cuerpo actual y anhelamos ponernos nuestro cuerpo celestial como si fuera ropa nueva. Pues nos vestiremos con un cuerpo celestial; no seremos espíritus sin cuerpo. Mientras vivimos en este cuerpo terrenal, gemimos y suspiramos, pero no es que queramos morir y deshacernos de este cuerpo que nos viste. Más bien, queremos ponernos nuestro cuerpo nuevo para que este cuerpo que muere sea consumido por la vida. Dios mismo nos ha preparado para esto, y como garantía nos ha dado su Espíritu Santo. Así que siempre vivimos en plena confianza, aunque sabemos que mientras vivamos en este cuerpo no estamos en el hogar celestial con el Señor. Pues vivimos por lo que creemos y no por lo que vemos. Sí, estamos plenamente

confiados, y preferiríamos estar fuera de este cuerpo terrenal porque entonces estaríamos en el hogar celestial con el Señor.
(2 Corintios 5:1-8, NTV)

Leer estas palabras nos da una gran esperanza y purifica nuestra alma. Observa que Pablo no solo menciona, sino que insiste también en el hecho de que tendremos cuerpos eternos. En otra parte declara: *Porque lo corruptible tiene que revestirse de lo incorruptible, y lo mortal, de inmortalidad* (1 Corintios 15:53, NVI). Nuestros cuerpos no serán diferentes al de Jesús, porque las Escrituras dicen: *Ciertamente lo seremos también en la semejanza de su resurrección* (Romanos 6:5). Y: *Amados, ahora somos hijos de Dios y aún no se ha manifestado lo que habremos de ser. Pero sabemos que cuando Él se manifieste, seremos semejantes a Él* (1 Juan 3:2).

Pensemos en el cuerpo de Jesús después de su resurrección. Cualquier característica que tenía su cuerpo físico, nosotros también la tendremos cuando experimentemos la salvación de nuestro cuerpo.

Comencemos con lo que sucedió en el sepulcro la mañana en que Él resucitó. María Magdalena fue la primera en descubrir la tumba vacía y lloró, pensando que alguien había robado el cuerpo del Señor.

(...) se volvió y vio a Jesús que estaba allí, pero no sabía que era Jesús. Jesús le dijo: Mujer, ¿por qué lloras? ¿A quién buscas? Ella, pensando que era el hortelano, le dijo: Señor, si tú le has llevado, dime dónde le has puesto, y yo me lo llevaré. (Juan 20:14-15)

La apariencia de Jesús no era diferente a la de cualquier hombre normal. No parecía un extraterrestre, como los que vemos en las películas de ciencia ficción. María lo confundió con el hortelano. No lo reconoció porque no se atrevía a creer que estaba vivo. Lo había visto brutalmente asesinado, llevado y sepultado, y no fue sino hasta que Jesús le habló personalmente que pudo creer que verdaderamente era Él.

Por eso lo confundió con el hortelano. Por lo tanto, Él tenía un cuerpo muy similar al que nosotros tenemos.

El cuerpo de Jesús no parecía distinto al de cualquier hombre normal, pero tenemos que preguntarnos: ¿estaba María viendo una visión de su espíritu, o en realidad era de carne y hueso? Esta pregunta recibe clara respuesta en una historia posterior en la que Jesús se les apareció a los discípulos. Les dijo: ¿Por qué estáis turbados, y por qué surgen dudas en vuestro corazón? Mirad mis manos y mis pies, que soy yo mismo; palpadme y ved, porque un espíritu no tiene *carne ni huesos como veis que yo tengo* (Lucas 24:38-39).

¡Jesús tenía carne y huesos! Así que nosotros también los tendremos. Pero observemos que Jesús no dice nada sobre la sangre. Es porque su sangre fue rociada sobre el propiciatorio de Dios, y ahora lo que fluye por sus venas es, creo yo, la gloriosa vida de Dios.

Jesús también fue capaz de comer comida física, ya que leemos: *Como ellos todavía no lo creían a causa de la alegría y que estaban asombrados, les dijo: ¿Tenéis aquí algo de comer? Entonces ellos le presentaron parte de un pescado asado. Y Él lo tomó y comió delante de ellos* (Lucas 24:41-43).

No fue la única vez que comió en presencia de sus discípulos. Están registradas dos ocasiones más. Una, en casa de unos hombres con los que Jesús se encontró de camino a Emaús, y la otra cuando les preparó el desayuno a sus once discípulos junto al mar. Por eso sabemos que podremos comer cuando tengamos nuestros cuerpos eternos.

Con su cuerpo glorificado, Jesús podía hablar, cantar, caminar, asir objetos, y hacer todo lo demás como un hombre normal, ¡pero además podía atravesar paredes y desaparecer al instante!

Te preguntarás: "¿Cómo podía atravesar paredes y desaparecer, siendo de carne y hueso?". Oh sí, mira lo que dijo Juan: *Ese domingo, al atardecer, los discípulos estaban reunidos con las puertas bien cerradas porque tenían miedo de los líderes judíos. De pronto, ¡Jesús estaba de pie en medio de ellos!* (Juan 20:19, NTV).

En este encuentro con los suyos, Jesús le dijo a Tomás que metiera sus dedos en las heridas de sus manos, y la mano en su costado. Así que volvemos a ver, indudablemente, que tenía carne y huesos. ¿Cómo fue que Jesús se apareció de repente entre ellos, si las puertas estaban cerradas? Pasó por las paredes y simplemente apareció; y del mismo modo podía desaparecer, algo que también está registrado. Después de partir el pan para los hombres con los que se encontró camino a Emaús, se nos dice: *Entonces les fueron abiertos los ojos y le reconocieron; pero Él desapareció de la presencia de ellos* (Lucas 24:31).

Nosotros también tendremos la capacidad de desaparecer y volver a aparecer en otro lugar en nuestros cuerpos resucitados. Esto explica por qué o cómo podremos viajar largas distancias en el nuevo cielo y la nueva tierra. Lo tendremos que hacer porque la ciudad de Dios tiene una extensión de 2250 kilómetros de largo y de ancho, ya no digamos la distancia que hay que recorrer para viajar a otras galaxias. Podremos también desplazarnos por el aire; recuerda que Jesús ascendió a los cielos después de haber interactuado por cuarenta días con sus discípulos. Una de las cosas que Justin le dijo a su padre (igual que dijeron también otros conocidos míos que estuvieron en el cielo) es que uno puede caminar, flotar o transportarse de inmediato a otro sitio. Hubo partes de su paseo que Justin realizó caminando, y en otros momentos se sostuvo en el aire y flotó hasta diferentes lugares.

EL REINADO MILENIAL DE CRISTO

Tenemos que dirigir nuestra atención al traslado de la ciudad de Dios, pero antes hablemos de los eventos que sucederán primero. Cuando acabe la era de la iglesia, habrá siete años de tribulación. El hombre inicuo, el anticristo, será revelado y engañará a muchos. Se opondrá y se exaltará por encima de todo lo que sea llamado Dios, o adorado como tal. Perseguirá a los santos y liderará a muchas naciones hacia la gran oscuridad, en rebelión contra Dios.

Durante este periodo de tiempo, el Señor regresará a buscar a sus santos. Algunos creen que esto sucederá antes de que comiencen los siete años, otros creen que será a la mitad, y aún otros más piensan que será al final de los siete años. No voy a hablar de eso en este libro. Sin embargo, lo importante aquí es si estamos o no preparados.

Pablo habla de este "arrebatamiento" de la iglesia algunas veces en el Nuevo Testamento. Uno de esos pasajes dice:

Pues el Señor mismo descenderá del cielo con voz de mando, con voz de arcángel y con la trompeta de Dios, y los muertos en Cristo se levantarán primero. Entonces nosotros, los que estemos vivos y que permanezcamos, seremos arrebatados juntamente con ellos en las nubes al encuentro del Señor en el aire, y así estaremos con el Señor siempre. (1 Tesalonicenses 4:16-17)

Esta no es la segunda venida de Cristo, porque Jesús no vendrá a la tierra, sino que se encontrará con sus fieles en las nubes. La segunda venida ocurre cuando terminan los siete años de tribulación, y Jesús regresa en un caballo blanco y liderando a los ejércitos del cielo. Habrá una multitud de sus santos entre ellos (ver Judas 14).

El anticristo, el falso profeta, los líderes del mundo, y los ejércitos de las naciones se reunirán para pelear contra el Señor y su ejército. Jesús los derrotará con su espada en un único día de batalla, y las aves del aire consumirán su carne A esta batalla se le conoce comúnmente como Armagedón porque ocurrirá en un lugar del valle del Meguido, que va desde el monte Carmelo al sudeste hasta Jerusalén (ver Apocalipsis 16:16; 19:11-21).

Habrá multitudes de personas en todo el mundo que no se rebelaron contra el Señor en esta batalla ni tampoco dieron su lealtad al anticristo. Muchos teólogos creen que estas personas sobrevivirán y vivirán en la era siguiente, llamada comúnmente el reino milenial de Cristo. Permanecerán en sus naciones y estarán sujetas al gobierno global de Cristo. Tendrán cuerpos naturales y seguirán poblando la tierra.

Por lo tanto, en esencia, habrá dos tipos de personas que habitarán la tierra después de los siete años de tribulación: los que sobrevivieron a la batalla del Armagedón, y los santos que regresen con Jesús. Los santos tendrán cuerpos glorificados a semejanza del Rey Jesús, y serán quienes gobernarán con Él sobre la tierra. No es difícil entender la relación entre estos dos grupos, porque no será distinta a la interacción de Jesús con sus seguidores después de su resurrección. Los santos glorificados podrán hablar, caminar, comer y socializar con quienes tengan cuerpos naturales.

Las Escrituras muestran que durante este tiempo habrá una paz global (de hecho, paz universal), porque Satanás y sus huestes estarán atados durante mil años. No habrá guerras, prejuicios, odio, vergüenza, crimen, enfermedad, y otras cosas por el cambio que darán todas las naciones hacia Dios. El profeta Miqueas dice:

> *En los últimos días, el monte de la casa del Señor será el más alto de todos, el lugar más importante de la tierra. Se levantará por encima de las demás colinas y gente del mundo entero acudirá allí para adorar. Vendrá gente de muchas naciones y dirá: "Vengan, subamos al monte del Señor, a la casa del Dios de Jacob. Allí él nos enseñará sus caminos y andaremos en sus sendas". Pues la enseñanza del Señor saldrá de Sion, y su palabra, de Jerusalén. El Señor mediará entre los pueblos y resolverá conflictos entre naciones poderosas y lejanas. Ellos forjarán sus espadas para convertirlas en rejas de arado y sus lanzas en podaderas. No peleará más nación contra nación, ni seguirán entrenándose para la guerra. Todos vivirán en paz y prosperidad; disfrutarán de sus propias vides e higueras porque no habrá nada que temer. ¡El Señor de los Ejércitos Celestiales ha hecho esta promesa!* (Miqueas 4:1-4, NTV)

Habrá prosperidad global y un sistema financiero seguro, porque las naciones obedecerán las leyes de Dios. ¡Será una época maravillosa!

EL JUICIO DEL GRAN TRONO BLANCO

Después de estos mil años, Satanás será liberado de su prisión durante un corto tiempo. Se le dará permiso para salir y engañar a las naciones. Esto no incluirá a los santos en sus cuerpos glorificados, sino solamente a los que tienen cuerpos naturales y que han sobrevivido al Armagedón, y a quienes nacieron durante el milenio.

Los rebeldes se reunirán y rodearán la ciudad de Jerusalén para hacer la guerra, y entonces el fuego de Dios descenderá del cielo y los devorará. El diablo será echado en el "lago de fuego y azufre" y atormentado día y noche por los siglos de los siglos. Jamás volverá a ser liberado (ver Apocalipsis 20:7-10).

Inmediatamente después se producirá el juicio del gran trono blanco. El Hades entregará a los muertos de todas las generaciones, desde los días de Adán hasta esta batalla final. Todos los seres humanos que no entraron en el pacto de Jehová en los tiempos del Antiguo Testamento, o que no se sometieron al señorío de Jesús a partir de Él, tendrán que presentarse ante el Rey y rendir cuentas, tal y como vimos en el juicio de *Independiente, Engañado, Corazón Flojo* y *Doble Vida*. Todos aquellos cuyos nombres no estén escritos en el libro de la vida serán echados al lago de fuego con Satanás y sus huestes por siempre.

EL CIELO NUEVO Y LA TIERRA NUEVA

Cuando los cielos y la tierra que ahora existen sean purgados por el fuego (ver 2 Pedro 3:10-13), emergerán el cielo nuevo y la tierra nueva. El apóstol Juan escribe: *Y vi un cielo nuevo y una tierra nueva, porque el primer cielo y la primera tierra pasaron* (Apocalipsis 21:1).

El apóstol Juan describió después el descenso de la Nueva Jerusalén desde arriba, para ser establecida eternamente sobre la tierra. Se hace referencia a ella como la esposa o novia del Cordero, porque será el hogar de todos los rescatados del Señor, desde Adán hasta los que fueron recibidos en gloria en la segunda venida de Cristo. Juan nos da una descripción general de esta Nueva Jerusalén:

> *Así que me llevó en el Espíritu a una montaña grande y alta, y me mostró la ciudad santa, Jerusalén, que descendía del cielo, desde la presencia de Dios. Resplandecía de la gloria de Dios y brillaba como una piedra preciosa, como un jaspe tan transparente como el cristal. La muralla de la ciudad era alta y ancha, y tenía doce puertas vigiladas por doce ángeles [...]. Había tres puertas a cada lado: al oriente, al norte, al sur y al occidente... El ángel que hablaba conmigo tenía en la mano una vara de oro para medir la ciudad, sus puertas y su muralla. Cuando la midió se dio cuenta de que era cuadrada, que medía lo mismo de ancho que de largo. En realidad, medía 2220 kilómetros de largo, lo mismo de alto y lo mismo de ancho. Después midió el grosor de las murallas, que eran de sesenta y cinco metros (según la medida humana que el ángel usó). La muralla estaba hecha de jaspe, y la ciudad era de oro puro y tan cristalino como el vidrio. La muralla de la ciudad estaba fundada sobre doce piedras, cada una adornada con una piedra preciosa [...]. Las doce puertas estaban hechas de perlas, ¡cada puerta hecha de una sola perla! Y la calle principal era de oro puro y tan cristalino como el vidrio.*
>
> (Apocalipsis 21:10-21, NTV)

La ciudad es tan bonita que quita el aliento. Es tan maravillosa que no hay ciudad en la tierra que se le pueda comparar. De ella emanará opulencia, brillo, y esplendor. No habrá corrupción alguna porque es absolutamente pura.

Juan sigue con su descripción:

> Luego el ángel me mostró un río con el agua de la vida, era transparente como el cristal y fluía del trono de Dios y del Cordero. Fluía por el centro de la calle principal. A cada lado del río crecía el árbol de la vida, el cual produce doce cosechas de fruto, y una cosecha nueva cada mes. Las hojas se usaban como medicina para sanar a las naciones. Ya no habrá más maldición sobre ninguna cosa, porque allí estará el trono de Dios y del Cordero, y sus siervos lo adorarán. Verán su rostro y tendrán su nombre escrito en la frente. Allí no existirá la noche —no habrá necesidad de la luz de lámparas ni del sol— porque el Señor Dios brillará sobre ellos. Y ellos reinarán por siempre y para siempre.
> (Apocalipsis 22:1-5, NTV)

Observemos que las Escrituras revelan claramente que veremos el rostro de Dios. Lo que Moisés tanto anheló y le fue negado, nosotros lo veremos. ¡Qué maravilla! ¡Qué emocionante!

Observemos también que las hojas del árbol de la vida traerán sanidad a *las naciones*. Esto despierta algunos interrogantes ¿Quién habitará en esas naciones, si los santos estarán viviendo en la ciudad? ¿A quiénes gobernarán los santos por los siglos de los siglos? ¿Habrá personas, nacidas naturalmente, viviendo también en esta época? Isaías responde a eso:

> ¡Miren! Estoy creando cielos nuevos y una tierra nueva, y nadie volverá siquiera a pensar en los anteriores. Alégrense; regocíjense para siempre en mi creación. ¡Y miren! Yo crearé una Jerusalén que será un lugar de felicidad, y su pueblo [los santos redimidos] será fuente de alegría. Me gozaré por Jerusalén y me deleitaré en mi pueblo. Y el sonido de los llantos y los lamentos jamás se oirá en ella.
> (Isaías 65:17-19, NTV)

Ahora Isaías se dispone a hablar a la gente de fuera de la Nueva Jerusalén:

Los bebés ya no morirán a los pocos días de haber nacido, ni los adultos morirán antes de haber tenido una vida plena. Nunca más se considerará anciano a alguien que tenga cien años; solamente los malditos morirán tan jóvenes. En esos días, la gente habitará en las casas que construya y comerá del fruto de sus propios viñedos. A diferencia del pasado, los invasores no les quitarán sus casas ni les confiscarán sus viñedos. Pues mi pueblo vivirá tantos años como los árboles, y mis escogidos tendrán tiempo para disfrutar de lo adquirido con su arduo trabajo. No trabajarán en vano, y sus hijos no estarán condenados a la desgracia, porque son un pueblo bendecido por el Señor, y sus hijos también serán bendecidos. Les responderé antes que me llamen. Cuando aún estén hablando de lo que necesiten, ¡me adelantaré y responderé a sus oraciones! El lobo y el cordero comerán juntos. El león comerá heno, como el buey; pero las serpientes comerán polvo. En esos días, nadie será herido ni destruido en mi monte santo. ¡Yo, el Señor, ¡he hablado! (Isaías 65:20-25, NTV)

Muchos aplican incorrectamente este pasaje de las Escrituras al reino milenial de Cristo. Sin embargo, habla con toda claridad de la era en que ya están presentes el *cielo nuevo* y la tierra nueva. Al examinar los escritos del apóstol Juan y de Isaías, vemos que hay personas que viven fuera de la ciudad de Dios en este periodo. Edifican sus hogares en un tiempo eterno de paz y prosperidad universal. No pueden ser los santos que residen en la ciudad santa, porque ellos ya deben tener mansiones que les preparó Jesús mismo (ver Juan 14:2-4).

Observemos también que habrá niños que les han nacido a estas personas. Esto tampoco podría referirse a los santos glorificados, porque Jesús dejó claro que los que tienen cuerpos glorificados no tendrán bebés porque no se casarán. Jesús dijo: *Porque en la resurrección, ni se casan ni son dados en matrimonio, sino que son como los ángeles de Dios en el cielo* (Mateo 22:30). Este fue otro de los hechos que confirmó Justin en su paseo por el cielo.

Estas naciones habitarán la nueva tierra, enriqueciéndola al sembrar, cosechar y construir. Se multiplicarán y llenarán la tierra sin impedimento, como lo habrían hecho Adán y su simiente si él no hubiera caído.

¿Cómo podemos explicar lógicamente esto? Una posibilidad que podría argumentarse es que las Escrituras nos muestran que, cuando comience el milenio, la vida humana natural se extenderá porque nuestro enemigo final, la muerte, habrá sido derrotado y destruido (ver 1 Corintios 15:26). Jesús habrá destruido la maldición de la muerte, tanto física como espiritual. Por eso, la humanidad podría potencialmente vivir durante este periodo de mil años.

Al finalizar el milenio, podría ser que a los que tienen cuerpos naturales se les conceda este don de vivir para siempre si no se rebelaron contra Dios cuando Satanás fue liberado durante un breve periodo. El salmista escribe: *Traeré honra a tu nombre en todas las generaciones; por eso, las naciones te alabarán por siempre y para siempre* (Salmos 45:17, NTV). Una forma de entender esta posibilidad es viendo a esta gente como eran Adán y Eva antes de la caída. Adán no fue creado para la muerte, sino para vivir para siempre. El don se perdió por su desobediencia. Él trajo la maldición de la muerte y la corrupción a su raza.

Solamente los redimidos de Cristo, con cuerpos glorificados, residirán en la Nueva Jerusalén. Sin embargo, parecería en base a las Escrituras que quienes tienen cuerpos naturales podrán pasar por ella, tornar de su fruto, y adorar al Señor. Como dice lo escrito por Juan:

> *Las naciones caminarán a la luz de la ciudad, y los reyes del mundo entrarán en ella con toda su gloria. Las puertas nunca se cerrarán al terminar el día porque allí no existe la noche. Todas las naciones llevarán su gloria y honor a la ciudad.*
>
> (Apocalipsis 21:24-26, NTV)

En el comienzo, el hombre cayó ante la tentación del pecado. El castigo fue la muerte, tanto física como espiritual, cuyo resultado es la muerte eterna. Pero la caída no impidió que Dios siguiera adelante con su *plan eterno* original para el hombre en la tierra.

¿Puede Dios sufrir finalmente el fracaso de su diseño a causa de la desobediencia del hombre? No. En cambio, Dios convierte la derrota del hombre en bendición mediante la redención de Cristo al reunir de la humanidad caída *un pueblo celestial glorificado*, que al final *reinará* sobre la humanidad en la tierra nueva. Esto nos ayuda a entender las palabras de Jesús en la historia del siervo fiel: *Bien hecho, buen siervo, puesto que has sido fiel en lo muy poco, ten autoridad sobre diez ciudades* (Lucas 19:17). ¿Podrían estas ciudades ser las del milenio y la era eterna de la tierra nueva?

Si no hubiera sucedido la caída, Dios no habría tenido una clase de personas glorificadas para ayudarlo a administrar y gobernar sobre los asuntos de la tierra y el universo por los siglos de los siglos. En su eterna sabiduría lo previó, y por esta razón se le llama a Jesús "Cordero que fue inmolado desde la fundación del mundo" (Apocalipsis 13:8).

Una vez iniciado el milenio, y en la era eterna de la tierra nueva, se cumplirá el propósito original de Dios de poblar esta tierra con el hombre natural que vivirá para siempre. Las palabras de Jesús se cumplirán por completo: *Venga tu reino. Hágase tu voluntad, así en la tierra como en el cielo* (Mateo 6:10). La tierra será igual que lo que Justin vio en el cielo: hermosos colores nuevos, plantas y rocas vivientes que cantan alabanzas a Dios, arquitectura perfecta, agua viva, etc. ¡Un mundo verdaderamente perfecto!

Isaías concluye su libro profético diciendo lo siguiente de la era de la tierra nueva:

> *Tan cierto como que mis cielos nuevos y mi tierra nueva permanecerán, así también ustedes serán mi pueblo para siempre, con un nombre que nunca desaparecerá —dice el Señor—. Toda la*

humanidad vendrá a adorarme semana tras semana y mes tras mes. Y cuando salgan, verán los cadáveres de los que se han rebelado contra mí. Los gusanos que los devoran nunca morirán, y el fuego que los quema nunca se apagará. Todos los que pasen por allí se llenarán de horror absoluto. (Isaías 66:22-24, NTV)

Pensar en ello es bastante aleccionador, pero a lo largo de toda la eternidad podremos ir a un lugar fuera de la ciudad y ver el horrible destino de Satanás, sus ángeles, y los seres humanos que se rebelaron contra el Señor. Tal vez sea por la sabiduría de Dios que siempre se mantendrá ante toda criatura la terrible consecuencia del pecado y la rebeldía. Piénsalo: Satanás cayó en rebelión sin ser tentado, y si Dios mantiene eso a la vista de toda su creación por toda la eternidad, será un fuerte factor de disuasión para que nadie caiga en el terrible pecado en que cayeron Lucifer y sus ángeles.

Como vimos antes, los santos glorificados vivirán en la ciudad de Dios, la Nueva Jerusalén. Recibirán sus recompensas y puestos eternos de servicio al Rey eterno antes del milenio ante el tribunal de Cristo, lo cual exploraremos con mayor detenimiento en el capítulo siguiente.

Capítulo 10

EL TRIBUNAL DE CRISTO

Pero tú, ¿por qué juzgas a tu hermano?
O también, tú, ¿por qué menosprecias a tu hermano?
Porque todos compareceremos ante el tribunal de Dios...
De modo que cada uno de nosotros dará
a Dios cuenta de sí mismo.
—Romanos 14:10, 12

"Todos compareceremos ante el tribunal de Dios". ¿A quién se está refiriendo Pablo, a creyentes o a no creyentes? Al examinar este pasaje en su contexto, no hay lugar a dudas de que está hablando a los creyentes. Pablo enfatiza la gravedad del hecho de juzgar a un hermano o menospreciarlo, diciendo que quienes lo hagan tendrán que dar cuentas.

Por eso, no solo los incrédulos estarán ante Dios en el juicio, como vimos en los capítulos anteriores, sino que también todos los cristianos tendrán que comparecer ante el trono de Dios para dar cuentas de sus vidas aquí en la tierra, Esto luego vuelve a recalcarse en la carta de Pablo a los cristianos de Corinto que vimos en el capítulo anterior:

Sí, estamos plenamente confiados, y preferiríamos estar fuera de este cuerpo terrenal porque entonces estaríamos en el hogar celestial con el Señor. Así que, ya sea que estemos aquí en este cuerpo o ausentes de este cuerpo, nuestro objetivo es agradarlo a él. Pues todos tendremos que estar delante de Cristo para ser juzgados. Cada uno de nosotros recibirá lo que merezca por lo bueno o lo malo que haya hecho mientras estaba en este cuerpo terrenal. Dado que entendemos nuestra temible responsabilidad ante el Señor, trabajamos con esmero para persuadir a otros.

(2 Corintios 5:8-11, NTV)

Otra vez es evidente que Pablo no está hablando del juicio de los pecadores, sino de los cristianos. Su declaración: *Preferiríamos estar fuera de este cuerpo terrenal porque entonces estaríamos en el hogar celestial con el Señor* no deja lugar a dudas sobre a quién se está refiriendo. Ningún no creyente irá a casa con el Señor cuando deje su cuerpo. Será transportado de inmediato al Hades, y su hogar eterno es el lago de fuego.

Como vimos antes, los que no siguen a Dios irán al juicio llamado del gran trono blanco, y esto ocurre mucho después del juicio a los creyentes al que hace referencia el pasaje de arriba.

Vamos a repasar brevemente lo que vimos en el capítulo anterior. Jesús volverá a esta tierra con los ejércitos del cielo, conquistará al anticristo, echará a Satanás a la prisión, y luego establecerá su gobierno en Jerusalén durante mil años. Después, Satanás será liberado del abismo y se le permitirá engañar a las naciones durante un corto tiempo. El fuego del cielo consumirá a los rebeldes y el diablo será echado en el lago de fuego para toda la eternidad. Entonces, todos los impíos y los incrédulos serán levantados del Hades para ir ante el gran trono blanco. Jesús se refiere a esto como la resurrección de condenación (ver Juan 5:29). Todos aquellos cuyos nombres no estén escritos en el libro de la vida serán echados al lago de fuego.

Por otra parte, el juicio a los creyentes ocurre mucho antes del juicio del gran trono blanco. El momento no está claro en las Escrituras, pero sabemos que ocurrirá en algún momento entre el arrebatamiento de la iglesia en las nubes y el comienzo del reinado milenial de Cristo. Así que habrá unos mil años entre un juicio y otro. (Este es uno de los puntos que nuestra alegoría de Affabel no refleja).

Haciéndose eco de las palabras de Romanos, 2 Corintios 5:10 dice: *Porque todos nosotros debemos comparecer ante el tribunal de Cristo*. Tanto en Romanos 14 como en 2 Corintios 5 la palabra traducida como *tribunal* proviene de una sola palabra griega: *bema*. La *Concordancia Strong* define esta palabra como "un escalón, escaño, podio [plataforma elevada], por ejemplo, un tribunal [corte de justicia]".[1] El *Comentario UBS* en inglés indica: "El trono de juicio era el asiento del juez en los tribunales urbanos del imperio romano. Pablo utiliza esta imagen para referirse a la actividad de Cristo como juez".[2] Basándonos en esto, nos referiremos al juicio del creyente como el *tribunal de Cristo*.

El tribunal de Cristo es literalmente el tribunal divino de Dios. Las Escrituras declaran que el Padre ha delegado todo juicio en el Hijo (ver Juan 5:22). Jesucristo no es solamente nuestro Salvador, sino también nuestro Juez, y pronto juzgará a los suyos. La forma más sencilla de definir la palabra original para juicio aquí es decir que será una decisión resultante de una investigación: *a favor* o *en contra*.

Hay muchas personas en la iglesia que parecen no ser conscientes de que rendirán cuentas de lo que hayan hecho durante su corta estancia en la tierra. Muchos tienen la idea errónea de que su salvación ha eliminado el juicio futuro. Sin duda que la sangre de Jesús nos limpia de los pecados que nos habrían impedido entrar en el reino, pero esto no implica que estemos exentos del juicio donde se evaluará cómo nos condujimos como creyentes, para bien o para mal.

DECISIONES ETERNAS

Las sentencias o decisiones que se dicten sobre nosotros en el tribunal de Cristo serán *eternas*: durarán para siempre, y no se alterarán ni cambiarán.

Detente un momento y piensa en lo que vimos en el primer capítulo, cuando intentamos entender la eternidad con nuestras mentes.

Santiago dice que nuestra vida temporal en la tierra es como la neblina que se desvanece (ver Santiago 4:14). Esta es una manera figurada de comparar una vida de unos ochenta o cien años con la eternidad. Si Santiago hubiera tenido los conocimientos matemáticos que tenemos en la actualidad, podría haber sido más exacto en su descripción. Al estudiar matemáticas en la universidad, aprendí pronto que todo lo que se divide por infinito es igual a cero.

$$80 \text{ años} \div \text{infinito (eternidad)} = 0$$
$$\text{o}$$
$$100 \text{ años} \div \text{infinito (eternidad)} = 0$$

Cualquier número finito dividido o comparado con infinito es igual a cero. No importa cuántos años vivas aquí en la tierra. Aunque llegaras a cumplir 150 años, nuestra vida en la tierra es cero comparada con la eternidad. Esto significa que, como creyentes en Jesucristo, todo lo que hagamos aquí en esta ventana de tiempo equivalente a cero determinará *cómo* pasaremos la eternidad. Recuerda que *dónde* pasaremos la eternidad estará determinado por lo que hagamos con la cruz de Jesús y su gracia salvadora, pero *cómo* viviremos por toda la eternidad en su reino estará determinado por el modo en que vivamos aquí como creyentes.

¿Recuerdas que, en nuestra alegoría, Egoísta y los otros que estaban en el fondo del Gran Salón lamentaban haber desperdiciado su corto tiempo en Endel? Buena parte de sus cinco años en Endel la habían utilizado para su propio beneficio y para la satisfacción de sus deseos en lugar de entregarse por entero a la voluntad de *Jalyn*. Ellos pasarían el resto de sus vidas viviendo muy por debajo de su potencial, porque cada uno había tenido la oportunidad de trabajar y vivir cerca de *Jalyn*, y hasta reinar junto con él en la ciudad. Pueden haber disfrutado o no del breve periodo que siguió a su graduación de la escuela. De todos modos, su futuro ahora ya estaba dictado. Durante los siguientes 130 años su estilo de vida sería el resultado directo de cómo vivieron esos cortos cinco años. Piénsalo: 130 años comparados con 5 años. Es mucho tiempo. Hay poca gente que viva tanto en esta tierra. Si solamente *Egoísta* y los demás hubieran pensado en esto antes de que se les terminara el tiempo en Endel, probablemente habrían vivido de manera distinta.

Y aunque la lección de esta alegoría nos hace reflexionar, no se compara siquiera con lo que estamos tratando aquí. Así que probemos con otro escenario. Imagínate que se te concede un día, y que la forma en que uses ese periodo de veinticuatro horas determinará cómo pases los siguientes mil años. Intenta imaginarte lo que son mil años. Podría comenzar antes del nacimiento de los Estados Unidos de Norteamérica, antes de que Cristóbal Colón zarpara para descubrir un nuevo mundo, e incluso antes de la conquista de Inglaterra por los normandos.

Mil años es mucho tiempo; sin embargo, las recompensas que recibas, la posición que vayas a tener, el lugar en el que vayas a vivir, las vistas que vayas a tener desde tu casa, y todo lo demás durante mil años quedará determinado por la forma en que vivas ese único día.

¿Piensas que harías tu mejor esfuerzo? ¿Cómo vivirías? ¿Vivirías de manera distinta a como vives ahora? ¿Cambiarían tus prioridades? ¿Obedecer al Maestro sería tu máxima prioridad? ¿Leerías sus palabras con más cuidado e intentarías obedecerlas con más diligencia? ¿Buscarías influir en otras personas para el reino? ¿Tratarías de modo distinto a la gente? La lista de los posibles cambios en el estilo de vida es interminable. Sin embargo, todo esto no es nada en comparación con lo que estamos hablando aquí, porque un día dividido entre 365 000 días (el equivalente a mil años) sigue siendo un número finito, y no cero.

Vayamos más lejos. Supongamos que el modo en que vivas ese único día determinará cómo vivirás el siguiente millón de años: tus posesiones, tu trabajo, las personas con las que trabajes, el tipo de casa en el que vivas, tu vecindario, el automóvil que conduzcas, etc. Intenta imaginar esta cantidad de años. No tenemos punto de referencia, porque la humanidad ha estado sobre la tierra aproximadamente durante seis mil años. Por lo tanto, esto sería 150 veces más que la historia de la humanidad sobre esta tierra. En sí mismo es casi imposible imaginarlo, pero no es nada en comparación con lo que estamos hablando ahora, porque un día dividido entre 365 000 000 días (el equivalente a un millón de años) sigue siendo un número finito, no cero. Así que no hay diferencia, aunque hablara de mil millones de años o un billón de años, porque seguiríamos obteniendo un número finito de años cuando lo comparáramos con un solo día.

No importa entonces cuánto tiempo vivas en esta tierra, pues nuestro tiempo aquí comparado con la eternidad es cero. ¿Sería esta la razón por la que el apóstol Pablo nos dice con urgencia que vivamos de manera tal que recibamos nuestra máxima recompensa? En su carta a los Corintios nos dice que quien compite en una carrera lo hace para ganar, y luego nos dice a todos:

> ¡Así que corran para ganar! Todos los atletas se entrenan con disciplina. Lo hacen para ganar un premio que se desvanecerá, pero nosotros lo hacemos por un premio eterno. Por eso yo corro cada paso con propósito. No solo doy golpes al aire. Disciplino mi cuerpo como lo hace un atleta, lo entreno para que haga lo que debe hacer. (1 Corintios 9:24-27, NTV)

Según Pablo, vivimos esta vida con un propósito: recibir un premio eterno que no se desvanecerá. En esta vida tenemos que correr para ganar, y para ganar debemos desarrollar una tenaz disciplina y autocontrol y vivir con una mentalidad enfocada.

Yo he sido deportista durante años. Cuando jugaba al tenis, en el circuito de la asociación de tenis de los Estados Unidos, en la copa Davis junior y en la primera división de la NCAA, entrenaba mucho. Estaba en las pistas unas seis horas al día, entrenando cientos de veces los golpes específicos con mi entrenador y otros compañeros. Leía libros sobre la fortaleza mental en la pista. Hacía entrenamiento físico fuera de la pista en el gimnasio, corriendo, saltando a la comba, haciendo malabarismos para desarrollar la coordinación entre el ojo y la mano, y la lista sería casi interminable. Estaba tan enfocado y tan lleno de propósito, que mi madre me amenazaba con llevar mi cama a la pista de tenis de nuestro vecindario. Me alejaba de cualquier actividad o de cualquier otro deporte que perjudicara mi progreso. ¿Por qué lo hacía? Para ganar. Para ser un campeón. Para ser el mejor. Y para recibir las recompensas de ser el mejor.

Hay una ligera diferencia en el reino. No estamos compitiendo contra otros, sino solo contra nosotros mismos, y nuestra meta debe ser agradar a Jesús en todo lo que hagamos (ver 2 Corintios 5:9). Cuando leemos las Escrituras cuidadosamente, nos damos cuenta de lo que desea nuestro Señor con respecto a cómo tratamos a los demás, lo que buscamos, a qué le dedicamos nuestro tiempo, a quién influenciamos para la eternidad, cómo damos para su reino y a los demás, si perdonamos a otros, etc. Hablaremos de esto en mayor detalle más adelante. En conclusión ¡Tenemos que vivir para ganar!

UNA AMPLIA GAMA DE RECOMPENSAS

Las Escrituras muestran que las recompensas y posiciones eternas dadas a los creyentes no son solo diferentes, sino que también cubren una amplia gama. Pueden variar desde ver cómo todo se pierde y se consume en el fuego, hasta vivir y reinar junto a Cristo para toda la eternidad (ver 1 Corintios 3:15; Apocalipsis 3:21).

Muchos sienten que su corazón se encoge cuando oyen las palabras *perdido* o *consumido por el fuego* en referencia a sus vidas. Les cuesta creer que algo así pueda pasar en el cielo. Sin embargo, se nos dice eso con toda claridad en las Escrituras.

Antes de compartir estos versículos, permíteme adelantarme explicando que muchas veces en las Escrituras se utiliza la metáfora de la construcción para representar la vida de una persona. En otras ocasiones, las Escrituras hablan de la Iglesia como un edificio o templo. En estas metáforas se nos retrata como constructores para reflejar cómo nuestras acciones afectan la forma en que vivimos, las vidas de otros, o a la Iglesia en general. Haré referencia a esta metáfora frecuentemente en lo que queda del libro. Pablo dice al respecto:

> *[...]son el edificio de Dios [...] pero cada uno debe tener cuidado de cómo sobreedifica. Porque nadie puede poner otro fundamento que el que está puesto, el cual es Jesucristo. Y si alguno edifica sobre este fundamento, y pone oro, plata, piedras preciosas, madera, heno, u hojarasca, su obra podrá verse claramente; el día la pondrá al descubierto, y la obra de cada uno, sea la que sea, será revelada y probada por el fuego. Si lo que alguno sobreedificó permanece, ése recibirá su recompensa. Si lo que alguno sobreedificó se quema, ése sufrirá una pérdida, si bien él mismo se salvará, aunque como quien escapa del fuego.*
>
> (1 Corintios 3:9-15, RVC)

Nosotros decidimos cómo construimos, y en cada momento de nuestras vidas tenemos dos alternativas principales para construir. Una de las alternativas es la de inclinarnos por lo temporal, lo que sacia la carne (la madera, el heno y la hojarasca). La otra alternativa es la de vivir según el deseo de nuestro espíritu nacido de nuevo, siguiendo la Palabra eterna de Dios (oro, plata, y piedras preciosas). Cómo edificamos, o cómo vivimos nuestras vidas, será lo que determine cómo nos vaya cuando el fuego de la presencia de Dios examine nuestra obra.

Y no solo serán examinadas nuestras acciones, sino también nuestros pensamientos, motivaciones e intenciones. Por eso es tan importante que los creyentes escuchen, obedezcan y guarden cuidadosamente la Palabra de Dios en sus corazones, porque ella continuamente *expone, cambia, analiza y juzga los pensamientos y propósitos del corazón* (Hebreos 4:12, AMP, traducción libre). Ninguna otra cosa puede penetrar hasta lo más profundo de nuestros corazones como lo hace su Palabra.

Si *escuchamos* a la razón, la lógica, la psicología o la sabiduría humanas, nos inclinaremos en nuestros pensamientos y motivaciones del corazón hacia lo temporal, y la mayoría de las veces seremos completamente inconscientes, como le sucedió a *Egoísta* antes de llegar a la Sala de Justicia. Por eso Jesús advierte:

Porque no hay nada oculto que no llegue a manifestarse, ni hay nada escondido que no haya de ser conocido y de salir a la luz. Escúchenme bien: a todo el que tiene, se le dará; y al que no tiene, hasta lo que cree tener se le quitará. (Lucas 8:17-18, RVC)

Jesús nos dice que es lo que *oímos* o *atendemos* lo que penetra en nuestros corazones y da forma a nuestros pensamientos y propósitos íntimos, y que determina la forma en que edificamos nuestras vidas. Tenemos que oír con atención la Palabra de Dios, porque es luz a nuestro camino. Sin ella, ciertamente nos desviaremos, como cualquiera se desviaría de un sendero en una noche oscura. Es posible que por un tiempo sigas su curso, pero al final te desviarás.

Cuando nos desviamos, muy probablemente nuestra construcción llegará a estar motivada por lo temporal, y eso no quedará al descubierto hasta que la luz de la Palabra de Dios nos lo ilumine. Pablo lo explica diciendo: *Pero cuando la luz expone y pone en evidencia algo, queda visible y claro* (Efesios 5:13 AMP, traducción libre).

Si nos desviamos, pueden suceder dos cosas. En primer lugar, y la mejor de las dos opciones, es que al oír la Palabra de Dios (cuando algún amigo o líder la predica, lee o proclama) trae convicción a nuestra conciencia. Por eso es tan vital que sigamos una dieta continua a base de la Palabra de Dios. Si somos sabios, nos arrepentiremos y pediremos perdón por nuestros pensamientos, motivaciones o intenciones. Sin embargo, si nuestra conciencia está dormida a causa de nuestros reiterados errores, será más difícil oír la Palabra de Dios, y si la cauterizamos, nos llegará a ser prácticamente imposible. Por eso las Escrituras hablan de la importancia de mantener pura nuestra conciencia (ver Proverbios 4:23; 2 Timoteo 1:3). Si protegemos nuestra conciencia y la mantenemos limpia, podremos percibir con facilidad cuando la Palabra viva esté tratando nuestros corazones.

La segunda opción, aunque no es lo preferible, es que nuestros motivos sean expuestos ante el tribunal de Cristo. Si eso sucede, perdemos nuestra posible recompensa. Por lo tanto, debes preguntarte: ¿vale la pena resistir a la convicción de la Palabra de Dios? Porque, cada vez que lo hacemos, endurecemos nuestros corazones y nos engañamos más y más. No nos daremos cuenta de nuestra condición, y la luz de la gloria de Dios lo expondrá todo en el tribunal de Cristo.

PREPARÉMONOS PARA NUESTRO FUTURO ETERNO

El juicio de nuestras vidas no dejará nada por conocer: todo será expuesto, visible y claro. Por eso Pablo se refiere al tribunal como el "solemne temor del Señor". Será una investigación exhaustiva de nuestras motivaciones, intenciones, pensamientos, palabras, acciones, etc. Las palabras de Pablo en 1 Corintios 3:9 y 12-15 expresadas en la versión *The Message* son poderosas con respecto a la edificación y el juicio:

> *O, dicho de otra manera, ustedes son la casa de Dios... Pongan especial atención a la hora de escoger los materiales de construcción. Al final habrá una inspección. Si usan materiales baratos o inferiores, se conocerá. La inspección será exhaustiva y rigurosa. No conseguirán colar ni una sola cosa. Si su obra pasa la inspección, bien; si no, lo que hayan construido será derribado y se edificará de nuevo. Pero tú no serás derribado; tú sobrevivirás, pero a duras penas.*   (Traducción libre)

No sé tú, pero en mi caso no me gustaría sobrevivir a duras penas al tribunal de Cristo. Estamos hablando de nuestro destino eterno. ¿Te imaginas lo impactados que se quedarán muchos? En nuestra alegoría, cada uno de los personajes fue agarrado completamente con la guardia baja, con excepción de *Caridad*, que era la única que estaba preparada para ese momento. Los demás no se habían tomado en serio la doctrina elemental que debían haber escuchado y guardado desde el principio.

Constantemente veo a personas sabias de este mundo que se preparan para su futuro. Comienzan esforzándose en la escuela para poder abrir la puerta a una gran carrera profesional. Una vez que están en esa carrera, se esfuerzan para poder comprar una casa con miras a construir un patrimonio. También buscan formas de ahorrar. Algunos toman su dinero excedente y lo invierten para que trabaje por ellos. Todo eso como preparación para su futuro, porque no quieren que les falte nada, en especial cuando lleguen sus años de jubilación. Si estas personas de las que hablo se prepararan para su vejez como muchos se preparan para la eternidad, no solo tendrían grandes problemas, sino que, a diferencia de muchos de la Iglesia, estarían muy preocupados y asustados.

Así que permíteme dibujar un cuadro hipotético. ¿Te imaginas esta situación el mismo día en que un hombre se jubila? Primero, la Seguridad Social entra en bancarrota y no tiene fondos para darle su asignación mensual. No solo eso, sino que el banco que tiene todo su dinero también cierra sus puertas y desaparece, perdiéndose todos sus ahorros. Después, el mismo día, este hombre se despierta entre llamas. Su casa está ardiendo. Se escapa por la ventana solamente con la ropa que lleva puesta y contempla cómo su casa arde hasta los cimientos, destruyéndose todo lo que había en su interior.

Sería un día muy triste en la vida de este hombre; sin embargo, es exactamente el cuadro que dibuja Pablo, lo cual ciertamente les ocurrirá a algunos cristianos en el tribunal de Cristo. Leamos de nuevo sus palabras: *Pero si la obra se consume, el constructor sufrirá una gran pérdida. El constructor se salvará, pero como quien apenas se escapa atravesando un muro de llamas* (1 Corintios 3:15, NTV). Los que tienen sabiduría del reino saben que no estamos trabajando para un futuro de "años de jubilación". ¡Nos estamos preparando para la eternidad!

Los sabios a los que me refiero son los que están planificando su futuro eterno. Viven con propósito y saben que su destino eterno se está escribiendo mediante su manera de vivir en la tierra. Esto les dará una gran entrada en el reino de Dios, en lugar de entrar a duras penas después de haberlo perdido todo en las llamas. Mira lo que dice Pedro al respecto:

> *Por lo tanto, hermanos, esfuércense más todavía por asegurarse del llamado de Dios, que fue quien los eligió. Si hacen estas cosas, no caerán jamás, y se les abrirán de par en par las puertas del reino eterno de nuestro Señor y Salvador Jesucristo.*
>
> (2 Pedro 1:10-11, NVI)

Una buena bienvenida es oír decir al Maestro: *Bien, siervo bueno y fiel; en lo poco fuiste fiel, sobre mucho te pondré; entra en el gozo de tu señor* (Mateo 25:21).

Recientemente, el Señor me dio una visión. Vi a los campeones del reino marchando para entrar en la ciudad de Dios. Estaban desfilando por las calles de oro, con multitud de hombres y mujeres vitoreándolos desde ambos lados. El Rey Jesús estaba sobre una plataforma alta, visible para toda la ciudad. Los fieles soldados marchaban hacia esa plataforma, llevándole a Jesús sus tributos y ofrendas mientras la multitud se regocijaba. En la visión era como si el Señor estuviera diciéndoles a estos guerreros: "Bien hecho".

Entonces el Señor habló a mi corazón: "¿Quieres ser uno de estos soldados que me traen el fruto de su cosecha, o quieres ser uno de los que vitorean a ambos lados del camino?". Decidí más que nunca antes asegurar mi decisión y mi llamado. Decidí que quería ver una sonrisa de agrado en el rostro de mi Señor cuando repasara mi vida, y no una mirada triste, sabiendo que había desperdiciado el potencial que me había sido dado.

Estoy decidido también a hacer que esto lo sepan todos los que aman a Dios en mi generación, para que marchen conmigo hacia su gloriosa presencia con las ofrendas que Él bien merece, viendo esa gloriosa sonrisa de nuestro Padre. Nosotros decidimos si tenemos una buena bienvenida por nuestro servicio aquí. Esa es la razón principal de los capítulos que siguen.

LOS CAPÍTULOS SIGUIENTES

Los capítulos siguientes contendrán discusiones sobre las principales áreas por las que seremos juzgados y recompensados. Aunque el espacio no me permitirá entrar en demasiados detalles, veremos los temas más importantes. Estableceremos un buen fundamento sobre el que podrás luego construir tu vida para que cuente para la eternidad.

En conclusión, lee despacio estas palabras de Pedro y permite que te hablen con respecto a todo lo que has leído en este capítulo. Verás palabras y frases clave que darán más vida aún a lo que hemos dicho. Las palabras de Pedro también nos prepararán para lo que veremos en los próximos capítulos:

> *Todo lo que tiene que ver con una vida que agrada a Dios se nos ha dado milagrosamente al conocer de manera personal e íntima a aquel que nos invitó a acudir a Dios… Así que no pierdan ni un minuto y edifiquen sobre lo que han recibido, complementando su fe básica con un buen carácter, entendimiento espiritual, disciplina, paciencia apasionada, asombro reverente, calurosa amistad y amor generoso, en una secuencia donde cada dimensión encaja y desarrolla las demás. Con estas cualidades activas y creciendo en sus vidas no crecerá hierba alguna bajo sus pies, ni pasará ningún día sin que traiga su recompensa mientras*

maduran en su experiencia de nuestro Señor Jesús... Así pues, amigos, confirmen la invitación que Dios les ha hecho, que los haya escogido. No lo demoren; háganlo ahora. Hagan esto, y su vida irá a paso firme sobre calles asfaltadas y con la entrada abierta del todo hacia el reino eterno de nuestro Maestro y Salvador Jesucristo. Como hay mucho en juego, aunque están al día en toda esta verdad y la practican siempre, no dejaré ni un minuto de llamarles la atención con respecto a estas cosas. Esto es lo que me ha sido encomendado, mantenerlos alerta con recordatorios frecuentes, y lo haré mientras viva.

(2 Pedro 1:3, 5-8, 10-13 MSG, traducción libre)

Preguntas de discusión

SECCIÓN 4: CAPÍTULOS 8-10

1. Tal vez uno de los momentos más poderosos del juicio de un ciudadano de Affabel es cuando recibe su nuevo nombre. Piensa en quién y cómo eras antes de recibir a Cristo y cómo Jesús ha transformado tu vida. ¿Cuál crees que será la historia detrás de tu cambio de nombre?

2. ¿A qué crees que se debe que, aunque los creyentes puedan sufrir una gran pérdida por la forma en que vivieron, el cielo pueda ser un lugar de gozo donde sea enjugada cada lágrima?

3. En tus propias palabras, explica lo que hizo que *Caridad* fuera distinta a los demás en el juicio. ¿Qué nos enseña su ejemplo sobre cómo deberíamos vivir?

4. ¿Hay algo sobre las descripciones bíblicas del cielo en el capítulo 9 que te sorprenda? ¿Puedes explicarlo?

5. El capítulo 10 contiene la frase: "La sangre de Jesús nos limpia de los pecados que nos habrían impedido entrar en el reino, pero esto no implica que estemos exentos del juicio donde se evaluará cómo nos condujimos como creyentes, para bien o para mal". ¿Cuál fue tu reacción inmediata a esta afirmación? ¿Qué piensas ahora después de haber estudiado esta sección?

SECCIÓN 5

Capítulo 11
UNA CASA DISEÑADA POR DIOS

(...) también vosotros sois juntamente edificados
para morada de Dios...
—Efesios 2:22

Dividiremos el juicio del creyente en dos categorías principales. En primer lugar, nuestra participación en la edificación del reino de Dios de acuerdo a nuestros llamados y dones. En segundo lugar, cómo edificamos vidas individuales, en las cuales ciertamente se incluirían las nuestras. Con respecto a edificar las de los otros, nos centraremos en nuestra influencia sobre ellos. Con respecto a nuestras vidas individuales, es cómo cooperamos con la gracia de Dios al desarrollar en nosotros mismos un carácter semejante al de Cristo. Esto sería precisamente una consecuencia directa de cómo respondimos a la Palabra de Dios, qué creímos, y nuestra obediencia a ello. Nuestras acciones y obras, palabras, pensamientos y motivos serán examinados en todos los casos.

Primero examinaremos el juicio de nuestro papel en la edificación de su reino, y luego hablaremos de nuestras vidas personales.

"¿QUÉ PUEDES HACER POR MÍ?"

Nuestra capacidad para edificar el reino está basada enteramente en nuestra obediencia al Espíritu Santo, porque no podemos hacer nada que tenga valor eterno a menos que sea por la gracia de Jesucristo. Se nos dice: *Si el Señor no edifica la casa, en vano trabajan los que la edifican* (Salmos 127:1). Este versículo nos recuerda con mucha claridad que podemos construir apartados del Espíritu, pero nuestra labor será infructuosa a la luz de la eternidad. Será consumida por el fuego ante el tribunal de Cristo. Es crucial que entendamos esto.

Dios les dice en el Antiguo Testamento a un grupo de personas que estaban ocupadas sirviéndolo:

> *El cielo es mi trono, y la tierra es el estrado de mis pies. ¿Qué clase de casa podrían edificarme? ¿Qué lugar pueden ofrecerme para mi reposo? Yo hice todo esto con mis propias manos, y fue así como llegaron a existir. Yo pongo la mirada en los pobres y humildes de espíritu, y en los que tiemblan al escuchar mi palabra.* (Isaías 66:1-2, RVC)

Simplificando, el Señor está diciendo: "Yo soy Dios. ¿Son conscientes de quién soy en realidad? Entonces, ¿qué piensan que pueden hacer por mí?". El hecho de pensar que podemos crear algo que Dios necesite es como si un montón de hormigas le dijeran a un ser humano: "Vamos a construir una casa para ti". ¡Qué ridículo! En nuestras fuerzas no podemos hacer nada para servir y complacer a nuestro Dios majestuoso, inconmensurable y maravilloso. Él realmente no nos necesita.

Por otro lado, Dios establece quién puede complacerlo y beneficiarlo: los que son humildes, los que se arrepienten, y los que temen y obedecen a Dios. Estos son los únicos que pueden edificar su casa. ¿Cómo pueden beneficiar a un Dios formidable? *No por el poder ni por la fuerza, sino por mi Espíritu —dice el Señor de los ejércitos* (Zacarías 4:6). La cooperación del ser humano en obediencia al Espíritu Santo es lo que trae resultados. Únicamente así la obra de los que trabajan no es en vano.

COLABORADORES

Aquí tenemos un hecho asombroso: aun siendo tan majestuoso y maravilloso como es el Señor Dios, Él por propia elección se restringió a sí mismo en cuanto a lo que hace en la tierra cuando le dio la autoridad al hombre sobre nuestro planeta en el principio. Esto significa que Dios puede estar limitado.

Aunque parezca sorprendente, a lo largo de las Escrituras hay ejemplos de esto. Los descendientes de Abraham *ponían límite al Santo de Israel* (Salmos 78:41, RVA). Y Jesús dijo a los líderes espirituales de su nación: *Están anulando, invalidando u quitándole el valor a [la autoridad de] la Palabra de Dios por medio de sus tradiciones* (Marcos 7:13 AMP, traducción libre). Tenemos la responsabilidad de cooperar con Dios para cumplir su objetivo deseado, que es principalmente el de un pueblo a imagen y semejanza de Jesús en quienes Él pueda habitar por toda la eternidad. Por eso somos llamados colaboradores:

Somos colaboradores (promotores y compañeros) de Dios y para Dios; ustedes son el jardín, el viñedo y el campo de cultivo de Dios. [Ustedes] son el edificio de Dios.

(1 Corintios 3:9, AMP, traducción libre)

Casi siempre que en el Nuevo Testamento se hace referencia a la labor eterna en el reino, hay una comparación con el trabajo en un campo o un edificio. ¿Por qué un campo? Porque la tierra es el campo en el que actualmente se produce el crecimiento del reino de Dios. Los cielos celebran ver a los santos construir el reino sobre la tierra. ¿Por qué un edificio? Porque Dios está buscando un hogar permanente y nosotros somos las piedras vivas que componen su lugar de residencia.

Pedro escribe: *Y ustedes son las piedras vivas con las cuales Dios edifica su templo espiritual* (1 Pedro 2:5, NTV). Pablo escribe: *Juntos constituimos su casa... cuidadosamente unidos en él* (Efesios 2:20-21 NTV). Así que, en esencia, nuestra razón para estar aquí en la tierra es la de edificar su glorioso templo o *casa*, ya sea guiando a otros a ser salvos, enseñándolos, sirviéndolos, ministrándolos o algo similar. Todos debemos ser piedras vivas puras, así como también edificadores de otros, logrando que esas piedras vivas encajen y se unan en una casa gloriosa para Dios. Esto ilustra la responsabilidad personal y del reino de la que todos daremos cuentas.

LA CASA DE DISEÑO

Si yo fuera arquitecto, diseñaría y planearía la construcción de una casa antes de que comience la obra. Prepararía planos detallados de cómo será la casa y los materiales que harían falta. Pero eso no es todo; todo constructor sabe que una parte muy importante de su trabajo consiste en coordinar a los subcontratistas, cada uno en su momento. Me refiero a los encofradores, los hombres que echan el cemento, los fontaneros, colocadores de azulejos, electricistas, y demás. Ellos son los que realmente hacen la tarea de levantar el edificio. Si sus tareas no están bien coordinadas es inevitable que haya caos. Un ejemplo de esto sería contratar al especialista en levantar paredes antes de haber hecho el cableado eléctrico y el aislamiento.

Si un subcontratista hace mal el trabajo o no llega a tiempo, el constructor llamará a otro para terminar la tarea. El nuevo obrero tendrá que presentarse a la mayor brevedad posible y seguramente deshacer el trabajo mal hecho del subcontratista anterior. Aunque un subcontratista no cumpla con el trabajo asignado, el constructor se asegurará de que el trabajo se complete.

También he observado que, cuando el constructor está trabajando en *su propia casa*, es bastante exigente a la hora de elegir a los subcontratistas. Se asegura de que usen los mejores materiales y de cualquier cosa que haga falta para que el trabajo esté bien hecho. Supervisará todo con mucho cuidado. Dios es el constructor de *su propia casa*, ¡pero su casa es una ciudad conformada por personas!

Aquí en la tierra es común que las casas especiales reciban un nombre. La casa del rey de Inglaterra, por ejemplo, se llama Palacio de Buckingham. En los Estados Unidos, la casa del presidente recibe el nombre de Casa Blanca. Hay otras con las que seguramente no estés familiarizado: la casa de la actriz Phyllis Calvert se llama Hill House; la casa del actor y director Charles Ivan Vance se llama Oak Lodge; la casa del novelista Charles Dyer se llama Old Wob; y la lista continúa. Sin embargo, Dios ya hacía esto mucho antes que nosotros. Él se refiere a su morada eterna, que aún está en construcción, como Sión. Leemos:

> *Porque el Señor ha escogido a Sión; la quiso para su habitación. Este es mi lugar de reposo para siempre; aquí habitaré, porque la he deseado.* (Salmos 132:13-14)

Si has tenido el privilegio de diseñar la casa de tus sueños, estás familiarizado con el entusiasmo y la emoción de terminarla. Quieres descansar en ella, porque es ahí donde encontrarás alegría y paz.

Lisa y yo tuvimos el privilegio de diseñar y construir una casa a mediados de la década de 1990. Mientras vivíamos en Orlando, Florida, un arquitecto ganador de varios premios llamado Roberto que amaba nuestro ministerio se nos acercó y declaró: "Quiero construirles una casa". En ese momento vivíamos en una casa muy pequeña y supusimos que sus tarifas serían demasiado elevadas. Cuando nosotros comenzamos a dar rodeos y esquivar su propuesta, dijo: "Lo haré por un precio de hermanos". Al final nos enteramos de que no se llevó ni un céntimo de beneficio por el trabajo.

Habíamos tenido dos casas antes de esta. Las dos eran casas pequeñas en un terreno pequeño y no habíamos tenido parte en su diseño. Nunca olvidaré el día en el que Roberto vino a nuestra casa unos días después de nuestra primera conversación, se sentó con nosotros en la mesa de la cocina, sacó un papel en blanco y nos dijo con entusiasmo: "¡Dibujen la casa de sus sueños!".

Nos quedamos estupefactos. Ni siquiera éramos conscientes de que eso se podía hacer. Mi esposa se puso a dibujar inmediatamente; había soñado con esta oportunidad durante años. Después de unos momentos, yo también empecé a colaborar. Fue muy emocionante, y nuestra alegría aumentaba a medida que nos dábamos cuenta de que podíamos diseñar la casa como quisiéramos. No había limitaciones.

Después vimos cómo la casa de nuestros sueños, garabateada en un trozo de papel en blanco, pasaba al equipo de arquitectos y diseñadores. Varios días después, Bob nos enseñó los planos. No podíamos esperar a que comenzara la obra.

Cuando los subcontratistas de Roberto comenzaron a construir, nosotros íbamos al lugar de la obra todos los días (a veces dos veces al día) durante todo el proceso de construcción. Estábamos entusiasmados y no podíamos esperar a que terminara otra de las facetas de la casa. Esos pocos meses parecieron durar años, y los días parecían semanas debido a la anticipación de que algo nuevo se estuviera haciendo en nuestra casa y la emoción de mudarnos allí un día. ¡Nos asombraba contemplar cómo el sueño que habíamos dibujado en un trozo de papel cobraba vida ante nuestros ojos!

De alguna manera, esto se parece a la emoción y anticipación que Dios siente por la casa de sus sueños, pero Él ha estado esperando durante mucho más que unos meses. Ha estado esperando el momento en el que su casa esté terminada desde la fundación del mundo. Se nos dice que *el Señor ha edificado a Sion* (Salmos 102:16), y *desde Sion, perfección de hermosura, Dios ha resplandecido* (Salmos 50:2).

Dios ha estado trabajando en su casa durante miles de años. Dibujó los planos antes de que el hombre fuera colocado sobre esta tierra y sabía, en su omnisciencia, que el hombre fallaría, aunque ese no fuera su designio. De manera que, por su conocimiento previo, Él planeó construir Sión a partir de la humanidad redimida.

Dios tenía que comenzar con los cimientos y la piedra angular, que no es otro que Jesús, el mismísimo Redentor. El Padre dice de Él: *¡Yo pongo en Sion una piedra probada!, piedra angular y preciosa para un* *cimiento firme; el que confíe no andará desorientado* (Isaías 28:16, NVI). Porque el Padre diseñó y planeó su casa antes de la creación, Jesús es llamado *Cordero que fue inmolado* (Apocalipsis 13:8), y Pedro dice: Él estaba preparado *desde antes de la fundación del mundo* (1 Pedro 1:20).

Jesús no es solamente el cimiento y la piedra angular, sino también el jefe de los subcontratistas. Jesús no perdió el tiempo ni dejó de cumplir su tarea, sino que la completó en su totalidad. En oración, dijo a su Padre justo antes de su crucifixión: *[He] terminado la obra que me diste que hiciera* (Juan 17:4).

Dios Padre comenzó todo el diseño de su casa citando a Jesús a la hora señalada (ver Gálatas 4:4). Después organizó al resto de los subcontratistas. Estos subcontratistas somos tú y yo, pero como dijimos antes, no somos solo subcontratistas sino también los materiales de su casa. Como dice Pablo: *Nos escogió en Él antes de la fundación del mundo, para que fuéramos santos y sin mancha delante de Él* (Efesios 1:4). Esto significa que nosotros mismos somos el material de la casa: somos piedras vivas.

Dios nos escogió también como subcontratistas, ya que leemos: *Porque somos hechura de Dios, creados en Cristo Jesús para buenas obras, las cuales Dios dispuso de antemano a fin de que las pongamos en práctica* (Efesios 2:10, NVI). Observa que Él preparó con anticipación las tareas que nos asignaría. En ningún lugar de las Escrituras dice que nuestras tareas se nos asignaron desde el origen del mundo, aunque eso es ciertamente posible, pero sí sabemos que *las obras de Él estaban acabadas desde la fundación del mundo* (Hebreos 4:3). Sin embargo, en cuanto a nuestras tareas personales como subcontratistas, lo único que encontramos escrito es que nos fueron dadas antes de nacer. David dice: *Me viste antes de que naciera. Cada día de mi vida estaba registrado en tu libro. Cada momento fue diseñado antes de que un solo día pasara* (Salmos 139:16, NTV).

El trabajo de nuestra vida estaba predestinado antes de ser formados en el vientre de nuestra madre. Esta verdad es captada en las palabras de Dios a Jeremías. Él dijo: *Te conocía aun antes de haberte formado en el vientre de tu madre; antes de que nacieras, te aparté y te nombré mi profeta a las naciones* (Jeremías 1:5, NTV). El apóstol Pablo también escribió: *Pero cuando Dios, que me apartó desde el vientre de mi madre y me llamó por su gracia* (Gálatas 1:15-16). Estos testimonios no hacen más que confirmar las palabras de David en cuanto a que todos nosotros fuimos elegidos por Dios para una tarea específica antes de que naciéramos.

Aquí tienes una verdad sombrosa: Dios escribió un libro sobre ti antes de que nacieras, ¡y en él están escritos todos los momentos de tu vida antes de que pasara un solo día! La pregunta es: ¿completaremos lo que estaba planeado para nosotros? Salomón afirma:

> *Sé que todo lo que Dios hace será perpetuo; no hay nada que añadirle y no hay nada que quitarle; Dios ha obrado así para que delante de Él teman los hombres. Lo que es, ya ha sido, y lo que será, ya fue, y Dios busca lo que ha pasado.*
> (Eclesiastés 3:14-15)

Hay mucho que analizar en este pasaje de las Escrituras. Primero, que Dios tiene un plan. Nada puede impedir que se cumpla, y la humanidad no puede agregarle nada. Sin embargo, Salomón continúa diciendo que esas cosas que se están cumpliendo ya estaban de antemano en el plan de Dios. Lo que se cumplirá en el futuro también estaba en su plan desde el principio, pero de lo que ya ha sido hecho ¡tendremos que dar cuentas! ¿Cumplimos con lo que Él ordenó? ¿O lo estropeamos? ¿O no lo hicimos? ¿Tuvo que designar a otro para hacer lo que fuimos llamados a hacer en el plan maestro?

En este punto necesito hacer una declaración importante. Cada persona tiene un llamado divino para su vida. Cada uno de nosotros tiene una parte importante en el plan maestro de la casa de Dios. De manera que es bueno que sepamos esta verdad:

Con respecto a tu llamado; no serás juzgado de acuerdo a lo que hiciste, ¡sino a lo que fuiste llamado a hacer!

Permíteme poner un ejemplo. En el tribunal de Cristo, Jesús podría decir algo como esto: "Evangelista Anderson, por favor da un paso al frente y rinde cuentas de todas las almas que te pedí que guiaras a mí".

El hombre quizá comparezca ante Jesús un poco confundido y tembloroso, diciendo: "Señor, quieres decir contable Anderson... ¿verdad? Fui contable con empresa propia; esa era mi ocupación. Establecí muchas iglesias y organizaciones sin ánimo de lucro. Esos ministerios trajeron muchas almas a tu reino. ¿Me confundiste con otra persona?".

El Maestro podría responder: "No. Te llamé antes de que nacieras para guiar a multitudes en Asia hacia mí; rinde cuentas de dónde están. Si me hubieras obedecido, habrías sido muy recompensado por todo el fruto que hubieras cosechado para mi reino; pero ahora, como resultado, tu obra será quemada ya que no fue hecha en obediencia a mí".

Entonces podríamos ver la siguiente escena. Jesús tal vez diga: "Contable Jones, por favor da un paso adelante y rinde cuentas de lo que te llamé a hacer".

El hombre quizá dé un paso hacia al frente también muy confundido y tembloroso, diciendo: "Señor, quieres decir Pastor Jones, ¿verdad? Yo era pastor de una iglesia que tenía novecientos miembros. Levanté esa iglesia desde cero".

A lo que el Maestro podría contestar: "No, te llamé a trabajar en el mercado como contable y a construir una empresa firme que ayudara a muchas de mis iglesias y ministerios para que cumplieran lo que les ordené que hicieran. Si me hubieras buscado con sinceridad, te habría mostrado esto mismo. Entonces habrías recibido el mérito por todas las multitudes de personas transformadas para la eternidad a través de esos ministerios, y habrías sido recompensado por cada alma. Pero ahora no recibirás nada por lo que hiciste, por no haber sido obediente.

"También te llamé a ser el líder de los ujieres en una iglesia del otro lado de la ciudad en donde empezaste tu iglesia. Aunque el número de miembros de esta iglesia era solo un poco más de quinientos, ellos impactaron muchas vidas en la comunidad. Si hubieras obedecido, las veinte mil almas que esta iglesia tocó para la eternidad habrían estado directamente ligadas a ti porque habrías sido una parte fundamental de este cuerpo al que te llamé. Al no haber estado allí, no recibirás recompensa por aquellas veinte mil almas".

Permíteme poner un ejemplo real. Tenemos un amigo querido que es pastor de una iglesia próspera en la parte sureste de los Estados Unidos. También es miembro de la junta de nuestro ministerio. Él comenzó la iglesia en 1991 con veintidós personas, y ahora hay cuatro mil miembros. Es una de las iglesias donde es más fácil predicar debido al hambre de Dios que tiene la gente. Muchísimos han sido salvados y discipulados en esta iglesia.

La iglesia creció rápidamente por medio de mucha oración, predicaciones firmes y trabajo duro. Construyeron un edificio hermoso para albergar a un gran número de personas. Después de varios años, mi amigo observó a un caballero distinguido de cabello blanco, siempre bien vestido, que asistía a los servicios. También notó que este hombre asistía y lo miraba todo con lágrimas cayendo por sus mejillas. Sin embargo, el pastor percibía que no eran lágrimas de felicidad.

Finalmente, este caballero se acercó a uno de los pastores asociados y le contó que, en el año 1981, el Señor le habló claramente diciéndole que tenía que comenzar una iglesia en esa ciudad. Pocos días después tuvo un sueño de cómo sería el edificio de la iglesia de la que tenía que ser pastor. El sueño había sido tan gráfico, que acudió a un profesional para que dibujara lo que vio en el sueño. Entonces encontró cierta resistencia y se echó atrás, y no comenzó la iglesia.

Un tiempo después, viajó ministrando en otras ciudades y finalmente terminó nuevamente en el mundo de los negocios.

Entonces abrió un papel cuidadosamente doblado y le dijo a al pastor asociado que era el dibujo del edificio que había realizado el artista en 1981. Cuando el asociado vio el dibujo, casi se desmaya. Era el lugar que mi amigo había construido años más tarde y en el que ahora estaban reunidos. Desde ese momento, mi amigo le ha brindado consuelo a este hombre, pero el caballero le habló de cuán difícil ha sido para él superarlo. (Por supuesto que Dios no quiere que viva en condenación, sino que aprenda, crezca y descubra cómo servir eficazmente al Señor el resto de su vida).

Hace varios años atrás, estaba hablando sobre este mismo tema en una gran conferencia. Después del servicio un pastor, bastante conmovido y un poco disgustado, se acercó a uno de los miembros de nuestro equipo. Este líder dijo: "Lo que ha dicho esta noche no va en serio, ¿cierto?".

El miembro de mi equipo respondió: "Por supuesto que iba en serio. Es la Palabra de Dios. ¿Por qué? ¿Qué ocurre?".

El pastor, que tenía más de cincuenta años, respondió: "Cuando era joven tuve un sueño muy gráfico de que estaba residiendo en Filipinas, ministrando a su gente. El sueño fue tan real, que creía que un día debía mudarme allí. Sin embargo, nunca ocurrió, y he estado pastoreando mi iglesia por treinta años".

El miembro de nuestro equipo le dijo con calma: "¿Y qué vas a hacer al respecto?".

El pastor se quedó sin palabras y se fue.

Un año más tarde, este miembro de nuestro equipo tuvo noticias de ese pastor. Este líder había entregado la iglesia a un pastor asociado y ahora vivía en Filipinas, encantado con su vida. El reporte que envió este antiguo pastor fue: "Por primera vez en mi vida siento que estoy haciendo lo que fui llamado a hacer".

Permíteme compartir otra historia que confirma esta verdad. Hace poco tiempo, un amigo organizó una cena para que yo pudiera conocer a un miembro de las Fuerzas de Operaciones Especiales de la Marina de los Estados Unidos. (Navy SEAL). Para proteger su identidad (ya que en el momento en el que escribo sigue estando en servicio activo) le daré un nombre ficticio: Pablo. Durante dos horas escuché su testimonio, cautivado y lleno de asombro.

Cuando Pablo tenía alrededor de veinte años, completó dos años de estudios en una universidad cristiana y estaba de becario en el área de jóvenes de una iglesia. Después del segundo verano como becario, a Pablo lo acusaron de mantener relaciones sexuales con una de las muchachas de la iglesia. Pablo me dijo: "John, no me acosté con ella. De hecho, ¡ni siquiera me parecía atractiva! Sin embargo, el liderazgo no solo creyó las acusaciones, sino que las perpetuaron, y lo perdí todo. Me quitaron toda credibilidad. Mi reputación había sido dañada y me pidieron (sin pedírmelo, realmente) que me fuera".

Pablo siguió diciendo: "Busqué a Dios como nunca, y un día mientras oraba escuché la voz de Dios claramente: 'Yo no te llamé al ministerio, te llamé a las Fuerzas Armadas'".

Pablo fue a las oficinas de reclutamiento del Ejército, de la Marina y de la Fuerza Aérea, pero no tuvo la certeza de que debía alistarse. Lo único que quedaba era la Marina.

Cuando Pablo solicitó unirse a la Marina, el agente de reclutamiento leyó la lista de puestos de trabajo a los que podía optar al alistarse. Pablo estaba muy desanimado porque ninguno de ellos latía con fuerza en su corazón como para saber que era lo que Dios lo estaba guiando a hacer. Ansioso por alistar a un nuevo recluta, el oficial le ofreció algunos de los programas especiales dentro de la Marina. Cuando dijo la palabra SEAL, mi nuevo amigo dijo que supo inmediatamente que eso era lo que tenía que hacer, y firmó el contrato.

El oficial que lo reclutó intentó desanimar a Pablo, porque muy pocas personas superan el programa de entrenamiento de los SEAL.

De hecho, le dijeron que nadie de esa oficina había conseguido entrar ¡y que se consideraba el programa de entrenamiento militar más duro del mundo! Sin embargo, Pablo tenía una sensación abrumadora, y casi eufórica por sentir que estaba dando el primer paso de un camino señalado por Dios. Lleno de energía, insistió en que eso era en lo que debía alistarse.

Había, sin embargo, varios problemas. Primero, Pablo no sabía nadar. Tuvo que orar y al final aprender por su cuenta. Segundo, para hacer las cosas aún más interesantes, cuando era niño había tenido tubos en las orejas y le habían operado varias veces para abrir sus canales auditivos. Debido a eso, incluso de adulto, con solo un poco de agua que entrara en sus oídos Pablo experimentaba un dolor insoportable a menudo seguido por infecciones graves en los oídos. Pero creía firmemente que, si podía conseguir algo en sus fuerzas, no era lo que Dios le había llamado a hacer.

Pablo aprendió a nadar por su cuenta, y oró intensamente para que sus oídos fueran sanados. Todos los días de su entrenamiento en el agua eran dolorosos, pero no se dio por vencido. Con el tiempo, después de haber perseverado en medio de la agonía diaria por cuatro meses, Pablo no solo sabía nadar, sino que también ¡podía bucear a grandes profundidades sin dolor! Había sido sanado y estaba listo para aventurarse en el proceso de convertirse en SEAL.

Pablo pasó dificultades tremendas y se enfrentó a mucha resistencia para aprobar el programa de entrenamiento, pero finalmente lo hizo y fue iniciado en aquella hermandad que se fragua en la guerra. Ha estado en los SEAL por más de catorce años, y tiene historias tan milagrosas de intervención divina en sus misiones que hicieron que los pelos de mis brazos se erizaran.

Esa tarde supe que estaba sentado a la mesa con un gran hombre de Dios, pero él no había sido llamado a estar detrás de un púlpito; fue llamado a alcanzar a gente en las fuerzas armadas y servir a nuestra nación de esa forma. Hoy día, Pablo no es solo un SEAL sino también entrenador de los SEAL. Él permitió que Dios corrigiera su rumbo para poder entrar a la tarea que Dios tenía planeada para Él.

He escuchado muchos ejemplos de personas que, al contrario que Pablo, perdieron el propósito de su vida. He visto ejemplos también. Durante más de veinte años de viajar por las iglesias del mundo, he visto pastores principales que sé en mi corazón que tenían un llamado a ser pastores asociados, hombres de negocios que deberían haber dedicado su tiempo completo al ministerio, y hasta pastores cuyo llamado era el de trabajar en el mundo de los negocios. He visto personas fuera de lugar en las empresas o en el mundo de los negocios, trabajando para otro porque tenían temor de fracasar al hacerlo para sí mismos. Y he visto también a personas que no fueron fieles a otros porque quisieron ser sus propios jefes.

He visto personas que no siguieron la voluntad de Dios al casarse, y cuyos llamados han sido frustrados, y otros que han sido influenciados por ciertos amigos que los alejaron de su llamado. He visto a los enredados en recreación, deportes, ambición de dinero o de poder, y otras situaciones del mismo estilo. Los ejemplos son interminables, pero todas las situaciones impidieron que estos creyentes cumplieran con su rol en el plan maestro de edificar la casa de Dios.

Asusta pensar en esto, pero la buena noticia es que ninguno de nosotros tiene por qué desviarse del camino que Dios nos ha puesto por delante. Dios es el autor de nuestras historias, y Él es perfectamente capaz de guiarnos para que las cumplamos. La pregunta que deberíamos hacernos es la siguiente: ¿cómo descubro lo que he sido llamado a hacer como subcontratista? Hablaremos sobre esta pregunta tan importante en el siguiente capítulo. También veremos algunos consejos sobre cómo regresar si nos hemos desviado del camino.

Capítulo 12

LLAMADO POR DIOS

Pues los dones de Dios y su llamado son irrevocables.
—Romanos 11:29, NTV

Muchos pensarían que el hecho de poder alejarse del plan de Dios (incluso al desviarse hacia cosas que parecen buenas o piadosas) es aterrador. ¡Esa respuesta es entendible! Pero recuerda que no somos llamados a tener temor al fracaso o al castigo sino a tener temor de Dios. El temor del Señor nos mantiene cerca de Aquel de quien se dice: *Tus oídos lo escucharán. Detrás de ti, una voz dirá: "Este es el camino por el que debes ir", ya sea a la derecha o a la izquierda* (Isaías 30:21, NTV). Por lo tanto, centremos ahora nuestra atención en cómo podemos conocer nuestra tarea como constructores de la casa de Dios.

PRIMERO: ¿HAS BUSCADO SINCERAMENTE A DIOS?

Cuando te preguntan si estás cumpliendo tu destino, puede que pienses: *Quiero hacerlo, ¡pero no sé qué estoy llamado a hacer!* Puede haber un par de razones para esto. La primera pregunta que debes hacerte es: ¿he buscado sinceramente a Dios? Se nos dice que Dios recompensa a aquellos que lo buscan diligentemente con fe (ver Hebreos 11:6), y no a aquellos que lo buscan a la ligera o con dudas. Si alguien busca a Dios de todo corazón y esperando expectante su respuesta, le será mostrado aquello para lo que ha sido puesto en esta tierra.

Después de recibir la salvación en mi fraternidad de la universidad de Purdue, comencé inmediatamente a buscar la voluntad de Dios para mi vida. Era estudiante de ingeniería y trabajaba un semestre sí y uno no en IBM. Una de las cosas que me motivaba a conocer mi llamado, además del sencillo deseo de obedecer a Dios, fue algo que ocurrió solo unos meses después de ser salvo. Estaba en una oficina con un grupo de ocho a diez ingenieros celebrando los treinta y ocho años de trabajo en la empresa de un hombre. Estábamos todos conversando cuando esta persona nos dijo: "He odiado venir a este trabajo cada día durante treinta y ocho años". Todos los demás en la sala estaban de acuerdo, o reían. Todos excepto yo, que me quedé en estupefacto.

Como novato entre estos profesionales experimentados, me preguntaba por qué nadie más comentaba algo, de modo que dije: "¿Por qué lo hizo durante treinta y ocho años si lo odiaba?". El hombre me miró y contestó: "Es un empleo".

Yo también había percibido en mí cierta aversión a trabajar allí. Mi papá era ingeniero, y él decía que era una buena profesión, que era segura y bien pagada; pero este encuentro cambió mi visión. Pensé: *No habrá dinero, seguridad, o cualquier otra cosa que me alejé de mi razón de estar aquí en la tierra.* Decidí precisamente en ese momento que descubriría cuál era mi llamado y cuál era el próximo paso que debía dar para cumplirlo.

He aprendido que Dios te brindará una visión general del llamado de tu vida si lo buscas temprano en tu caminar con Él. En otras palabras, Él te mostrará el fin desde el comienzo. A José desde joven se le mostró que sería un gran líder y que hasta su padre, madre y hermanos lo obedecerían. No fue sino años después cuando eso ocurrió. Moisés sabía que lideraría Israel al menos cuarenta años antes de que su momento llegara. A David se le mostró que sería rey mientras todavía era un muchacho joven que cuidaba ovejas. Fue años más tarde cuando se convirtió en gobernante de Israel. Y la lista continúa.

Mis planes eran terminar mi carrera de ingeniería en Purdue, obtener una maestría en Harvard, y llegar a una gerencia de alto nivel en una empresa. Me casaría, tomaría vacaciones varias veces al año, y daría a Dios un diez por ciento de todo lo que ganara. Esa era mi idea personal del servicio a Dios.

Cuanto más buscaba a Dios, más atraído me sentía al ministerio. No me gustaba esa idea, pero sabía que al obedecer a Dios encontraría plenitud y satisfacción. Una vez comprometido a obedecerlo en lo que fuese, Él comenzó a mostrarme una imagen más completa de aquello que me había llamado a hacer.

A principios de la década de los ochenta, Dios ya me había mostrado que algún día tendría influencia sobre muchas naciones con la Palabra de Dios siempre y cuando permaneciera en obediencia a Él. No hace falta decir que en ese entonces no comprendía nada y que no veía cómo eso podría cumplirse. Yo era un muchacho que venía de un pueblecito y no conocía a nadie en ningún ministerio nacional o internacional.

Igual que con José o Moisés, Dios nos mostrará el cuadro final; pero no todos los pasos para alcanzarlo. Esto nos mantiene con fe y no dependientes de nuestro razonamiento. Necesitamos buscar y obedecer lo que Él nos dice, y después avanzar hacia ese objetivo. Con frecuencia, sin embargo, puede parecer que nuestro próximo paso no nos lleva hacia ese objetivo sino más bien en la dirección contraria. Ser vendido como esclavo durante diez años después de recibir un sueño de liderazgo (como en el caso de José) no es exactamente un paso lógico. Por eso se nos dice: *Confía en el Señor con todo tu corazón; no dependas de tu propio entendimiento. Busca su voluntad en todo lo que hagas, y él te mostrará cuál camino tomar* (Proverbios 3:5-6, NTV).

Pocos meses después, durante mi último año de universidad, me quedé en mi fraternidad mientras todos los demás estudiantes iban a sus casas cuatro días para celebrar Acción de Gracias. Durante esos días ayuné y oré buscando la dirección y la voluntad de Dios para mi vida. Un par de meses después recibí las instrucciones del paso siguiente, pero este parecía totalmente opuesto a la dirección natural hacia el ministerio. A mí me parecía lógico ir a una escuela bíblica; pero el Señor me mostró que debía hacer una entrevista para un puesto de ingeniero. ¡Por eso Dios nos dice que no dependamos de nuestro propio entendimiento!

Conocí muchas compañías en nuestro campus, y supe desde el primer momento que debía ir a trabajar para Rockwell Corporation en Dallas, Texas. Eso no tenía sentido, ya que, en Dallas, que yo supiera, no había escuelas bíblicas. Tenía trece ofertas de trabajo en otras ciudades (algunas de las cuales tenían escuelas bíblicas), y todas me ofrecían más dinero que Rockwell. Sin embargo, simplemente obedecí.

Cuando llegué a Dallas, entré en una iglesia y el Señor me mostró que debía plantarme allí. En esa iglesia fui formado a través del servicio, y ese fue el comienzo del camino que me llevó hasta donde estoy ahora.

SEGUNDO: ¿TE HAS PLANTADO?

Esto nos lleva a la segunda razón por la cual muchos no encuentran la voluntad de Dios para sus vidas: no se plantan en la iglesia local. La Palabra de Dios nos dice: *Plantados en la casa del Señor, florecerán en los atrios de nuestro Dios* (Salmos 92:13).

Aquellos que se planten a sí mismos en la casa de Dios, que en esta vida sería la iglesia local, florecerán *en los atrios de nuestro Dios*. Un aspecto de los *atrios de nuestro Dios* es el tribunal de Cristo. De manera que floreceremos tanto ahora como en el juicio si hemos estado firmemente plantados en la iglesia local. Este es el diseño de Dios.

La idea de la iglesia fue de Dios, no de los hombres. Jesús dice: *Edificaré mi iglesia; y las puertas del Hades no prevalecerán contra ella* (Mateo 16:18). Fíjate en la palabra *edificaré*. ¿Cómo puede Jesús edificar su iglesia sin estar físicamente allí? La respuesta es: a través de su cuerpo; es decir, nosotros. Nuevamente, por eso somos llamados colaboradores (subcontratistas). La gracia, la capacidad y los dones los da Él, y es Él quien nos da el poder sobrenatural; pero debe haber canales obedientes para llevar a cabo su obra. La pregunta es la siguiente: ¿estamos construyendo su iglesia en cooperación con Él, o estamos motivados por nuestras propias agendas?

Jesús tiene una iglesia universal subdividida en iglesias locales. Uno de los numerosos ejemplos de esto serían sus palabras en Apocalipsis para cada una de las siete iglesias locales: Éfeso, Esmirna, Pérgamo, Tiatira, Sardis, Filadelfia y Laodicea.

La iglesia es también llamada *cuerpo de Cristo*. Así como la iglesia universal está subdividida en cuerpos locales, también el cuerpo universal de Cristo está dividido en cuerpos locales.

El Señor es quien ubica a su pueblo. Pablo nos dice: *Ahora bien, Dios ha colocado a cada uno de los miembros en el cuerpo según le agradó* (1 Corintios 12:18). Esta puede ser una afirmación sorprendente: *¡No somos nosotros los que elegimos dónde vamos a la iglesia! ¡Él lo hace!*

Detente y reflexiona en eso por un momento. Muchas personas eligen la iglesia como si eligieran supermercado en lugar de preguntarle a Dios dónde quiere que estén. ¿Cómo podrás cumplir el propósito de tu vida si no estás en la ubicación correcta dentro del cuerpo? Todas las partes de un cuerpo humano están interconectadas de acuerdo al cuidadoso diseño de Dios; una mano lo pasaría mal si estuviera conectada a la rodilla. De hecho, deberíamos buscar la voluntad de Dios antes de mudarnos a otra ciudad o unirnos a una iglesia local.

Cada uno de nosotros tiene un rol en la iglesia local. Leemos:

> *Ahora bien, vosotros sois el cuerpo de Cristo, y cada uno individualmente un miembro de él. Y en la iglesia, Dios ha designado: primeramente....* (1 Corintios 12:27-28)

Aquí, Pablo procede a enumerar algunos de los puestos principales dentro de la iglesia local. Aunque no da una lista exhaustiva, sabemos por otras referencias del Nuevo Testamento que cada creyente es una parte del cuerpo de Cristo y que cada uno de nosotros juega un papel vital, así como sucede con cada uno de los miembros de nuestro cuerpo físico. Si no estamos funcionando en el cuerpo al cual fuimos asignados, la iglesia local estará lisiada, igual que lo estaría nuestro cuerpo si uno o más miembros físicos (una pierna, un ojo o un riñón) se desconectaran, no funcionaran, o lo hicieran de manera independiente.

La triste realidad es que hay muchas cosas que son parte del ministerio de Jesucristo y que no se están cumpliendo en nuestras comunidades a causa de la grave discapacidad de las iglesias locales. ¿Por qué están lisiadas? Por lo general, no es a causa de líderes ineficaces sino por los creyentes que profesan serlo, pero viven de modo independiente. ¿Qué pasaría si mis ojos (o mis piernas, mis pies u otra parte de mi cuerpo) decidieran hacer lo que quisieran? Me asombra lo que Dios ha llegado a hacer en los Estados Unidos considerando el estado de nuestras iglesias locales.

¿Por qué la iglesia primitiva, sin embargo, explotó con un crecimiento tan rápido? Examinemos y veamos:

Todos los creyentes se dedicaban a las enseñanzas de los apóstoles, a la comunión fraternal, a participar juntos en las comidas (entre ellas la Cena del Señor), y a la oración... Todos los creyentes se reunían en un mismo lugar y compartían todo lo que tenían... Adoraban juntos en el templo cada día, se reunían en casas para la Cena del Señor y compartían sus comidas con gran gozo y generosidad, todo el tiempo alabando a Dios y disfrutando de la buena voluntad de toda la gente. Y cada día el Señor agregaba a esa comunidad cristiana los que iban siendo salvos.

(Hechos 2:42-47, NTV)

¿Ves que los creyentes estaban plantados en la iglesia local? Adoraban a Dios juntos, escuchaban los mismos mensajes, tenían una visión común, y hacían vida juntos. Esto resultó en un crecimiento saludable de la iglesia. Las personas servían al Señor a través de su iglesia local, lo cual también incluía su vida de hogar.

Para los primeros creyentes, ser parte de la iglesia local era su vida. De hecho, surgió un problema cuando algunas viudas fueron desatendidas en la distribución de alimentos. Los apóstoles reunieron al cuerpo local de creyentes y dijeron que no era bueno para ellos dejar el ministerio de la Palabra de Dios para servir las mesas. *Por lo tanto, hermanos,* dijeron los apóstoles, *escojan a siete hombres que sean muy respetados, que estén llenos del Espíritu y de sabiduría. A ellos les daremos esa responsabilidad* (Hechos 6:3, NTV).

Observemos que los líderes no dijeron: "Necesitamos voluntarios. ¿A alguien le importaría dar su tiempo para ayudar a estas mujeres?". No, todos los creyentes estaban comprometidos a servir porque estaban plantados en la iglesia local. Personalmente creo que todos los miembros estaban deseando ser seleccionados para servir. Se eligió a siete hombres...

> *A los cuales presentaron ante los apóstoles, y después de orar, pusieron sus manos sobre ellos. Y la palabra de Dios crecía, y el número de los discípulos se multiplicaba en gran manera en Jerusalén, y muchos de los sacerdotes obedecían a la fe.*
> (Hechos 6:6-7)

Los apóstoles pusieron sus manos sobre estos siete hombres no para ministrar desde el púlpito, enseñar en un grupo de casa, liderar la alabanza o ir a un viaje ministerial, sino para servir comida a viudas de la iglesia. ¡Increíble!

Sin embargo, fíjate que una vez que estos siete hombres tomaron su lugar en el cuerpo, por insignificante que pareciera, la *palabra de Dios crecía* y el número de discípulos se *multiplicaba* en gran manera en Jerusalén. Aquí encontramos un hecho sorprendente. En Hechos capítulos 1 al 5, la palabra *agregado* o *añadido* se usa varias veces para describir el crecimiento de la iglesia en Jerusalén. Por ejemplo:

Entonces los que habían recibido su palabra fueron bautizados; y se añadieron aquel día como tres mil almas. (Hechos 2:41)

Y el Señor añadía cada día al número de ellos los que iban siendo salvos. (Hechos 2:47)

Y más y más creyentes en el Señor, multitud de hombres y de mujeres, se añadían constantemente al número de ellos. (Hechos 5:14)

Hasta este punto, únicamente los apóstoles estaban haciendo el trabajo ministerial en la iglesia local, y Pedro es el único del que se tiene registro como comunicador. Sin embargo, en algún punto los creyentes se dieron cuenta de que cada uno tenía dos responsabilidades muy importantes. Primero, predicar el evangelio a otras personas; y, segundo, desempeñar un papel en la iglesia local.

El descubrimiento de que todos los creyentes debían contar la increíble historia de la resurrección de Jesús se encuentra en Hechos 5:42-6:1: *Y todos los días, en el templo y de casa en casa, no cesaban de enseñar y predicar a Jesús como el Cristo. Por aquellos días, al multiplicarse el número de los discípulos...* No había manera de que Pedro pudiera predicar en cada casa porque no había radio, televisión, o el Internet, así que todos los creyentes comenzaron a predicar el evangelio de Jesucristo a sus vecinos. Observemos ahora que la iglesia no crecía por adición sino por multiplicación. Esta es la primera vez que se menciona el crecimiento multiplicado en el libro de los Hechos.

Sin embargo, la dinámica de la multiplicación no se detiene aquí, porque cuando los creyentes tomaron sus lugares para servir en la iglesia (los hombres que servían a viudas con necesidades sentaron el ejemplo), leemos que el número de los discípulos no solamente se multiplicaba, sino que se multiplicaba *en gran manera*. ¡Multiplicación en gran manera es *crecimiento exponencial*!

Déjame compartir contigo la diferencia entre adición y multiplicación en gran manera, o crecimiento exponencial. Consideremos a un pastor que gana 10 000 personas para el Señor cada mes. ¿Lo considerarías un ministerio efectivo? Seguramente sí. Pero ¿sabes cuánto tardaría en alcanzar a todo el mundo? La respuesta es un asombroso número de años: 50 000. ¡Y eso solo sería posible si nadie naciera o nadie muriera durante eso 50 000 años! Eso es más de diez veces el periodo de tiempo que el hombre ha estado sobre la tierra. ¡Imposible!

Ahora déjame ponerte un ejemplo de multiplicación en gran manera. Digamos que tú ganas a dos personas para el Señor y consigues que conecten con tu iglesia local. Luego, el mes siguiente, cada una de esas dos personas conduce a otras dos hacia el Señor y los acerca a la iglesia local. Al mes siguiente, cada una de esas cuatro hace lo mismo, y el siguiente mes cada una de esas ocho acerca a otras dos al Señor y las conecta con la iglesia. Si esta tendencia continúa, ¿sabes cuánto tiempo se tardaría alcanzar a la población total de la tierra con el evangelio? La respuesta es sorprendente: unos 33 meses. Sí, así es: ¡menos de tres años! Esto es una multiplicación en gran manera.

¿Entiendes ahora por qué podemos leer esto en la Biblia?

Esto continuó durante dos años, de manera que todos los habitantes de [la provincia de] Asia, judíos y griegos, escucharon la Palabra del Señor. (Hechos 19:10, AMP, traducción libre)

¡Todos los habitantes! Si las Escrituras dicen *todos*, es *todas* las personas. No hablamos de una ciudad, sino de una región entera. No tenían satélites, televisión, radio, redes sociales, autos, ni siquiera bicicletas. Esto es crecimiento exponencial.

Hace falta un cuerpo saludable de creyentes para experimentar una multiplicación en gran manera. Un cuerpo saludable está formado por creyentes plantados en una iglesia local, que incluye servir en esa iglesia (por ejemplo, servir las mesas de las viudas, ser ujier, trabajar en el estacionamiento, dar la bienvenida, visitar la cárcel, servir en el ministerio de niños... la lista es enorme). Aquellos que están sirviendo también alcanzan a personas en su lugar de trabajo o en su vecindario, y las acercan a la iglesia local. Recuerda que Jesús nos manda hacer discípulos, no solo convertidos, de todas las naciones. Debemos conectar con la iglesia a todos los que alcancemos para que se les enseñen las cosas que Jesús mandó (ver Mateo 28:20). Hace falta el cuerpo local completo y todos los dones dentro de él para que las personas maduren en Cristo.

La clave es estar plantados en la iglesia local. Ahí floreceremos. Si te fijas, verás que Felipe era uno de los siete elegidos para servir la comida a las viudas; sin embargo, más adelante en el libro de los Hechos se le llama Felipe el evangelista. Su obra ministerial se había ampliado e incluía muchas ciudades: *Al día siguiente partimos y llegamos a Cesarea, y entrando en la casa de Felipe, el evangelista, que era uno de los siete, nos quedamos con él* (Hechos 21:8).

Aunque ahora Felipe se había convertido en un gran evangelista y había sido puesto por el Señor en otra ciudad, aún se le reconocía como uno de los siete hombres que sirvieron a las viudas. Servir en la iglesia local fue imprescindible para alcanzar el llamado de su vida. Yo le digo lo siguiente a la gente: "Puede que tengas un llamado a hacer algo grandioso, pero no madurará correctamente si no nació estando plantado en una iglesia local".

Permíteme volver a citar las palabras del salmista: *Plantados en la casa del Señor, florecerán en los atrios de nuestro Dios* (Salmos 92:13). Piensa en la palabra *plantados*. Para entender cómo opera el reino, debes considerar la ley de la siembra y la cosecha. Jesús les dijo a sus discípulos que, si no entendían el principio de la semilla, la tierra y la cosecha, no podían entender todas sus parábolas (ver Marcos 4:13). De manera resumida, el reino de Dios es:

(...) como un hombre que echa semilla en la tierra, y se acuesta y se levanta, de noche y de día, y la semilla brota y crece; cómo, él no lo sabe. La tierra produce fruto por sí misma; primero la hoja, luego la espiga, y después el grano maduro en la espiga. Y cuando el fruto lo permite, él enseguida mete la hoz, porque ha llegado el tiempo de la siega. (Marcos 4:26-29)

Digamos que tengo en mi poder un puñado de semillas, todas de árboles frutales, pero no las conozco tanto como para diferenciar unas de otras. La única forma de saber cuál es cuál es sembrándolas. Ya plantadas, con el paso del tiempo descubriré la naturaleza de cada semilla.

Dios coloca en cada uno de nosotros un llamado preestablecido y nos da los dones para cumplirlo: Él nos creó de nuevo en Cristo Jesús, a fin de que hagamos las cosas buenas que preparó para nosotros tiempo atrás (Efesios 2:10, NTV) y *los dones y el llamamiento de Dios son irrevocables* (Romanos 11:29). De acuerdo con las palabras de Jesús, mi llamado y mis dones están en estado de semilla. Si me planto a mí mismo en la iglesia, alcanzaré el destino que Dios tiene para mí. Si no, usaré los dones en mi vida para un propósito diferente del que diseñó mi Creador. No te dejes engañar por los estándares de éxito del mundo. Podrías tener mucho éxito con tus dones, pero no estar obedeciendo el plan del Maestro.

Permíteme poner algunos ejemplos. Verás muchas personas en el mundo que tienen voces magníficas y conmueven a la gente hasta las lágrimas. Su don les fue dado para glorificar a Dios y mover a las personas a buscar el corazón y los deseos de Él, pero nunca cumplieron su destino porque no fueron salvados o no fueron plantados en una iglesia.

Este es un ejemplo de los muchos que podría dar de quienes nunca llegaron a los pies de Jesús en el transcurso de sus vidas. Sin embargo, también hay personas que han entregado sus corazones a

Jesús, pero asisten a la iglesia irregularmente. No están cumpliendo el llamado más alto del reino porque no se han plantado. Pueden haber sido llamados a influenciar vidas fuera de la iglesia y tal vez lo estén haciendo en cierto grado, pero su verdadero destino podría haber sido mucho más amplio si se hubieran plantado en la iglesia.

Una persona puede percibir ciertos dones y usarlos de la manera que crea mejor, pero, así como nunca sabrá la clase exacta de un árbol (su forma, tamaño, fuerza, etc.) mientras sea una semilla, tampoco sabrá el verdadero destino que Dios le había asignado a menos que se haya plantado en la iglesia. Es el diseño de Dios, no del hombre.

Otro problema es el de los creyentes que se cambian de iglesia cuando surge algún problema. Hoy día, los hombres y las mujeres se van de la iglesia si ven algo que está mal, especialmente con respecto a su liderazgo. Tal vez el problema es el modo en que los líderes y el equipo manejan la iglesia. Quizá es la manera en que se recoge la ofrenda o cómo se usa el dinero. Si a las personas no les gusta lo que predica el pastor, se van. El pastor no es accesible, o es demasiado informal. O podría ser porque los miembros de la congregación no les prestan suficiente atención. La lista es larga. En lugar de enfrentar las dificultades y no perder la esperanza, esas personas corren hacia donde parece no haber conflicto.

Seamos sinceros: Jesús es el único pastor o miembro de la iglesia que es perfecto. Entonces, ¿por qué en nuestra sociedad occidental huimos de las dificultades en lugar de enfrentarlas y buscar una solución? Preferimos ir de iglesia en iglesia buscando un lugar con liderazgo y miembros sin defectos.

Pero recuerda que el lugar en el que Dios nos ha puesto es el lugar en el que el diablo nos quiere ofendidos para sacarnos de ahí. Nuestro enemigo quiere arrancar de raíz a hombres y mujeres del lugar en el que Dios los ha plantado. Si consigue que te vayas, habrá tenido éxito. Si no te mueves, incluso en medio de un gran conflicto, arruinarás sus planes y cumplirás los de Dios.

Una vez más, aquellos que han sido *plantados en la casa del Señor, florecerán en los atrios de nuestro Dios.* ¿Qué le sucede a una planta si se trasplanta cada tres semanas? Su sistema de raíces comenzará a disminuir y no florecerá o prosperará. Si la sigues trasplantando, morirá.

Muchos van de iglesia en iglesia tratando de desarrollar su llamado ministerial. Si no son reconocidos en el lugar donde Dios los coloca, se ofenden fácilmente. Si se hace algo de una manera que no les gusta, se ofenden y se van, y lo hacen culpando al liderazgo. Son ciegos a cualquier defecto de su propio carácter, y no se dan cuenta de que Dios los estaba perfeccionando con la presión a la que estaban sometidos (esto no está limitado al ministerio, sino que aplica también al matrimonio, los empleos, y otras relaciones).

Aprendamos de los ejemplos que Dios da con las plantas y los árboles. Cuando un árbol frutal se planta en la tierra tiene que enfrentar tormentas, sol, calor y viento. Si un árbol joven pudiera hablar, diría: "¡Por favor, sácame de aquí! ¡Ponme en un lugar en el que no haya calor ni tormentas de viento!".

Si el jardinero hiciera caso al árbol, en realidad le causaría un gran daño. Los árboles soportan el calor del sol y las tormentas con viento y lluvia haciendo crecer sus raíces hacia lo profundo. La adversidad que enfrentan se convierte en una fuente de gran estabilidad, y la dureza del clima que los rodea hace que busquen más profundamente otra fuente de vida. Llegará el día en que ni la mayor tormenta de viento pueda afectar su capacidad de producir fruto. Sabiendo esto, no deberíamos resistirnos a lo que Dios nos permite vivir para fortalecernos en nuestro llamado.

TERCERO: ¿ESTÁS ENREDADO?

La última razón que trataremos con respecto a por qué las personas no encuentran y cumplen su llamado es *enredarse*. Hay pesos que les impiden correr y completar su carrera.

Pablo dice de sí mismo: *Pero eso a mí no me preocupa, pues no considero mi vida de mucho valor, con tal de que pueda terminar con gozo mi carrera y el ministerio que el Señor Jesús me encomendó, de hablar del evangelio y de la gracia de Dios* (Hechos 20:24, RVC). Pablo era plenamente consciente de su misión en la vida. Tenía un trabajo que hacer, y era consciente de que aún no estaba terminado. ¿Cómo lo sabía? Pues igual que Jesús y Pedro lo sabían (ver 2 Pedro 1:14), e igual que lo saben otros que buscan a Dios, se plantan a sí mismos en la iglesia, y permanecen. El Señor revela esto a cualquiera que no considere su vida más valiosa que la voluntad de Dios. Esta es la clave: cuando rendimos nuestras vidas para cumplir el plan que Dios tiene para nosotros, no solo descubrimos nuestro llamado, sino que también lo cumplimos.

En los Evangelios tenemos un ejemplo de esto. Cierto día, Jesús viajaba de un pueblo a otro, y leemos: *Y mientras ellos iban por el camino, uno le dijo: Te seguiré adondequiera que vayas* (Lucas 9:57).

Este hombre apasionado estaba emocionado y era también sincero; quería seguir a Jesús hasta el final; sin embargo, Jesús podía ver más allá del entusiasmo y llegar hasta los motivos verdaderos o engañosos del corazón. Él vio un enredo que le impediría a este hombre cumplir su destino, así que le dijo: *Las zorras tienen madrigueras y las aves del cielo nidos, pero el Hijo del Hombre no tiene dónde recostar la cabeza* (Lucas 9:58).

Es probable que este hombre se apoyara en cosas terrenales que tenía y que le daban seguridad. Seguramente tenía un buen empleo, una casa de valor considerable, y un plan de jubilación establecido para sus últimos años. Jesús desafió ese deseo de seguridad terrenal al decirle que Él no tenía asegurado un lugar para recostar su cabeza.

Puedo imaginarme a este hombre, como a muchos otros entre la multitud, comenzando a retirarse muy lentamente hacia la periferia de la multitud para luego desaparecer de la escena. Probablemente diría: "Jesús, te serviré en tus reuniones, tocaré en la banda, o hasta estacionaré los autos de los ancianos y de quienes asistan a las convenciones cristianas de mi pueblo". Lo glamuroso de seguir a Jesús perdió su brillo, y las buenas intenciones de servirlo se desvanecieron rápidamente. Este hombre y muchos otros se fueron con la intención de apoyar a Jesús, pero sin querer comprometerse.

Luego, Jesús miró a otro que seguía deseando ayudar y dijo: *Sígueme.*

> *Pero él dijo: Señor, permíteme que vaya primero a enterrar a mi padre. Mas Él le dijo: Deja que los muertos entierren a sus muertos; pero tú, ve y anuncia por todas partes el reino de Dios.* (Lucas 9:59-60)

Menuda respuesta. Algunos pensarán que Jesús estaba siendo insensible y un poco duro; sin embargo, debemos entender la cultura de esa época. Los estudiosos dicen que la tradición dictaba que, cuando un padre moría y el primogénito cumplía con su obligación de enterrarlo, recibía una porción doble de la herencia mientras los otros hijos recibían una sola porción. Pero si no cumplía con la tarea de enterrar a su padre, la doble porción de herencia era entonces para el segundo hijo.

Este hombre estaba pensando en el dinero. Lo más probable era que amara el bienestar, lo cual le hubiera impedido seguir a Jesús. Podría haberse distraído o haber tomado decisiones basadas en las finanzas más que en el plan de Dios.

Con esta instrucción del Maestro, estoy casi convencido de que este hombre comenzó a retroceder, y con él, otros más. Su respuesta fue algo así: "Jesús, serviré en las conferencias que haya en mi ciudad. Cantaré en el coro o tocaré la batería. No tengo problema. Me encantaría hacer eso y no te cobraré nada por mis servicios". El entusiasmo de seguir a Jesús perdió su encanto para este hombre y otros muchos.

Fíjate que este hombre no dijo que no seguiría a Jesús. Dijo que lo seguiría, pero la clave de su pérdida se encuentra en sus palabras:

Permíteme que vaya primero". Quería estar seguro de que su deseo se cumpliría antes de rendir su vida a Jesús.

Nada puede tener prioridad por encima de la voluntad de Dios si queremos descubrir y completar su plan para nuestras vidas. He visto un sinfín de creyentes que se apartaron de la obediencia porque querían atender primero sus propias prioridades. Qué triste que se hayan perdido su llamado. Otro tuvo que venir para llevar a cabo su papel. ¿Cómo les irá ante el tribunal de Cristo?

Regresemos a la historia. La multitud se reducía, y otro voluntario bien dispuesto se presentó.

> *También otro dijo:* Te seguiré, Señor; pero primero permíteme despedirme de los de mi casa. Pero Jesús le dijo: Nadie, que después de poner la mano en el arado mira atrás, es apto para el reino de Dios. (Lucas 9:61-62)

Observemos de nuevo la palabra *primero*. Este hombre obviamente era muy allegado a su familia, o tenía amigos o una novia en casa, y quería hablar con ellos con respecto a su decisión de seguir al hombre de Galilea. Sus relaciones más estrechas habrían sido el factor determinante en su decisión de servir a Jesús, así que el Señor confrontó directamente eso diciéndole que no encajaría en el servicio para el reino.

Casi puedo ver a este hombre retrocediendo con otro gran grupo. Es como si pudiera oírlo decir: "Jesús, se me dan bien las relaciones públicas y los recursos humanos. Puedo ser consultor para tu ministerio e involucrarme proveyendo buenos empleados. También puedo ayudarte a reservar el centro para tu próxima conferencia local en nuestra ciudad. Y, cuando tú vengas, yo estaré a cargo de todos los anfitriones y ujieres que trabajen en tus reuniones. Incluso seré tu ujier si me necesitas. ¡Estoy para lo que necesites!".

Lo más probable es que, en este punto, Jesús hubiera visto ya cómo se reducía la multitud de seguidores entusiastas hasta abarcar solo a unos setenta. En un principio tal vez había habido miles, pero Él había dado en el clavo al hablar de manera directa sobre tres tipos de enredos que impedían a las personas cumplir su destino: seguridad, dinero, y relaciones (hay otras áreas, tales como placeres o el deseo de otras cosas fuera de los propósitos de Dios, pero en mis años de experiencia estos son los más importantes).

La mayoría, al leer los Evangelios, pasa por alto la siguiente afirmación de Lucas porque está justo antes de la transición a un nuevo capítulo. Sin embargo, quiero recordarte que el libro de Lucas es una carta larga a la cual la iglesia más tarde agregó los capítulos y versículos para una encontrar las referencias con más rapidez. Aquí está lo que Lucas dijo después:

Después de esto, el Señor designó a otros setenta, y los envió de dos en dos delante de Él, a toda ciudad y lugar adonde Él había de ir. Y les decía: La mies es mucha, pero los obreros pocos...
(Lucas 10:1-2)

Hay mucho que analizar en estos versículos. Ante todo, detente a pensar en las palabras: *Después de esto*. Debemos preguntarnos: ¿después de qué? La respuesta es: después de que Jesús vio la multitud decrecer hasta que solo quedó un remanente de personas que aún seguían allí, quizá diciendo para sus adentros: *No me importa lo que me cueste seguirlo. ¡Estoy dispuesto y lo haré!* Habían escuchado la respuesta de Jesús a las cuestiones de seguridad, dinero y relaciones, y habían decidido no dejar que nada les impidiera cumplir su destino en Dios.

Luego, Jesús *señaló* a setenta nuevos miembros del equipo, quienes eran seguramente los únicos que quedaban. Las palabras *señalar* y *elegir* se utilizan como sinónimos en el Nuevo Testamento. Una persona que es señalada es alguien que ha sido elegido, y alguien que ha sido elegido también ha sido señalado. Jesús declara esto en dos lugares diferentes del Evangelio de Mateo. Si Él repite una misma afirmación en dos lugares del mismo Evangelio, debemos prestarle mucha atención. Aquí está: *Muchos son llamados, mas pocos escogidos* (Mateo 20:16; 22:14, RV60).

Muchos son llamados... ¿Cuántos? Todos, para ser exactos. Todos los creyentes tienen un llamado en la vida y dones para cumplirlo. Sin embargo, y esto quizá te sorprenda, solo unos pocos son elegidos o señalados para cumplir ese llamado. ¿Por qué solo unos pocos son elegidos? Porque solo unos pocos renunciarán a sus propios deseos, seguridades, deseo de dinero, relaciones, u otras cosas que pudieran ser impedimento para cumplir el llamado de sus vidas.

Fíjate que Jesús dijo: *La mies es mucha, pero los obreros pocos* (Mateo 9:37). El hecho de que nuestra generación no esté siendo alcanzada no es culpa de Dios, porque Él *quiere que todos los hombres sean salvos y vengan al pleno conocimiento de la verdad* (1 Timoteo 2:4). Somos nosotros los que tendremos que estar ante su tribunal y dar cuentas de por qué nuestra generación no fue alcanzada. Si cumplimos nuestro llamado, no se nos juzgará; pero si permitimos que los enredos nos detengan, entonces es posible que nos asombremos al oír nuestra sentencia.

Podrías decir: "Yo soy solamente uno entre muchos". ¿Qué ocurriría si tu hígado dijera: "Soy un miembro insignificante del cuerpo y nadie se da cuenta de mi trabajo; voy a hacer lo que me parezca en lugar de la tarea para la que fui creado"? Como sabrás, sin el hígado el cuerpo está en problemas. ¿Qué pasaría si los pulmones, una pierna, un pie, o cualquier otra parte de nuestro cuerpo dijera eso? Así como cada miembro del cuerpo tiene importancia y significado, también lo tiene cada uno de los miembros de la iglesia.

Este es un hecho aleccionador: Jesús nos dice que solo unos pocos alcanzarán su destino como subcontratistas en la casa de Dios. Todo creyente tendrá un llamado que desarrollar; pero solo unos pocos lo harán. Eso significa que la mayoría de los creyentes que estén ante el tribunal de Cristo sufrirán esa pérdida y no ganarán recompensas gloriosas.

Sé que no son buenas noticias. Sin embargo, aquí tienes una noticia que sí es buena: puedes comenzar ahora. Puedes ponerte de rodillas, orar y pedirle a Dios que te perdone por todo lo que has permitido que te aleje de la obediencia a su voluntad para tu vida, y luego avanzar paso a paso. Smith Wigglesworth, un gran evangelista del siglo XX, no comenzó su ministerio hasta que tenía unos cincuenta años de edad. Nunca es demasiado tarde.

Recuerda que las claves para edificar bien son: primero, buscar a Dios con fe. Segundo, plantarte en la iglesia local que Dios te muestre, sometiéndote y obedeciendo al liderazgo designado en esa iglesia local. Y, en tercer lugar, renunciar a los enredos de tu vida. A medida que Dios te muestre el peso que te impide caminar, pídele su espada para cortar las ataduras que tenga sobre tu alma o tu cuerpo, porque su gracia puede hacerte libre.

LA RECOMPENSA COMPLETA[1]

Me gustaría compartir contigo un último pensamiento antes de avanzar al siguiente capítulo. Hay muchas personas que nunca comenzaron a edificar la casa de Dios o que incluso se desviaron tras haber comenzado. Las glorias temporales, que con el tiempo se desvanecen (las riquezas de este mundo, el ansia de influencia, poder o placer, la aprobación de los hombres…) les distrajeron. No te dejes engañar, distraer o confundir. Mantente enfocado. Tienes una tarea que hacer en Cristo, y debes terminarla.

El trabajo, incluso de toda una vida, de muchas personas no permanecerá; será arrancado y, por lo tanto, no serán parte del hogar eterno de Dios. ¿Te imaginas?

Para ayudarte a visualizar la gravedad de esta afirmación, permíteme regresar a la historia de la casa que nuestra familia construyó.

Como yo iba al lugar de la obra a diario, los subcontratistas me conocían bastante bien. Me llamaban "el predicador".

Cada día, cuando llegaba en mi auto al lugar de la obra, el rock ácido de los obreros sonaba a todo volumen. Cuando me veían, uno de ellos iba corriendo al altavoz portátil y lo apagaba. Por dentro, yo sonreía por la reverencia que tenían por las cosas de Dios, y entonces comenzábamos a conversar un rato. Tuve conversaciones muy interesantes con esos hombres, así como buenas oportunidades ministeriales.

En una de esas ocasiones, recuerdo que los subcontratistas me hablaron acerca de algunas de las magníficas casas en cuya construcción habían participado. Sus rostros se iluminaban al contarme del papel que habían desempeñado. Se podía ver en ellos la enorme satisfacción y el agrado de haber sido parte de obras tan gloriosas. No había vergüenza; solamente alegría por el trabajo que beneficiaba a otras familias y que era reconocido por los entendidos en casas de lujo.

Llevemos esto un paso más allá. ¿Puedes imaginarte cómo se sintieron los hombres que construyeron la Casa Blanca en Washington, D.C.? Imagina el día en que uno de ellos recibe a su propio hijo en casa después de regresar de la escuela, y este le cuenta que han aprendido acerca de la casa más famosa del país. Después, su hijo o hija anuncia con entusiasmo la excursión que próximamente hará la escuela para verla.

¿Puedes imaginar el entusiasmo que experimentaría ese hombre al hablar de su papel en la construcción de esa misma casa? ¿Puedes imaginar sus emociones al acompañar a la clase de su hijo al número 1600 de la Avenida Pennsylvania para esa excursión? ¿Puedes imaginar cómo se sintió al ver la emoción y el orgullo de su hijo cuando sus compañeros de clase se enteraron de que fue parte de la construcción de la casa en la que vive el presidente de los Estados Unidos?

Con nosotros ocurre algo similar, pero la diferencia es que no trabajamos construyendo una casa que con el tiempo será derribada y sustituida. Trabajamos construyendo la casa que será para siempre el enfoque principal de todo el universo. ¡Oh, sí! Recuerda las palabras del profeta Miqueas: *Vendrán muchas naciones y dirán: Venid y subamos al monte del Señor, a la casa del Dios de Jacob, para que Él nos instruya en sus caminos, y nosotros andemos en sus sendas. Porque de Sion saldrá la ley* (Miqueas 4:2).

Todos los asuntos del universo girarán alrededor de esta casa. La sabiduría y las leyes que gobernarán sobre toda la creación saldrán de ella, y lo más increíble es que será igual de hermosa dentro de diez trillones de años que el día en el que se complete.

Hay un gran ministro del evangelio que fue fiel hasta el final. Ministró de modo eficaz durante más de sesenta años y alcanzó su recompensa entrando al lugar de su reposo cerca del cambio de milenio. Un año después de su partida, viajé a una iglesia grande en el Medio Oeste en la que el líder de alabanza compartió que Dios le había mostrado algo en un sueño muy gráfico. En él, este hombre estaba en el cielo, vio a este gran ministro y conversó con él. El ministro le dijo al líder de alabanza con una gran sonrisa: "Es mucho mejor de lo que imaginé".

Hablaron de varios eventos y grandes verdades, y a continuación este ministro se volteó y señaló la parte de la construcción de Sión que había sido contribución suya. Era masiva. El impacto de su fidelidad era mucho mayor de lo que había soñado y estaba ahí, ante él. Pudo señalar su parte, igual que esos subcontratistas me hablaron de sus contribuciones. ¡Qué buena recompensa eterna!

Imagina poder mostrar no solo a tus descendientes, sino también a miles de naciones y pueblos que lleguen para ver la obra gloriosa de la casa de Dios llamada Sión, tu parte de la construcción de su hogar por toda la eternidad. ¿Puedes imaginar a las personas, según llegan, admirando la belleza de la casa de Dios y hablando de tu contribución por toda la eternidad?

Hablemos, sin embargo, del caso contrario. Imagina el cuadro de no ver una representación de tu trabajo porque no terminaste bien. ¿Puedes imaginar a tus descendientes o ancestros llegando para observar tu labor y no poder enseñarles nada? ¿Puedes imaginar a las naciones llegando para ver lo que hiciste y no tener nada que mostrar durante toda la eternidad porque la parte que debía ser tuya fue derribada y sustituida por otra? Recuerda las palabras de Pablo en la versión *The Message*:

> *Si tu trabajo pasa la inspección, qué bueno; pero si no, tu parte del edificio será derribada y construida de nuevo.*
> (1 Corintios 3:14-15, traducción libre)

Ese es un ejemplo de una verdadera pérdida eterna, y tristemente es una realidad. Querido amigo, no quiero que te ocurra eso, y Dios tampoco. Si quieres, puedes decidir ahora mismo que eso no te ocurra. Dios te ha dado gracia para poder edificar Sión. Como dice el apóstol Juan:

> *Tengan cuidado de no perder lo que hemos logrado con tanto trabajo. Sean diligentes para que reciban una recompensa completa.*
> (2 Juan 8, NTV)

El Señor mismo se ha asegurado de que cada uno de sus hijos tenga la oportunidad de recibir una recompensa completa por construir su casa. Tu trabajo no tiene por qué desvanecerse, envejecer, o ser sustituido. Si dependes de la gracia de Dios y edificas con diligencia, la contribución que hagas será objeto de admiración de miles de ángeles y personas para siempre y siempre.

Preguntas de discusión

SECCIÓN 5: CAPÍTULOS 11-12

1. Sabemos que Dios no necesita que hagamos nada por Él, pero sí quiere que colaboremos con Él. ¿Qué nos dice esto acerca de Él? ¿Y de su reino? ¿Y de nosotros mismos?

2. En Salmos 139:16 leemos que Dios escribió un libro que describe cada momento de nuestras vidas antes incluso de que naciéramos. ¿Cuáles son algunas de las formas en que podemos saber lo que Dios escribió acerca de nuestra historia que es única?

3. Es posible (tal vez incluso fácil) gastar nuestras vidas haciendo cosas aparentemente buenas y aun así perdernos lo que hemos sido llamados a hacer. ¿Hay algo que hayas echado al olvido por miedo o desánimo y ahora creas que debes buscar a Dios para avivarlo?

4. En el capítulo 12 mencionamos tres claves para establecer una vida conforme a la voluntad de Dios: buscarlo con sinceridad, plantarnos en su casa, y liberarnos de los enredos. ¿Cuál de ellas te llamó la atención por ser un área en la que puedes mejorar? ¿Cómo puedes hacerlo?

5. En la eternidad podemos ser recompensados completamente, de forma parcial, o no ser recompensados en absoluto. ¿Qué significa para ti obtener la recompensa completa?

SECCIÓN 6

Capítulo 13

LA MULTIPLICACIÓN

*A los segadores se les paga un buen salario,
y los frutos que cosechan son personas que pasan a tener la vida
eterna. ¡Qué alegría le espera tanto al que siembra como al que
cosecha! Ya saben el dicho:
"Uno siembra y otro cosecha", y es cierto.*
—Juan 4:36-37, NTV

*El que planta y el que riega trabajan en conjunto
con el mismo propósito. Y cada uno será recompensado por su
propio arduo trabajo.*
—1 Corintios 3:8, NTV

Los que sirven fielmente en el reino edificando la casa de Dios reciben magníficos salarios eternos. A cada uno se nos recompensará por nuestra obra individual, según nuestro propio trabajo. Cada uno tiene distintas responsabilidades, pero todos los llamados, aunque diversos, producen un mismo resultado: vidas impactadas para la eternidad.

Muchos creen que solo los ministros que han influenciado públicamente a millones de vidas estarán en las primeras filas del cielo recibiendo las recompensas más grandes; sin embargo, esto no es cierto. Dios no recompensa como lo hace el hombre sino de acuerdo a las obras de obediencia. Si Él recompensara según los estándares humanos, los logros empresariales serían el objetivo del ministerio. Como vimos en los dos últimos capítulos, este no es el caso en absoluto. Dios juzga y recompensa de acuerdo a lo que hemos sido llamados a hacer: aquello para lo que nos ha capacitado.

CAPACITADOS POR LA GRACIA

En el año 56 d. C., apenas diez años antes de acabar su carrera, Pablo escribió que era el *más insignificante de los apóstoles* (1 Corintios 15:9). Esto podría extrañar a quienes hayan estudiado la historia de la Iglesia, porque Pablo había impactado a todo el mundo conocido y había logrado más que ningún otro en su época. No había dudas de que era el apóstol más grande de su época. Entonces, ¿por qué haría tal afirmación? ¿Podría estar exagerando? Eso no sería posible, ya que es imposible mentir cuando se escriben las Escrituras. La única manera en que el Espíritu Santo permitiría una afirmación como esa sería si él realmente pensaba que lo era.

La respuesta se encuentra en lo que siguió escribiendo: *Pero por la gracia de Dios soy lo que soy, y su gracia para conmigo no resultó vana; antes bien he trabajado mucho más que todos ellos, aunque no yo, sino la gracia de Dios en mí* (1 Corintios 15:10).

Es interesante que, aunque Pablo reconocía que sus logros eran mayores que los de cualquier otro apóstol, se seguía considerando el más insignificante. La explicación de este oxímoron se encuentra en sus palabras: *Por la gracia de Dios yo soy lo que yo soy*. Pablo era capaz de separarse de todo lo que Dios había obrado a través de él. Era completamente consciente de que no podía añadir nada al llamado de Dios en su vida, ni lograr nada más allá de la capacidad que le había sido dada, y todo se resumía en una sola palabra: *gracia*. Y esta dinámica se aplica a todos los creyentes en relación con su llamado.

Permíteme hablar de mi propia experiencia en el ministerio. Los libros que he escrito están ahora disponibles en más de noventa idiomas en todo el mundo. Se cuentan por millones, y los testimonios de cambios de vidas son incontables.

A menudo, las personas se acercan a preguntarme cuál es el secreto para escribir como lo hago. Yo me río por dentro y pienso en cuán desastroso era cuando estudiaba en la escuela y lo mal que escribía antes de que Dios manifestara su gracia en mi vida. Tardaba horas en escribir un texto de dos páginas, y solía hacer largos borradores antes de terminar cada párrafo. Ahora, cuando escribo, las palabras fluyen desde dentro de mí. Me doy cuenta más que nadie de Quién es el que escribe estos libros. Yo en realidad soy el primero en leerlos.

Una vez me entrevistaron en un programa coloquio de la televisión nacional, donde el enfoque estaba en los mensajes de los libros que había escrito. Sin embargo, a medida que avanzaba la entrevista, el presentador del programa se enfocaba más en mí y en mis logros que en los mensajes. Me sentí muy incómodo, y miré dentro de mí para buscar el consejo del Espíritu Santo sobre cómo cambiar el enfoque de la conversación.

Minutos más tarde hubo una pausa en nuestra charla, y fue el momento ideal para incluir lo que el Espíritu Santo me había dicho. De manera que cité las palabras de Salomón: *Sé que todo lo que Dios hace será perpetuo; no hay nada que añadirle y no hay nada que quitarle; Dios ha obrado así para que delante de Él teman los hombres. Lo que es, ya ha sido, y lo que será, ya fue, y Dios busca lo que ha pasado* (Eclesiastés 3:14-15).

Entonces dije: "Hay multitudes incalculables de pastores y ministros allá afuera haciendo lo que Dios los ha llamado a hacer. Algunos están supervisando iglesias de trescientos miembros en áreas rurales. Otros dirigen ministerios para los perdidos y heridos en países en desarrollo; han sembrado sus vidas en el campo misionero. Otros trabajan en las zonas urbanas deprimidas, arriesgando diariamente sus vidas para ayudar a los menos afortunados. Otros están sirviendo a Dios fielmente en el mundo laboral. Y la lista es interminable. Probablemente, usted nunca traerá a ninguna de esas personas a este programa, pero muchos estarán en las primeras filas del cielo porque fueron obedientes a lo que Dios los llamó hacer, y lo han hecho con una motivación pura".

Y continué diciendo: "Con respecto a mí, Dios me ha llamado a hacer un trabajo específico para Él, cuyo alcance ha llegado a muchas vidas; por eso me han invitado a este programa. Sin embargo, no puedo añadir nada a lo que Él me ha llamado a hacer. No puedo agrandar, realzar, o hacerlo ir más allá de mi propia capacidad. Lo único que puedo hacer es arruinarlo, ¡y eso me produce temor!".

La atmósfera de la entrevista enseguida se volvió solemne. El hombre que me entrevistaba, un ministro internacional, se dio cuenta de lo que yo había dicho y cambió por completo el enfoque de lo que quedaba de la entrevista para reorientarla hacia el servicio a las personas.

Esto mismo vale para cada uno de nosotros. Si has sido llamada a ser esposa y madre, a servir en la guardería de tu iglesia local y a interceder en oración, si lo haces con fe hasta el final, serás recompensada enormemente por tu obediencia. Si has sido llamado a servir en el ministerio a las cárceles de tu iglesia, a tocar vidas en el mundo de los negocios, y a dar generosamente al ministerio, si lo haces fielmente hasta el final, de todo corazón como para el Señor, serás recompensado de la misma manera que lo será el evangelista que ganó multitudes.

La lista continúa, y creo personalmente que veremos en las primeras filas del cielo a muchas más madres, empresarios, obreros, etc., de los que podamos imaginar recibiendo las mayores recompensas del Señor.

EL EJÉRCITO DE DIOS EN LA TIERRA

La iglesia de Jesucristo es el ejército de Dios en la tierra. Todos tenemos posiciones de rango y dones para cumplir nuestras misiones. Años atrás, el Señor despertó a mi esposa y le mostró en el Espíritu a este gran ejército. Eran las 4:00 de la mañana, pero me despertó inmediatamente para contarme lo que había visto en la visión.

"John", me dijo, "era un ejército en el que todos sabían cuál era su rango, su posición y sus responsabilidades. Marchaban en un orden perfecto, y había espacios libres entre las filas que iban llenándose de otras personas. Nos vi a ti y a mí, ambos entrando en nuestros dos lugares de servicio. Nadie tenía que mirar a otros para ver hacia dónde marchar, y todos marchábamos perfectamente al unísono porque todos los ojos miraban al Señor".

Entonces dijo algo que captó mi atención de modo especial. "Nadie codiciaba la posición del otro. Todos estaban conformes con servir en el lugar que el Señor había creado para cada uno". ¿Entendiste esto? Nadie en el ejército envidiaba el lugar de servicio de ningún otro. Todos estaban contentos y felices de trabajar en su posición.

Con esto en mente, volvamos al ejemplo de la casa diseñada por su dueño. Recuerda que el versículo dice: *Con sabiduría se edifica una casa* (Proverbios 24:3). Hay dos clases de sabiduría mediante las que podemos construir. Una es la de arriba y la otra no lo es.

> *¿Quién es sabio y entendido entre ustedes? Que lo demuestre con su buena conducta, mediante obras hechas con la humildad que le da su sabiduría. Pero si ustedes tienen envidias amargas y rivalidades en el corazón, dejen de presumir y de faltar a la verdad. Esa no es la sabiduría que desciende del cielo, sino que es terrenal, puramente humana y diabólica. Porque donde hay envidias y rivalidades, también hay confusión y toda clase de acciones malvadas.* (Santiago 3:13-16, NVI)

No importa lo que hagamos o lo bueno que parezca, pues si está alimentado por la envidia o la rivalidad, estamos construyendo con motivaciones carnales, en desacuerdo con la Biblia, y con motivos demoníacos que por cierto no serán recompensados.

El diccionario inglés Webster define la palabra envidia como "un sentimiento de descontento o codicia con respecto a las ventajas ajenas, como éxito, posesiones, etc.".[1] Si vemos el llamado de Dios con los ojos del mundo, entonces la envidia es inevitable. Existieron predicadores que envidiaban la tarea asignada a Pablo, ya que él escribió: *Es cierto que algunos predican a Cristo por envidia y rivalidad, pero otros lo hacen con buenas intenciones. Estos últimos lo hacen por amor, pues saben que he sido puesto para la defensa del evangelio. Aquéllos predican a Cristo por ambición personal* (Filipenses 1:15-17, NVI).

Estos ministros no estaban satisfechos con los llamados que Dios había dispuesto para sus vidas, y deseaban el éxito de Pablo. Esa *envidia* era alimentada por su *ambición egoísta*. La ambición es un potente deseo de lograr algo. Cuando es egoísta, el enfoque está en nosotros mismos en lugar de estar en el bien de los demás. Tal motivación solo producirá desorden y disputas, y abrirá la puerta a todo tipo de males.

La sabiduría que proviene de Dios, en cambio, avivará *la pasión del reino* y no una *ambición egoísta*. Construirá de acuerdo a la voluntad del Maestro Arquitecto, los deseos de cuyo corazón motivan su labor. Leemos de esta sabiduría: *En cambio, la sabiduría que desciende del cielo es ante todo pura, y además pacífica, bondadosa, dócil, llena de compasión y de buenos frutos, imparcial y sincera* (Santiago 3:17, NVI).

La sabiduría de Dios es ante todo pura. En otras palabras, no tiene dos caras con una apariencia exterior de piedad que se mezcla con un motivo envidioso o egoísta. Su motivación es la fidelidad al Maestro, aceptando sus asignaciones con alegría. No busca llegar a ser más grande que otros, sino ser obediente al llamado. Hará que nos regocijemos por el avance del reino, ya sea que ocurra a través de nosotros o de otras personas.

La sabiduría de lo alto siempre se enfoca en lo bueno de los otros, no en sí misma. Es pacífica, no busca conflictos ni es déspota, crítica, o dominante. Su principal motivación es ver a los demás en el camino de Dios y cumpliendo sus destinos. Están los que aman los ministerios y solo soportan a las personas, y están aquellos que aman a las personas y ven su ministerio como un vehículo para servirles. Estos últimos están motivados por la sabiduría divina.

Otro rasgo de la sabiduría divina es la *sumisión*. Cuando estamos contentos con nuestro llamado, seremos sumisos a la autoridad directa y delegada de Dios. Vemos el cuadro completo de la casa de Dios, siendo edificada bajo la autoridad de un solo Arquitecto, Diseñador y Constructor. Él ha delegado su autoridad, sus habilidades y misiones a varios individuos en su iglesia. Los que serán bien recompensados en el tribunal de Cristo son quienes supieron someterse a la autoridad de quienes tenían sobre ellos. Los pastores asociados que han dividido iglesias, los empleados que han creado sus propias empresas mientras sus jefes les pagaban, etc., todos sufrirán una gran pérdida en el juicio, aunque hubieran producido grandes resultados en su rebeldía.

No permitas que los resultados te engañen. Podemos tener grandes resultados y seguir rebelándonos contra la autoridad de Dios. Piensa en Moisés. El Señor le dijo que le hablara a la roca, y que de esta saldría agua milagrosamente. Él no obedeció, sino que golpeó la roca airado. Aun así, salió agua suficiente para darles un trago a tres millones de personas en medio del desierto. Lo más probable es que estas personas comentaran mientras bebían: "Mira, Dios sí que escucha a Moisés, ¡qué poder!".

Sin embargo, cuando terminaron de beber, Dios llamó a Moisés aparte y le dijo que no entraría a la tierra prometida porque no había obedecido. Moisés obtuvo resultados y, de hecho, resultados milagrosos, pero los resultados no son un indicador de éxito; la obediencia sí lo es. La sabiduría de lo alto está arraigada en el temor del Señor, que implica poner la voluntad de Dios por encima de todo y de todos. Los que temen a Dios se someten completamente a su autoridad.

Regresemos a la visión que tuvo mi esposa. Ella me contó esa mañana temprano: "John, todos los guerreros tenían la misma cara".

En otras palabras, era un ejército sin rostros. Esto demuestra que Dios no tiene posiciones para superestrellas. Entender esto nos guardará de no codiciar el lugar de otro en la iglesia ni rebelarnos contra la autoridad para ganar mayores posiciones. Nuestro ascenso vendrá de arriba solamente si permanecemos plantados.

DIFERENTES NIVELES

En los Evangelios encontramos dos parábolas similares, pero cada una ilustra una verdad diferente en relación con el tribunal de Cristo. Son las parábolas de los talentos y de las minas. La primera parábola, la de los talentos, enfatiza que no todos los creyentes reciben el mismo nivel de llamados y dones. Jesús dice:

> *Porque el reino de los cielos es como un hombre que, al emprender un viaje, llamó a sus siervos y les encomendó sus bienes. Y a uno le dio cinco talentos, a otro dos, y a otro uno, a cada uno conforme a su capacidad; y se fue de viaje.* (Mateo 25:14-15)

El hombre que viaja a tierras lejanas es Jesús, y los siervos nos representan a nosotros. Un talento es una medida de dinero; sin embargo, como es una parábola, es muy probable que el talento represente algo más.

Una posibilidad, y personalmente creo que es así, es que los talentos representen el nivel de nuestro llamado y nuestros dones. Por ejemplo, hay ciertas personas que tienen niveles de ministerio que alcanzan naciones, otros que alcanzan ciudades, y algunos otros que alcanzan grupos de hogar dentro de la iglesia. Algunos escritores alcanzan a millones de personas, otros a miles, y algunos otros a centenares. Una persona que posea el don de la administración podría llevar a un ministerio al nivel de una megaiglesia, en tanto que otros solo se ocuparán de iglesias de tamaño mediano y pequeño. Hay hombres y mujeres de negocios cuyas habilidades empresariales les permiten hacer crecer negocios que ganan cientos de miles para el reino.

Otros desarrollan empresas que ganan millones, y aun otros tienen la capacidad de desarrollar varias empresas que producen millones o miles de millones para la obra del reino.

Volviendo a la parábola, observemos dos cosas importantes en ella. En primer lugar, que a cada siervo se le dio algo, lo cual nos dice que en la iglesia no hay ninguna persona a quien no se le haya dado un llamado (acompañado de dones) en su vida. En segundo lugar, los distintos niveles de llamados y dones dados a cada siervo fueron conforme a su capacidad; sin embargo, también debemos recordar que es Dios quien nos da nuestras capacidades. No tenemos nada de valor que no nos haya sido dado, pues la Biblia declara: *Porque ¿quién te distingue? ¿Qué tienes que no recibiste? Y si lo recibiste, ¿por qué te jactas como si no lo hubieras recibido?* (1 Corintios 4:7).

En esta parábola, el hombre con el llamado y los dones de nivel cinco duplicó el esfuerzo invertido. El hombre con dos talentos hizo lo mismo. Creo personalmente que esto muestra que, aunque es Dios quien nos da los dones, nosotros debemos cooperar con nuestro trabajo para obtener el rendimiento que Él desea.

Sin embargo, el hombre con el llamado y los dones de nivel uno probablemente sintió que lo suyo era insignificante. Consideró que su amo era injusto, poco razonable y austero. Tal vez pensó: *¿Por qué me han dado menos que a los demás? ¿Por qué ellos recibieron una influencia a nivel nacional o de la ciudad? ¿Por qué tenían capacidades para predicar, cantar o escribir, y yo no? ¿Por qué mi empresa no creció para poder dar como ellos dieron?* Y un largo etcétera. Así que escondió su talento. No cumplió su llamado. Utilizó sus dones para sí, o en situaciones que no eran de beneficio para el reino.

Después de mucho tiempo, regresó el amo de los siervos y les hizo dar cuentas. Los dos que multiplicaron lo que se les había confiado recibieron el mismo elogio: *Bien, siervo bueno y fiel; en lo poco fuiste fiel, sobre mucho te pondré; entra en el gozo de tu señor* (Mateo

25:21). El siervo de nivel cinco no recibió mayor elogio que el de nivel dos, porque ambos fueron fieles y diligentes. Esto afirma, una vez más, que Dios solamente requiere que seamos fieles a lo que Él nos ha dado.

El que había recibido un solo talento fue reprendido con severidad, y el amo mandó que le arrebataran lo que se le había confiado para dárselo a uno de los otros siervos. El siervo que no fue fiel sufrió una gran pérdida, mientras que el que fue fiel ganó todavía más.

Al oír esto, pienso en 1992, el año en que Dios me indicó que escribiera. Casi me reí, sin dar crédito a lo que había oído en oración dentro de mi corazón. ¡Detestaba la lengua y la literatura! Si alguien me hubiese dicho que escribiría un libro, lo habría echado de mi vista a carcajadas.

Sin embargo, diez meses después se presentaron dos mujeres, con unas dos semanas de intervalo entre una y otra, y las dos me dieron la misma palabra profética: "John, si no escribes lo que Dios te ha dado para escribir, Él le dará el mensaje a otra persona y tú serás juzgado". Temblé y di el primer paso de fe, y el resto ya es historia. Si no hubiera obedecido, otro habría escrito los mensajes y yo habría perdido el talento que se me había confiado.

MULTIPLICAR LO QUE HEMOS RECIBIDO

Hemos hablado extensamente de que no podemos añadir nada a nuestro llamado o a nuestros dones. Ahora, prestemos atención a la *multiplicación* de lo que tiene cada creyente. La parábola de las minas, similar a la de los talentos, pero diferente en muchos sentidos, nos muestra esta verdad. Jesús dice:

> *Por eso dijo: Cierto hombre de familia noble fue a un país lejano a recibir un reino para sí y después volver. Y llamando a diez de sus siervos, les dio diez minas y les dijo: "Negociad con esto hasta que yo regrese".* (Lucas 19:12-13)

Una mina, como un talento, es una medida de dinero; sin embargo, en esta parábola cada hombre recibe la misma cantidad: una mina. Por lo tanto, aquí la mina no representa el nivel de nuestros dones o nuestro llamado como sucede con los talentos. En cambio, la mina representa las verdades de la Palabra de Dios, el fundamento de nuestra fe, el amor que Dios derramó en nuestros corazones, y las bendiciones del pacto que le fueron dadas a cada creyente. Todos tenemos la misma cantidad, ya que a nadie se le da algo extra para empezar.

Esta parábola habla de lo que cada uno de nosotros posee en Cristo como creyente. Las Escrituras dicen: *Así que nadie se jacte en los hombres, porque todo es vuestro* (1 Corintios 3:21). Y de nuevo: *Bendito sea el Dios y Padre de nuestro Señor Jesucristo, que nos ha bendecido con toda bendición espiritual en los lugares celestiales en Cristo* (Efesios 1:3). Estas bendiciones son nuestras en Cristo, pero es nuestra fe la que se apropia de ellas y las manifiesta aquí sobre la tierra; y es nuestra obediencia y generosidad las que hacen que se multipliquen. Por eso el hombre de familia, que representa a Jesús, les dice a sus siervos (quienes nos representan a nosotros): *Negociad con esto hasta que yo regrese*. Hemos de tomar lo que hemos recibido y *multiplicarlo* para la gloria de Dios.

Examinemos los resultados producidos por estos siervos:

Y sucedió que al regresar él, después de haber recibido el reino, mandó llamar a su presencia a aquellos siervos a los cuales había dado el dinero, para saber lo que habían ganado negociando. Y se presentó el primero, diciendo: "Señor, tu mina ha producido diez minas más". Y él le dijo: "Bien hecho, buen siervo, puesto que has sido fiel en lo muy poco, ten autoridad sobre diez ciudades". Entonces vino el segundo, diciendo: "Tu mina, señor, ha producido cinco minas". Y dijo también a este: "Y tú vas a estar sobre cinco ciudades". Y vino otro, diciendo: "Señor, aquí está tu mina, que he tenido guardada en un pañuelo".

(Lucas 19:15-20)

El hombre de familia reprendió con dureza al último hombre, e hizo que le quitaran la mina para dársela al que había multiplicado la suya por diez. El Maestro dijo: *Os digo, que a cualquiera que tiene, más le será dado, pero al que no tiene, aun lo que tiene se le quitará* (v. 26).

En esta parábola, Jesús solamente se dirige a tres de los diez siervos. Una vez más, la diferencia importante en esta parábola es que cada persona comenzó exactamente con la misma cantidad; sin embargo, uno de estos hombres la multiplicó por diez, el otro por cinco, y el tercero no multiplicó lo suyo en nada. También vemos que las recompensas difieren según la efectividad de los negocios de los siervos. Su éxito determinó directamente la cantidad de las ciudades sobre las que gobernaron.

La manera en que multiplicamos lo que se nos confía determinará en proporción directa la cantidad de autoridad que se nos confiará en el milenio y en el cielo nuevo y la tierra nueva. Los fieles gobernarán con Cristo, aunque no todos tendrán la misma autoridad. Nuestra diligencia aquí determinará el rango de nuestra autoridad junto a Él por toda la eternidad. Todo esto se basa en un punto de partida idéntico para todos: una mina para cada uno. Por lo tanto, la esposa y madre fiel que trabaja con diligencia en la iglesia tiene la misma oportunidad de obtener una recompensa que el evangelista que gana a cientos de miles.

Esta parábola muestra que cada uno de los hombres tenía el potencial de multiplicar muchas veces la mina que había recibido. Por lo que respecta a nuestra vida personal, podemos afectar y edificar el reino de Dios lo mucho o poco que deseemos; la decisión es nuestra. De hecho, en muchos aspectos no tenemos límite alguno. Tal vez te extrañe este comentario, pero quisiera explicarlo mediante algunos ejemplos. Puedo ofrecerte varios, pero con unos pocos bastará para abrir la puerta de tu corazón a este principio espiritual. Pero, antes de lanzarnos a ello, veamos en primer lugar lo que dice el apóstol Pedro:

Gracia [...] os sean multiplicadas en el conocimiento de Dios y de Jesús nuestro Señor. Pues su divino poder nos ha concedido todo cuanto concierne a la vida y a la piedad... (2 Pedro 1:2-3)

La gracia se puede *multiplicar* en nuestras vidas. Santiago dice: *Pero él nos da más y más gracia* (Santiago 4:6, AMP, traducción libre). Es por gracia que podemos hacer cualquier cosa que tenga valor en el reino. Esta capacidad se multiplica cuando conocemos a Dios íntimamente. Y, por eso, todo creyente debe pasar tiempo de calidad con Dios orando, leyendo la Biblia, leyendo libros inspirados, escuchando mensajes ungidos, siempre escuchando y buscando al Espíritu Santo y su revelación. Al hacerlo, se multiplica la gracia en nuestras vidas, lo cual nos da la capacidad de hacer más.

He descubierto que, cuanto más íntimo es mi conocimiento de Dios y de sus caminos, más efectivo soy. Si tengo un hacha con filo romo, quizá tarde en talar un árbol todo un día, pero si está afilada puedo talar cinco árboles en un día usando la misma cantidad de energía. Eso es lo que sucede cuando se multiplica la gracia en nuestras vidas. Nuestro esfuerzo tiene mayor eficacia.

Recuerdo haber dado testimonio en un desfile de homosexuales en Dallas, Texas, hace ya unos años atrás. Durante dos horas les hablé de Jesús a estas almas perdidas, y ellos me miraban como si viniera de otro planeta. Algunos me replicaban con pasajes de las Escrituras en cuanto empezaba a hablar con ellos. Sentía como si estuviera dándome de cabeza contra una pared. Era como lanzar semillas al cemento.

Entonces el Señor susurró en mi corazón: "Búscame, y te diré lo tienes que hacer". En los treinta minutos siguientes, me guio hacia personas y me dio las palabras que tenía que decir. Entonces, lo que hablaba llegaba al corazón de la gente, y hubo tres hombres que entregaron sus vidas a Jesucristo. Al buscar al Espíritu Santo y escuchar su palabra en mi corazón, mis esfuerzos se vieron multiplicados.

He visto esto en todas las áreas de la vida. A medida que he ido creciendo en la Palabra de Dios, he ido adquiriendo la capacidad de hacer más en menos tiempo. He descubierto senderos de verdad que me ahorraron horas, días, e incluso meses de tiempo. Mis oraciones se hicieron más poderosas, la presencia de Dios más fuerte, y el impacto sobre las vidas de otros más eficaz. Las Escrituras nos lo prometen:

El temor del Señor es la base de la sabiduría. Conocer al Santo da por resultado el buen juicio. La sabiduría multiplicará tus días y dará más años a tu vida. (Proverbios 9:10-11, NTV)

Se nos prometen dos cosas en este pasaje: más años, lo cual significa una vida más larga, y días multiplicados. Esto segundo no significa más años, porque sería una redundancia, sino la capacidad de lograr más en la misma cantidad de tiempo. En otro pasaje se describe como días más largos: *Porque largura de días y años de vida y paz te añadirán* (Proverbios 3:2). El escritor de este versículo habla de la adhesión a la Palabra de Dios, como dijo Pedro en el pasaje tratado arriba. Observa que no solo se nos da más vida, sino también días más largos. Oír a Dios y prestarle atención multiplica nuestro tiempo.

MULTIPLICAR POR MEDIO DEL DAR

Todo el que llega a conocer a Dios de manera cercana se vuelve un dador generoso y gozoso, porque Dios mismo es un dador extravagante. Nos dio el mayor regalo de todos: a su único Hijo. Nada valía más que Jesús para Él. El Señor nunca da a medias, ni cosas insignificantes. Dio a Jesús buscando una cosecha multiplicada, lo que significa muchos hijos e hijas que entran en su familia, y la cosecha sigue llegando.

Dar por fe es otra forma segura de multiplicar lo que tenemos. Podemos multiplicar lo que poseemos para afectar vidas para la eternidad como lo hizo el Padre al darnos a Jesús. Jesús nos dice, a propósito: *Por eso les digo que se valgan de las riquezas mundanas para ganar amigos, a fin de que cuando estas se acaben haya quienes los reciban a ustedes en las viviendas eternas* (Lucas 16:9, NVI). Nuestro dinero, utilizado debidamente, puede afectar nuestra calidad de vida en el cielo y en la Nueva Jerusalén mucho después de que el dinero haya desaparecido. Como está escrito: *Él [la persona benevolente] reparte; da a los pobres; sus obras de justicia, bondad y benevolencia permanecen para siempre* (2 Corintios 9:9, AMP, traducción libre).

Los pobres aquí no son solamente los que no tienen dinero sino también los pobres en espíritu. Una persona puede tener millones de dólares y aún así ser pobre en espíritu. Un ejemplo sería Zaqueo. Al describir su misión, Jesús dijo: *El Espíritu del Señor está sobre mí, porque me ha ungido para anunciar el evangelio a los pobres* (Lucas 4:18). Después entra en una ciudad, encuentra al hombre más rico, y se dirige a él delante de una gran multitud diciendo: *Debo hospedarme hoy en tu casa* (Lucas 19:5, NTV). Aunque Zaqueo era el hombre más rico de la ciudad, obviamente era el más pobre. En otras palabras, él sabía mejor que nadie lo mucho que necesitaba a Dios. Jesús ministró a muchas personas que eran ricas económicamente, pero eran muy conscientes de su necesidad de la Palabra de Dios.

Se levantan ministerios para hacer la obra de Jesús, proclamando y enseñando la Palabra de Dios a los pobres. Al dar dinero a la obra de Dios, sembramos entre los pobres y nuestras acciones perduran para siempre. No importa cuánto tengas, sea mucho o poco, en términos económicos. Mientras tengas una semilla, la cual Dios dice que te dará, puedes multiplicar tus esfuerzos en la edificación del reino.

¿Cómo se multiplica tu donativo? Piensa en una semilla de manzana. Si la plantas, en algún momento tendrás una cosecha de manzanas. Pero aún más importante es el hecho de que cada una de esas manzanas tendrá a su vez muchas semillas. Si se plantaran todas esas semillas, darían muchas veces más, y el ciclo continúa. Sucede exactamente lo mismo con nuestro dinero. Leamos lo que Pablo les dice a los corintios en cuanto a dar:

Recuerden esto: El que siembra escasamente, escasamente cosechará, y el que siembra en abundancia, en abundancia cosechará. Cada uno debe dar según lo que haya decidido en su corazón, no de mala gana ni por obligación, porque Dios ama al que da con alegría. (2 Corintios 9:6-7, NVI)

Nuestra cosecha multiplicada estará en proporción directa con cuánto sembramos. Observa que sembrar no es una decisión de Dios, sino según lo que nosotros hayamos decidido dar. Si con fe y amor nos proponemos ser generosos, lo que damos será multiplicado a lo grande: *El que le suple semilla al que siembra también le suplirá pan para que coma, aumentará los cultivos y hará que ustedes produzcan una abundante cosecha de justicia* (2 Corintios 9:10, NVI).

El Señor aumentará el tamaño de nuestro almacén, como sucede en el ejemplo de la semilla de manzana que acabo de poner. Si sembramos lo que tenemos, obtendremos muchas semillas más, y el proceso continúa hasta que nos encontramos poseedores de un almacén enorme de semillas, dándonos una mayor capacidad de bendecir a otros.

Cuando damos, Dios también aumenta la *cosecha de nuestra justicia.* Y aquí la cosa se pone muy emocionante, ya que esto nos habla del aumento de nuestra cosecha de recompensas eternas a partir de las vidas que hayamos tocado mediante lo que dimos. Por lo tanto, en esencia, estamos multiplicando nuestras minas como lo hicieron los hombres de la parábola.

ASOCIÁNDONOS CON OTROS

Al dar a los demás, y en especial a los necesitados que no pueden correspondernos, obtenemos recompensas tanto en esta vida como en el juicio. En cuanto a multiplicar nuestros esfuerzos para edificar el reino, podemos hacerlo *asociándonos* en el evangelio. Veamos lo que les dice Pablo a los creyentes de Filipo, que sostenían económicamente su ministerio:

Pero fue correcta y admirable su contribución para mis necesidades y que compartieran conmigo mis dificultades. Y ustedes mismos, filipenses, saben bien que, al inicio del ministerio del evangelio, cuando salí de Macedonia, ninguna iglesia (asamblea) se asoció conmigo para abrir una cuenta [de débito y de crédito] para dar y recibir salvo solo ustedes. Porque incluso en Tesalónica ustedes me enviaron [contribuciones] para mis necesidades, no solo una vez sino dos.

(Filipenses 4:14-16, AMP, traducción libre)

Observemos que Pablo habla de la *asociación* de los creyentes filipenses en su ministerio. La asociación se define como "una relación entre personas o grupos, caracterizada por la mutua cooperación y responsabilidad, en pos de la consecución de un objetivo específico".[2] La asociación cristiana saludable siempre da a las personas involucradas la capacidad de hacer más de lo que podrían soñar hacer por separado.

Como he dicho, Jesús nos mandó ir a todo el mundo y hacer *discípulos* de todas las naciones, y no solamente conversos. Esta misión es para todos los creyentes; sin embargo, si todos los creyentes se ocuparan de cumplir esta misión a tiempo completo, ¿quién financiaría la predicación del evangelio? (Vemos otra vez por qué Dios le da a cada uno diferentes llamados y dones). El Señor jamás tuvo la intención de que los ministerios recibieran el dinero necesario o que lo distribuyeran ángeles o cayera del cielo. No. Él confió a su cuerpo el privilegio de dar, lo cual genera asociación.

Dios ha llamado y ordenado a personas con dones ministeriales para alcanzar a las masas. Como dije antes, nos da dones, capacidades y unción especiales para cumplir este propósito. No les dio esta tarea a todos, sino a algunos en la iglesia (ver Efesios 4:11). Al resto de la iglesia le ha comisionado y confiado otra parte integral de sus propósitos, que incluye trabajar, ganar dinero o recibir salarios, y alcanzar con el evangelio a los que están dentro de su círculo de influencia. Pero, si trabajas a jornada completa, ¿cómo puedes alcanzar a las masas de personas? La respuesta está en la asociación.

Si tuvieras un producto que cambia la vida de las personas, pero solamente pudieras producir dos unidades al mes, te resultaría imposible distribuirlo en tu ciudad, tu país o el mundo. Sin embargo, si hubiera una compañía que tuviera la capacidad y el equipamiento necesario para producir y distribuir miles de unidades de este producto al mes, seguramente te asociarías con ellos para poder cumplir con la tarea. Al hacerlo, no solo llegarías a dos personas al mes (un ejemplo de la evangelización y el discipulado personal) sino también a los miles de personas más a los que llegaría la compañía. Habrías multiplicado eficazmente tus talentos y esfuerzos a través de la simple asociación.

Este mismo principio se aplica a los comentarios de Pablo a los filipenses, cuando dice: *No es que yo busque o esté deseoso de su don, sino que busco y estoy deseoso de un fruto que aumente su crédito [la cosecha de bendición que se está acumulando en su cuenta]* (Filipenses 4:17, AMP, traducción libre).

Observemos la frase *fruto que aumente su crédito*. Estos creyentes filipenses multiplicaban sus esfuerzos para llegar a las almas y enseñarles, sembrando dinero en la vida y el ministerio de Pablo por medio de la asociación. Daban algo temporal, convirtiéndolo así en algo eterno, y durante ese proceso también lo multiplicaban.

Cuando uno forma este tipo de asociación, Pablo dice que tendrán "una cosecha de bendición que se está acumulando en su cuenta". Esta es tu cuenta celestial. Cuando estés ante el tribunal de Cristo, no solo serás recompensando por las vidas a las que hayas afectado personalmente en tu lugar de trabajo, tu vecindario, tu escuela y demás, sino que habrá miles o millones de personas más a las que habrás llegado y enseñado por medio de tu asociación con ministerios ordenados por

Dios. Por esta razón, las Escrituras nos dicen: *Envía tu grano por los mares, y a su tiempo recibirás ganancias. Coloca tus inversiones en varios lugares* (Eclesiastés 11:1-2, NTV).

Cuando das regularmente a ministerios que Dios ha ordenado (incluyendo tu iglesia local), te unes a ellos en tocar a otros mediante su alcance. Tú tienes una parte en todo lo que ellos hacen porque te asocias con ellos. Esta es una noticia emocionante: mientras más inviertas, mayor será tu recompensa.

Debes saber que Dios no juzga el don tanto por la cantidad como por la fidelidad al sembrar. Dios Padre está buscando dones de calidad del corazón. Le encanta y bendice este aspecto del corazón, no solo la cantidad. Por ejemplo, alguien podría ser fiel dando a un ministerio un donativo de treinta dólares al mes. Hacer eso tal vez tenga algún costo personal para el dador. Dios vería este donativo no solo como una cifra económica, porque se está dando desde la necesidad de la vida del dador. Después podría haber otro que da mil dólares al mes, pero este donativo sale de su abundancia personal. No hay costo personal alguno ni sacrificio al hacerlo. Ambas cosas son hermosas y valiosas para Dios, pero el que dio más ante los ojos de Dios es el que dio los treinta dólares. Esta dinámica queda ilustrada mediante la viuda que dio dos moneditas (ver Marcos 12:41-44).

También debemos recordar igualmente que Dios multiplica nuestra ofrenda también en esta vida terrenal. Este fluir nos da a cada uno una mayor capacidad de dar más. La Biblia nos dice: *Hay algunos que reparten [generosamente], y tienen más* (Proverbios 11:24, AMP, traducción libre). Piénsalo. Tu inversión no solo crece en la eternidad, sino que también se expande en el mundo natural, y esto te da la capacidad de alcanzar a más personas. Es un ciclo que se renueva y crece continuamente.

Hace veintidós años atrás, un grupo de empresarios que conozco se reunió y se comprometió a destinar cierta parte de sus ganancias al avance del evangelio. Comenzaron con poco, pero cada año su ofrenda era mayor. Estos hombres siguieron dando constantemente y en asociación. Sus donativos aumentaron hasta el punto de dar más de 120 millones de dólares a la causa del evangelio en sus primeros doce años desde que se comprometieron a hacerlo. Tomaron su mina y la multiplicaron para los propósitos del reino. Su recompensa será grande.

En la iglesia hay una gran cantidad de hombres y mujeres con negocios muy prósperos; sin embargo, muchos dan al reino solamente una fracción de lo que han ganado. Aunque sean muy exitosos a los ojos de la sociedad, ¿cuál será la perspectiva del Maestro en cuanto a aquello a lo que se aferraron? Aunque ganaran millones, ¿serán juzgados como el hombre que escondió la mina? No multiplicaron lo que se les dio por el bien del reino. Los que viven de esta manera no están *guiados por la eternidad.*

Recientemente, jugué al golf con un hombre de negocios que de vez en cuando ha hecho algún donativo a nuestro ministerio. Después del partido, me llevó de regreso a mi hotel. Mientras conducía, me dijo: "John, tengo casi cincuenta años. He trabajado muchísimo para levantar el valor neto de mi empresa hasta los nueve millones de dólares. Todo está bien, el negocio va de maravilla, y mi esposa y mis hijos tienen la vida solucionada. ¿Para qué seguir dejando la piel los próximos diez años de mi vida para que mi negocio llegue a los treinta y cuarenta millones?".

Me di cuenta de que no se veía a sí mismo como una parte vital de la edificación de la casa de Dios. Me veía a mí con un rol importante en el reino, pero como empresario no podía ver su propio valor.

Enseguida contesté a su pregunta con otra pregunta. "Imagínate que te dijera: 'He trabajado muchísimo y he escrito diecisiete libros, he recorrido millones de kilómetros en vuelos, y he predicado miles de sermones. Las cosas van muy bien, el ministerio funciona de manera excelente, y mi esposa y mis hijos tienen la vida solucionada. ¿Para qué seguir dejando la piel en escribir más libros, viajar más y predicar más mensajes?'. ¿Qué crees que Jesús respondería a eso?".

Él se rio y dijo: "Yo no quisiera estar en tu lugar cuando estuvieras delante de Él".

De inmediato le dije: "¡Exactamente! Bien dicho".

Lo dejé pensar durante un instante. Después continué: "Los dones que Jesús me ha dado para edificar su reino son predicar y escribir. El don que Jesús te ha dado para edificar su reino es hacer negocios para financiar el reino. Aún no has conectado los puntos. Yo estoy limitado en cuanto a lo que puedo hacer para Jesús por tu obediencia o falta de obediencia, al igual que mi boca estaría limitada en cuanto a lo que decir si mis piernas decidieran dejar de trabajar para llevarme hasta las personas a las que tengo que hablar". El hombre se quedó atónito.

Seis meses después lo llamé. Le pregunté cómo le iba, y me dijo: "John, las palabras que me dijiste hace seis meses atrás me han estado persiguiendo, en el buen sentido. He estado dejando la piel en hacer más dinero a fin de poder dar más". Me encanta su humildad.

Por otro lado, mi esposa y yo conocemos a otro hombre de negocios que se arraigó en nuestra iglesia y fue muy activo allí, sirviendo dondequiera que se necesitara. Sabía que no había sido llamado al ministerio a tiempo completo, sino a trabajar en el mundo laboral. Se propuso como objetivo vivir con el 10 por ciento de lo que ganaba, y dar el 90 por ciento. Logró su meta, pero con ese 10 por ciento igualmente vivía en una casa espectacular y tenía un auto muy bonito. Su participación en el reino hizo que su negocio prosperara y su 10 por ciento creciera. Aplicó los principios de Jesús: los que son fieles en lo poco serán fieles en lo mucho.

Otra de las razones por las que hay que participar es la oportunidad de devolver a los ministerios que nos han tocado. Pablo afirma:

Si nosotros hemos sembrado [la semilla de] lo espiritual entre ustedes, ¿es demasiado que cosechemos de sus beneficios materiales? Si otros comparten este derecho legítimo con ustedes, ¿no podemos nosotros [tener un derecho mejor y mayor]? (1 Corintios 9:11-12, AMP, traducción libre).

Esto también se traduce al mundo natural. Si un amigo te hiciera un regalo, no enviarías una nota de agradecimiento a otra persona. Le darías las gracias a quien te bendijo, y al hacerlo establecerías o estrecharías una relación. Dios diseñó que la asociación fuera así a propósito, porque cuantas más personas alcance y toque un ministerio, mayores serán sus necesidades económicas para poder seguir operando. Por lo tanto, si todos los que están siendo impactados por el ministerio dan a su vez de sus finanzas (aunque su contribución sea como las dos moneditas de la viuda), entonces los gastos necesarios para continuar en ese nivel de ministerio, y para expandirse, están cubiertos.

Pablo concluye su afirmación a los Filipenses diciendo:

Pero ya tengo lo necesario [su pago completo] y más; tengo todo lo que necesito y estoy ampliamente suplido, ahora que he recibido de Epafrodito lo que me enviaron. [Eso es] olor fragante de una ofrenda y sacrificio que Dios recibe y en el que se deleita. Y mi Dios suplirá abundantemente (llenará hasta el máximo) cada una de sus necesidades conforme a sus riquezas en gloria en Cristo Jesús.

(Filipenses 4:18-19, AMP, traducción libre)

La promesa de que Dios suplirá toda necesidad según sus riquezas es para quienes se asocian con ministerios. Si diezmas y aportas dinero a los ministerios, entonces puedes mantenerte firme en esta promesa de Dios. Nunca te faltará nada.

MULTIPLICACIÓN POR MEDIO DE LA ORACIÓN

Otra forma en que podemos multiplicar es mediante la oración. Al igual que lo hacemos al dar de nuestras finanzas a ministerios, podemos tocar vidas para la eternidad, aunque no lleguemos a conocerlas hasta que lleguemos al cielo, orando por individuos, familias, iglesias, ciudades y naciones. También podemos tocar vidas orando por los ministerios. En nuestro ministerio tenemos tanto socios financieros como socios de oración. Un socio de oración es alguien que se compromete a orar todos los días por *Messenger International*.

Muchas veces se me acerca alguien y dice: "Oro por ustedes todos los días". Me doy cuenta de si esa persona es sincera o si solamente lo dice. A quienes interceden por nosotros con sinceridad, les digo: "Eso es lo mejor que pueden hacer para ayudarnos". ¡Y es cierto! Si la gente ora, podemos llegar a más personas y con un impacto mayor. La oración también hará que Dios ablande corazones y los motive a dar para su obra; por lo tanto, si tuviera que elegir entre un socio de oración y un socio financiero, me quedaría primero con el socio de oración; sin embargo, ambos son muy necesarios.

MULTIPLICACIÓN POR MEDIO DEL SERVICIO

Otra forma de multiplicar es por medio de los ministerios de servicio. Hay muchos asistentes y miembros del personal de nuestra organización a quienes Lisa y yo recordamos constantemente que recibirán crédito en el tribunal de Cristo por cada una de las vidas que toca nuestro ministerio.

Lo sé por la declaración de David a todos sus hombres al regresar de la batalla. En 1 Samuel 30 encontramos el relato de cómo David persiguió a los amalecitas y recuperó lo que habían robado y capturado del campamento israelita. Cuando David y sus hombres volvieron al campamento, algunos de los hombres que habían ido con David no querían compartir las recompensas con los que se habían quedado a cuidar los equipos. Pero leamos la respuesta de David:

> *Compartiremos por partes iguales tanto con los que vayan a la batalla como con los que cuiden las pertenencias. A partir de entonces, David estableció este dicho como decreto y ordenanza*

en Israel y hasta el día de hoy todavía se cumple.
(1 Samuel 30:24-25, NTV)

David es un tipo o representación de Cristo. Por lo tanto, la afirmación: *A partir de entonces, David estableció este dicho como decreto y ordenanza en Israel y hasta el día de hoy todavía se cumple*, me dice que esto aplica hoy para Jesús y su iglesia. En el tribunal de Cristo, todo lo que un ministerio hace no solo se le acredita al líder, sino también a todos los que sirvieron, dieron y oraron con fidelidad incluso si no estuvieron en el campo de batalla.

LA ACTITUD ES IMPORTANTE

Una parte integral de recibir recompensas por el servicio es la actitud, como vimos antes. No son solamente nuestras obras las que cuentan, sino también los motivos que las alimentan y nuestra actitud, porque afectará nuestros motivos. Dios dice: "¿Están ustedes dispuestos a obedecer? ¡Comerán lo mejor de la tierra!" (Isaías 1:19, NVI).

Recuerdo un día en que mi caminar con Dios me resultaba árido. Me parecía que no recibía nada en los servicios de nuestra iglesia, en especial de la predicación de mi pastor. Era evidente que no estaba prosperando.

Yo trabajaba como parte del equipo de personal de esa iglesia con ocho mil miembros y daba cuentas a mi pastor directamente, pero me había vuelto crítico con él. En oración, una mañana Dios me habló y dijo: "El problema no es tu pastor, sino tú".

Quedé atónito: "¿Cuál es mi problema?".

El Señor entonces me preguntó qué decía Isaías 1:19. Cité el versículo mencionado arriba porque lo había memorizado. Entonces, Dios me dijo: "Ahí está tu problema. Dices todo el tiempo que no recibes alimento, y es cierto porque no estás comiendo el bien de la tierra".

De inmediato dije: "Pero soy obediente; ¡hago todo lo que me pide el pastor!".

Entonces el Señor respondió: "Yo no dije: 'Si eres obediente comerás el bien de la tierra'. Yo dije: 'Si estás *dispuesto* a obedecer...'". Después me dijo: "La obediencia tiene que ver con tus acciones, y la *disposición* tiene que ver con tu actitud. ¡Y tu actitud apesta!".

El Señor entonces me reveló que yo sí obedecía, e incluso me mostraba sujeto, pero también me mostró que mi actitud era de crítica, quejas y juicios, lo cual afectaba mi motivación para el servicio.

Me arrepentí de inmediato, y en el siguiente servicio se abrieron los cielos: volví a recibir de Dios. Lloré mientras mi pastor predicaba, pensando en todo lo que me había perdido durante meses a causa de mi actitud. Poco después me resultaron muy claras estas palabras de Pablo, inspirado por el Espíritu Santo: *Este era mi propósito al escribirte, probar tu actitud y ver si pasabas la prueba, viendo si eras obediente y estabas dispuesto [a seguir mis órdenes] en todo* (2 Corintios 2:9, AMP, traducción libre).

Comprendí que Dios pondría a prueba nuestra actitud de sumisión a su voluntad para nosotros. No hablo de tolerar lo que el diablo trata de echarnos encima, por lo cual Jesús pagó el precio para hacernos libres. Hemos de resistir al enemigo con firmeza por medio de la fe, la oración, y declarando la Palabra de Dios. Me refiero más bien a nuestra actitud hacia el camino que Dios escogió para nosotros. Pablo dice: *Tengan la misma actitud que tuvo Cristo Jesús* (Filipenses 2:5, NTV). Jesús no solo bebió de la copa que el Padre había preparado para Él, sino que lo hizo por voluntad propia. Por eso Pablo nos dice: *Renuévense continuamente en el espíritu de su mente [teniendo una actitud espiritual y mental fresca]* (Efesios 4:23, AMP, traducción libre).

¿Por qué? Porque nuestra actitud afectará nuestras motivaciones; y en el tribunal de Cristo se nos recompensará no solo por nuestras obras sino también por los motivos que las causaron. Veamos nuevamente lo que dice Pablo:

Porque todos debemos comparecer y que sea revelado cómo somos en el tribunal de Cristo, para que cada uno reciba [su pago] según lo que haya hecho en el cuerpo, ya sea bueno o malo [considerando cuáles hayan sido su propósito y motivación, y lo que ha logrado, en qué ha estado ocupado, a qué se ha entregado, y su atención a la hora de conseguirlo].

(2 Corintios 5:10, AMP, traducción libre)

Me entristece ver cómo algunos han caído en la amargura sirviendo a Dios. Han perdido de vista la perspectiva eterna y siguen trabajando, pero su actitud es de hartazgo y su motivación envidiosa y egoísta. Esto, más que cualquier otra cosa que se me pudiera ocurrir, ha hecho que muchas personas que comenzaron con pasión no terminen bien. Por eso se nos advierte: *Mirad bien de que nadie deje de alcanzar la gracia de Dios; de que ninguna raíz de amargura, brotando, cause dificultades y por ella muchos sean contaminados* (Hebreos 12:15).

Observemos que este versículo dice "muchos" sean contaminados. He sido testigo de esto muchas veces en casi treinta años de ministerio a tiempo completo, y es descorazonador. En la versión *The Amplified Bible* (en inglés), este versículo nos alienta a *ejercitar la previsión y estar atentos para cuidarse [los unos a los otros]*. Debemos hablar entre nosotros palabras que prevengan que esa amargura se fije en nosotros, porque no queremos ver a nuestros seres amados caer ni perder la plenitud de su recompensa por causa de una actitud que no se trató a su debido tiempo.

Mi esposa y yo tenemos especial cuidado de esto con nuestros hijos y nuestro equipo de personal. Como se nos llama a viajar todo el tiempo, nuestros hijos tienen gracia en sus vidas para este estilo de vida, pero no queremos que pierdan esa gracia. Les hemos dado palabras de ánimo para que cuiden su actitud y los mantengan fuertes.

Recuerdo estar sentado un día con nuestros cuatro hijos y decirles: "Muchachos, saben muy bien que viajo muchos días al mes y que también su mamá está ausente a menudo. Lo hacemos porque es el llamado de Dios para nuestras vidas. Así es como Él ha ordenado que toquemos las vidas de muchas personas para su gloria, para edificar su reino".

Continué: "Ustedes pueden ver el llamado de Dios en nuestras vidas de dos maneras: como que les quita a sus padres y les impide tener una vida familiar normal, o pueden verlo como *su* ministerio también, y no solo el de sus padres. El modo en que se convierte también en su ministerio es porque ustedes están sembrando a sus padres, enviándolos a las vidas de muchos miles para los propósitos de Dios. Si esta es su actitud, entonces cada una de las almas que toquemos será contada para recompensa de ustedes ante el tribunal de Cristo. Si lo ven como impedimento, como pérdida de sus padres, entonces no recibirán recompensa alguna por las vidas que toquemos. Así que, muchachos, todo se resume en una palabra: *actitud*".

Entendieron lo que les decía y, como resultado, jamás se quejaron porque nos ausentáramos. De hecho, muchas veces cuando Lisa y yo dudamos en aceptar una invitación, nuestros hijos nos alientan a hacerlo. Tenemos una relación fabulosa con ellos, y todos aman a Dios y sirven con nosotros en nuestro ministerio. Le damos las gracias a Él por su maravillosa gracia. Ahora, como resultado, nuestros hijos están multiplicando sus minas a una edad muy temprana.

Hice lo mismo con nuestro equipo. Les dije: "Pueden ver su trabajo aquí solo como un empleo, y finalmente se cansarán, se amargarán, y no recibirán recompensa en el tribunal de Cristo; o pueden verlo como el privilegio de tocar millones de vidas. Con cada libro que envían por correo, cada mensaje de correo electrónico que nos ayudan a responder, cada persona a la que llegan con nuestras redes sociales, cada reunión que organizan, y demás cosas, ustedes son una parte vital de lo que Dios está haciendo para tocar las vidas que Él ha ordenado que este ministerio alcance. Son como los hombres de David que se quedaron cuidando el equipo". Ellos lo comprendieron, y tienen una actitud excelente. Mi tarea como líder consiste también en declarar palabras de vida que los ayuden a proteger esa actitud, aunque, en última instancia, la responsabilidad sigue siendo de ellos.

Mantener una buena actitud nos ayuda a multiplicar nuestras minas y terminar bien. Dios está edificando su casa personalizada, y ¡qué privilegio tenemos por ser sus colaboradores! No importa cuán insignificante pueda parecer tu parte, recuerda que cada parte es vital y que puede ser todo lo efectiva o inefectiva que tú quieras. Mi esperanza para ti es la misma que la del apóstol Juan: *Tened cuidado para que no perdáis lo que hemos logrado, sino que recibáis abundante recompensa* (2 Juan 1:8).

Capítulo 14

LA INFLUENCIA PERSONAL

Pero tú [...] sabes muy bien lo que yo enseño y cómo vivo y cuál es el propósito de mi vida. También conoces mi fe, mi paciencia, mi amor y mi constancia.
—2 Timoteo 3:10, NTV

En la eternidad seremos recompensados o sufriremos pérdidas en cuanto a nuestra influencia sobre otras vidas. Esto no solo afecta a nuestros ministerios sino también, y más importante aun, a nuestro caminar personal, al modo en que vivimos y tratamos a los demás.

La forma en que vemos a otros motiva nuestra forma de tratarlos, ya sea de una manera constructiva o destructiva. Si vemos a las personas como inferiores a nosotros, las trataremos como tales; tomaremos sus necesidades a la ligera y les hablaremos con desprecio. Si valoramos a las personas, buscaremos edificar y fortalecer sus vidas con un corazón compasivo y amoroso.

Si vemos a las personas como recursos las utilizaremos, especialmente cuando pongamos nuestras expectativas, necesidades o deseos por encima del valor de ellas. Si vemos a las personas como seres creados a imagen de Dios y, por lo tanto, preciosos y extremadamente valiosos, nos sentiremos movidos a bendecirlos, aunque debamos hacerlo a expensas nuestras. Este es el comportamiento cristiano.

FORTALEZAS DE EGOÍSMO

Yo era un hombre muy centrado en mí mismo antes de conocer a Jesús. Después de mi conversión en 1979, el Espíritu Santo tuvo que atacar la fortaleza del egoísmo en mis patrones de comportamiento. No hace falta que aclare, por lo tanto, que mi primera década en Cristo fue un periodo de fuerte confrontación.

Una de las fortalezas en mi vida era la lujuria sexual. Si me tentaba la pornografía, me resultaba muy difícil resistirme. Después de luchar por seis años, fui liberado al cuarto día de un ayuno que hice en 1985. Una vez libre, comenzó el proceso de ser renovado en el espíritu de mi mente.

En los años siguientes descubrí la raíz de esa lujuria. El amor de Dios continuó creciendo en mi corazón, y el valor que adjudicaba a las personas fue aumentando con rapidez. Me di cuenta del extremo egoísmo de esta adicción. Mirar a una mujer de forma lujuriosa o pornográfica era reducirla a un pedazo de carne, y eso cada vez era más repugnante para mi corazón.

La revelación de que las mujeres fueron creadas a imagen de Dios y coronadas con gloria y honor fue creciendo fuertemente en mí. Yo ya conocía esa verdad desde hacía mucho tiempo, pero era solamente un conocimiento mental más que una parte de mi ser. Durante un tiempo fui descubriendo la realidad del proceso de transformación de Dios. Cuando aparecían imágenes pornográficas ante mí en una cartelera, en la portada de una revista, o en una pantalla de televisión, me sentía agredido y apenado por el hecho de que esa persona por quien Jesús derramó su sangre estaba siendo reducida a un pedazo de carne. Mi respuesta hacia las mujeres cambió de manera significativa a medida que la revelación aumentaba.

Me indigna ver el modo en que algunos, incluso en la iglesia, tratan a las mujeres. Las miran con desprecio como si tuvieran menos valor, e incluso con desdén. Esto es absurdo. Hombres y mujeres somos herederos del reino de Dios sin diferencia alguna, y los varones como vasos más fuertes (lo cual significa fuertes físicamente, no fuertes de alma o corazón), deberían honrar a las mujeres por encima de ellos mismos. Los varones deberían respetar, valorar, estimar, proteger y buscar siempre la forma de fortalecer a las mujeres. Esposos, ustedes son la cabeza de la unión, pero ser cabeza en el reino significa dar la vida por la familia sirviéndola, y no enseñorearse de la esposa y los hijos. Si crees que ser cabeza significa ponerte por encima de tu esposa, entonces la tratarás de un modo hiriente y destructivo en lugar de edificador, y has de saber que darás cuentas por ello en el juicio.

BUSCAR ACEPTACIÓN

Hubo otra área de egoísmo que Dios me hizo ver y que era aún más engañosa. A mediados de la década de 1980 trabajaba como parte del equipo de personal de una iglesia. Éramos unos cuatrocientos empleados. Nuestra iglesia tenía más de ocho mil miembros y alcanzaba a miles de iglesias de toda la nación.

En esa época yo detestaba la confrontación, así que la evitaba a cualquier precio. Era extremadamente amable y educado con la gente. En toda oportunidad que tenía, decía cosas lindas a las personas, aunque no fueran verdad. Así me gané la fama de ser uno de los tipos más simpáticos del equipo. Me llegaban comentarios de esa índole, y me alegraba mucho al oírlo.

Entonces, estaba un día en oración y Dios me preguntó: "¿Dónde dije en Primera de Corintios 13 que el amor es simpático?".

Me sorprendió un poco, pero dije: "En ninguna parte".

Entonces, Dios me dijo: "Hijo, ¿sabes por qué dices solo cosas bonitas a los demás, aunque no sean ciertas?".

Yo respondí: "En realidad no, ni siquiera lo había pensado".

Él me respondió de inmediato: "Temes que te rechacen. ¿Quién es el centro de tu amor entonces, tú o ellos? Si realmente amaras a las personas, les dirías la verdad les guste o no. Te preocuparías más por su bienestar, aunque eso significara que te rechazaran".

Entonces vi claramente que mi egoísmo estaba enmascarado de gentileza; la dolorosa realidad había sido esclarecida. Usaba a la gente debido a mi necesidad de aceptación. Necesitaba afirmación para apaciguar mis inseguridades y no priorizaba ayudar a los demás. Solo quería su aceptación.

Por eso hay incontables ministros que solo predican la parte "positiva" de la Palabra de Dios. Se abstendrán de advertir, corregir o reprender. Están más preocupados por no ofender a sus miembros y que así el tamaño de la iglesia no disminuya, que por amarlos genuinamente.

¿Quién es el centro de su amor, los demás o uno mismo? Si viéramos que alguien con los ojos vendados se dirige a un precipicio, ¿no le gritaríamos que cambiara de rumbo y no se lastimara? He oído cómo hablan en privado algunos de estos "ministros de amor", y su forma de hablar de la gente es alarmante. Tratan a los camareros, ujieres y gente de servicio como si fuesen ciudadanos de segunda clase. ¿Cómo están impactando estos creyentes a la gente que no forma parte de su vida pública? Tendrán que rendir cuentas de cómo influyeron en cada una de las personas con las que estuvieron en contacto.

DE AMABLE A DURO

Cuando llegó esta revelación a mi vida, el péndulo se fue completamente al lado opuesto. Me volví un predicador duro. Todavía no tenía el amor de Dios por las personas ardiendo en mi corazón. Estaba más enfocado en estar en lo cierto que en el bienestar eterno de las personas. A veces freía a las congregaciones. El centro seguía siendo yo mismo, aunque mi egoísmo se manifestaba de forma distinta. Mi comportamiento era un clásico ejemplo de este pasaje: *"Todos tenemos conocimiento sobre este tema". Sin embargo, mientras que el conocimiento nos hace sentir importantes, es el amor lo que fortalece a la iglesia. El que afirma que lo sabe todo, en realidad, no es que sepa mucho* (1 Corintios 8:1-2, NTV).

Ahora miro atrás a los inicios de nuestros viajes ministeriales y me siento mal por algunos de los pastores que tuvieron que limpiar lo que yo ensucié después de mi partida. De haber sido yo pastor en ese entonces, no cabe duda de que no habría invitado a John Bevere a ministrar en mi iglesia. Estoy muy agradecido con esos líderes que vieron en mí el deseo sincero de servir a Dios y a su pueblo a pesar de que yo aún necesitaba mucho crecimiento.

En ese punto ya no halagaba para ganarme la aceptación y evadir el rechazo. Ahora declaraba la verdad y confrontaba, pero por las mismas motivaciones egoístas y ocultas que Dios quería limpiar en mí.

Tras unos años, un pastor muy reconocido me criticó ante unos líderes muy influyentes; me llegaron sus comentarios desde tres continentes diferentes. Estaba muy enojado y devastado al principio, pero sabía que ofenderme solamente haría que me alejara de Dios. Finalmente, el ataque de este hombre me hizo clamar más que nunca pidiendo más del amor de Dios hacia los demás. Le pedí apasionadamente a Dios una medida mayor de su compasión en mi vida. Sin que me diera cuenta, con el tiempo Dios maduró en mi corazón su amor por su precioso pueblo.

Durante este proceso, el Señor me dio una revelación que cambió mi ministerio. Tal vez creas que vas a oír algo muy profundo o grandioso, pero en realidad es bastante simple. Hasta puede que pienses que es una necedad hasta que medites en ello. La revelación fue: "Una cucharada de azúcar ayuda a tragar la medicina". Me di cuenta de que el poder de la medicina no disminuye si se toma con algo dulce. Solo hace que sea más fácil de tomar, y a veces hasta consigue que sea muy agradable.

Ahora, muchos líderes me han dicho: "John, me asombra cómo nos hiciste reír mientras nos cortabas en filetes con la Palabra de Dios. Lograste que un asunto tan serio nos transformara". Cuando empecé a oír estos comentarios, me di cuenta de que estaba madurando por la gracia del Señor. ¡Le estoy muy agradecido!

Aunque el pastor que me criticó ante los otros líderes probablemente no tuvo la intención de bendecirme, en realidad fue una de las mayores bendiciones para mi vida. Debes recordar que a veces Dios usa la mala intención de alguien para lograr que entremos en su voluntad para nuestras vidas. Él utilizó la traición de Judas para dirigir el destino de Jesús en la cruz. Y utilizó los malvados intentos de los hermanos de José para hacer realidad el sueño que Dios le había dado a José. Y la lista continúa.

LA META ES EL AMOR DE DIOS

Todo se reduce entonces al modo en que vemos a las personas. Si permitimos que el amor y la compasión de Dios crezcan en nuestras vidas, no miraremos a otros por encima del hombro. Ver a las personas como inferiores a nosotros da lugar al trato crítico, a la actitud de juzgar, a la dureza en nuestro comportamiento, etc. Veamos lo que dice Pablo a los creyentes romanos:

> *¿Por qué juzgas y criticas a tu hermano? O tú, ¿por qué desprecias o miras con altivez a tu hermano? Pues todos compareceremos ante el tribunal de Dios... Y así, cada uno dará cuentas de sí mismo [dará una respuesta con respecto a la crítica] ante Dios.* (Romanos 14:10, 12, AMP, traducción libre)

Si los creyentes perdemos de vista el segundo mandamiento más grande (amarnos los unos a los otros), inevitablemente caeremos en la trampa que Pablo presenta aquí: el menospreciar a los demás. Esta mentalidad se encuentra especialmente en quien tiene conocimientos bíblicos sin el fundamento del fruto del Espíritu.

Las Escrituras nos dicen que Dios es amor. Es importante destacar que el amor no es Dios, pues hay una gran diferencia. La personalidad de Dios, sus caminos y sus propósitos no están condicionados por nuestra definición de lo que es el amor, porque nadie conoce el amor hasta que dicha persona conoce a Jesús. Él es la esencia misma del amor.

Tampoco leemos en ningún lugar que "Dios tiene amor". Él tiene poder, tiene dones, tiene autoridad, y muchas otras cosas; sin embargo, Jesús es la verdadera esencia del amor. Debido a eso, nosotros no deberíamos ser distintos porque hemos renacido en su naturaleza. Por eso Pablo dice:

> *Si pudiera hablar todos los idiomas del mundo y de los ángeles, pero no amara a los demás, yo solo sería un metal ruidoso o un címbalo que resuena. Si tuviera el don de profecía y entendiera todos los planes secretos de Dios y contara con todo el conocimiento, y si tuviera una fe que me hiciera capaz de mover montañas, pero no amara a otros, yo no sería nada. Si diera todo lo que tengo a los pobres y hasta sacrificara mi cuerpo, podría jactarme de eso; pero si no amara a los demás, no habría logrado nada.*
>
> (1 Corintios 13:1-3, NTV)

El amor no se origina en nuestras palabras, porque podemos decir que alguien nos importa mientras lo negamos con nuestras acciones. El amor tampoco comienza con nuestras acciones. Pablo dice en el pasaje de arriba que podemos actuar aparentando sentir el amor más sublime (dar todo a los pobres y sacrificar nuestro cuerpo), pero hacerlo sin amor. Esto nos dice que el verdadero amor se origina en el corazón.

Cuando amamos, somos pacientes y bondadosos con los demás. No envidiamos sus éxitos porque nos apasiona verlos ganar. Nunca nos jactamos de nosotros mismos y nos apartamos de toda arrogancia y orgullo. No exigimos que todo se haga a nuestra manera. No somos irritables debido a actitudes de impaciencia. No llevamos un registro de las ofensas o el mal que nos hayan hecho, sino que elegimos perdonar cualquier ofensa. Nunca sonreímos ante la injusticia, porque nos apasiona la misericordia y la verdad. Nunca nos rendimos con los demás o desconfiamos de ellos, y siempre creemos lo mejor. Siempre vemos a los demás como inocentes a menos que se demuestre lo contrario, pero aun así mantendremos la esperanza de su arrepentimiento y restauración. Estamos llenos de esperanza y soportamos cualquier dificultad para beneficio del reino o el bienestar del prójimo. En resumen: vivimos para la edificación de otros, que solamente se encuentra en su conformidad a Cristo y el cumplimiento de su voluntad para sus vidas.

UN LÍDER QUE INFLUENCIÓ A MUCHOS

Hace unos años atrás asistí al funeral de un amigo muy cercano. Se llamaba Jack Wallace. Él fundó *Detroit World Outreach* (Alcance mundial) en Detroit, Michigan. Es una iglesia multirracial que creció hasta congregar a cuatro mil miembros en diez años. Jack iba camino a Zimbabue para predicar en una cruzada cuando sufrió un ataque al corazón justo antes de bajar del avión.

Miles de personas asistieron al funeral de Jack: líderes de ministerios de todo Estados Unidos, líderes de comunidades, y vicepresidentes de grandes empresas junto con lo que la sociedad llama obreros, gente de la calle, y madres indigentes que viven de la ayuda social. Esta era la demografía de su iglesia. Muchos que no conocían a Jesús como su Señor también asistieron a su funeral, como personal de hoteles y restaurantes, junto a otros de la comunidad a quienes impactó en gran manera por su contacto personal con ellos.

La asistencia de personas que no pertenecían a la iglesia de Jack no me sorprendió, porque Jack y yo pasamos bastante tiempo juntos fuera de la iglesia, y me bendecía ver cómo se comportaba con todo el que se cruzara en su camino. Él trataba a cada persona como valiosa y preciosa. Daba generosas propinas a los camareros y mozos de hotel. A veces yo pensaba que exageraba un poco, pero debí corregir mi estúpida idea el día que Jack me dijo cuán valiosas y preciosas eran esas personas ante Dios. Jack no solo te hacía sentir que eras la persona más importante cuando estabas con él. Cuando estabas con Jack, realmente eras la persona más importante para él.

El servicio duró cuatro horas y media. Muchos de los líderes cercanos a él pidieron pasar para hablar de él unos minutos. Tras escuchar a cuatro o cinco de nosotros expresarnos sobre nuestra cercanía a Jack y lo que él significó para nosotros, finalmente un líder muy reconocido se levantó y dijo: "¡Siempre pensé que yo era su mejor amigo!". Todos nos reímos.

Es que todos sabíamos que Jack nos veía a todos y trataba a cada uno de nosotros como al mejor amigo. Este gran líder no solo impactó naciones a través de sus cruzadas y programas de televisión, sino que también influenció a todo aquel con quien tuvo un trato personal. No importaba si eras el presidente de una gran empresa o si vivías de la ayuda social. Jack sabía cómo comunicarse y amar a cada persona como un ser humano. Jack no solo era fiel a su llamado y a sus dones, sino que también multiplicó las minas en cada área de la vida.

UN CONSERJE QUE HA INFLUENCIADO A MULTITUDES

Algunas de las personas que más impacto han tenido en mi vida son individuos a los que nunca verás detrás de un púlpito. Una de ellas era un empleado de finanzas de Rockwell International. Se llamaba Mike, y lo conocí tan solo dos años después de haberme convertido. Él se sentaba cerca de mí en el trabajo, y solíamos hablar de Dios durante las pausas y en el almuerzo. Más tarde nos reuníamos durante horas en la casa de uno u otro y también en la iglesia. Era la integridad de Mike y su sabiduría práctica de las Escrituras lo que más me impactaba de él. Además, me impresionaba la manera en que honraba, amaba, y respetaba a su esposa, a sus hijos, y a cualquiera que se cruzara en su camino.

Al final dejé Rockwell y entré en el ministerio. Poco tiempo después, él también dejó esa empresa y formó su propia firma contable, que existe todavía. Su negocio fue todo un éxito. Ha ayudado a unos doce mil clientes con sus impuestos y libros de cuentas, y cinco mil de esos clientes acuden a él con regularidad. Han estado con él durante años debido a su honestidad e integridad.

Le pregunté hace poco a Mike a cuántos de sus clientes había ministrado la Palabra de Dios. Me dijo: "John, una estimación conservadora sería el 90 por ciento". Calculé que serían entonces más de diez mil personas.

Me quedé de una pieza. Luego le pregunté a cuántos había llevado a la salvación. Su respuesta fue: "A cientos". Dijo: "Justamente la semana pasada guie a un cubano al Señor y oré con él para que se sanara de cáncer".

Mike también ha ayudado a muchos ministerios con sus libros contables. El nuestro fue uno de ellos cuando estábamos comenzando. Mike vio el llamado en mi vida, y durante años se ocupó de mis declaraciones de impuestos sin cobrarme nada. La vida de Mike ha influenciado a la gente de muchas maneras.

Recuerdo que, en nuestras largas conversaciones, Mike hablaba sobre un conserje cuya influencia en su vida no podía compararse con la de nadie más. Lo llamé hace poco para preguntarle nuevamente por este hombre. Mike comenzó a llorar al otro lado del teléfono.

Me dijo: "John, seis de mis tías y tíos terminaron en hogares psiquiátricos. Mi propia mamá terminó en uno también. Mis abuelos fueron asesinados con armas de fuego. Mi familia era un desastre, y yo parecía estar encaminado hacia el mismo destino.

"Pero a causa de nuestra mala situación económica, mi mamá me envió con otra familia para que cuidara de mí. Viví con ellos por siete años. El hombre de la casa era conserje en una fábrica de papel, y su nombre era Charlie. Su integridad, su compromiso con Jesús, y su amor por la gente cambiaron por completo el curso de mi vida. Cada semana me llevaba a la iglesia y me enseñaba los caminos de Dios. Su influencia en mi vida me ayudó a formar al hombre que soy ahora. Mi hija una vez escribió una redacción y la tituló: 'El gran hombre que nunca conocí'. Hablaba de Charlie".

Probablemente nunca oirás hablar de Charlie en esta tierra aparte de este libro; sin embargo, su influencia ha tocado a los miles a quienes Mike ha ministrado. Su influencia también me ha tocado a mí a través de Mike. Por lo tanto, los millones a los que tuve el privilegio de ministrar también fueron todos tocados indirectamente por Charlie. ¿Puedes ver ahora cómo un conserje multiplicó sus minas y un día será grandemente recompensado?

INFLUENCIA PARA UN LEGADO

Esto me recuerda un relato verdadero que uno de mis empleados me leyó hace poco. Es acerca de un ateo llamado Max Jukes y un hombre de Dios llamado Jonathan Edwards. Esta es su historia:

> Max Jukes, el ateo, vivía una vida impía. Se casó con una muchacha alejada de Dios, y de la unión resultaron 310 descendientes que murieron pobres, 150 que fueron criminales, 7 que fueron asesinados, 100 que se dedicaron a vivir borrachos, y más de la mitad de las mujeres fueron prostitutas. Sus 540 descendientes le costaron al Estado un cuarto de millón de dólares.

Pero, ¡gracias al Señor porque este principio funciona en ambos sentidos! Hay registros de un gran hombre de Dios estadounidense: Jonathan Edwards. Vivió en la misma época que Max Jukes, pero él se casó con una muchacha cristiana. Una investigación reveló que hay 1394 descendientes conocidos de Jonathan Edwards, de los cuales 13 se convirtieron en presidentes de universidades, 65 en profesores universitarios, 3 en senadores de Estados Unidos, 30 en jueces, 100 en abogados, 60 en médicos, 75 en oficiales de la armada y el ejército, 100 en predicadores y misioneros, 60 en autores destacados, 1 en vicepresidente de los Estados Unidos, 80 en funcionarios públicos en diversos puestos, y 295 en graduados universitarios entre los que hubo gobernadores de estados y ministros en países extranjeros. Sus descendientes no le costaron al Estado ni un centavo.[1]

Este es otro caso de multiplicación de minas. Estos hombres, Charlie, Mike y Jonathan Edwards, han tocado de manera grandiosa a muchas vidas. Su influencia dejó como resultado grandes legados; sin embargo, no fue su ministerio público lo que impactó a estas multitudes sino sus vidas personales.

Es un privilegio que Dios nos da a todos nosotros. El modo en que respondemos a un oficial de policía, la forma en que hablamos del pastor, cómo tratamos a nuestros hijos, la forma en que manejamos nuestro dinero, las palabras que utilizamos para hablar con los demás, y la lista continúa. Todo esto afecta la vida de quienes nos rodean. ¿Vas a ser un constructor o una piedra de tropiezo?

Es cierto, cada uno de nosotros tendrá que responder por sí mismo ante Dios. Así que dejemos de juzgarnos unos a otros. Por el contrario, propónganse vivir de tal manera que no causen tropiezo ni caída a otro creyente... Por lo tanto, procuremos que haya armonía en la iglesia y tratemos de edificarnos unos a otros. (Romanos 14:12-13, 19, NTV)

Pablo dice esto en relación directa al tribunal de Cristo. Toda influencia que hayamos tenido sobre las personas será claramente examinada. Es de la mayor importancia que lo recordemos en todo momento. Nos motivará a ganar en lugar de buscar nuestra propia conveniencia.

Rebecca Ruter Springer vivió en el siglo XIX y fue llevada en una larga visita al cielo antes de su partida final para recibir su recompensa. Al regresar, escribió una novela clásica titulada *Intra Muros*.

En ella, cita las palabras de un pariente que pasó mucho tiempo con ella en el cielo. Dice que este pariente, el hermano de su esposo, era cercano al Maestro y que le dijo:

"Si pudiéramos darnos cuenta mientras somos mortales de que día a día estamos construyendo para la eternidad, ¡qué diferente sería nuestra vida en tantos sentidos! Cada palabra amable, cada pensamiento generoso, cada acción desinteresada, se convertiría en un pilar de belleza eterna en la vida venidera".[2]

GUIAR A OTROS A JESÚS

La mayor influencia que podemos tener sobre una persona es guiarle a Cristo. Cuando entiendes los juicios eternos, te sientes motivado a decirles a quienes conoces lo que es el plan de salvación. Leemos: *El que es sabio captura vidas humanas [porque Dios, como pescador de hombres, los reúne y recibe para la eternidad]* (Proverbios 11:30, AMP, traducción libre).

Como joven cristiano, yo solía sentir la presión de predicar el evangelio a cada individuo con el que me encontrara; sin embargo, más tarde aprendí a buscar la guía del Espíritu Santo sobre cuándo y qué hablar. Me di cuenta de que incluso Jesús declaró que solamente hacía lo que veía hacer a su Padre. Cuando caminamos con Dios hay una corriente, no una compulsión que conduce a la frustración y hace que los demás se aparten.

Sin embargo, la urgencia de conducir a otros a la vida eterna siempre estará presente hasta que seamos llevados a casa. El amor a Dios alimenta este deseo. Conducir a alguien a Cristo hace que todos los ángeles, y también Dios mismo, se regocijen con un gozo indescriptible. Hay en ello recompensa. Jesús dice: *A los segadores se les paga un buen salario, y los frutos que cosechan son personas que pasan a tener la vida eterna* (Juan 4:36, NTV).

Tuve el privilegio de guiar a mi esposa al Señor en nuestra primera cita. Poco después de entregarme a Jesús me comprometí a no salir con ninguna otra muchacha hasta que Dios me enviara a la que sería mi esposa. Pensé que, si Dios le envió a Adán su Eva, podría hacer lo mismo conmigo.

Había tenido citas con muchas muchachas antes de mi conversión, y después salí con unas pocas cristianas, pero me di cuenta de que eso estaba interfiriendo en mi caminar con Dios. Con cada relación rota llegaban lágrimas y el alma rota. No tardé mucho tiempo en descubrir que eso no era sano para mí. Entonces me comprometí a orar antes de salir con otra muchacha.

En ese entonces, a mi esposa le gustaban las fiestas. Otro muchacho del campus decía que era la muchacha más tremenda del campus. No sé si eso era del todo cierto, pero no distaba de ser preciso. Cuando empecé a salir con Lisa, yo ya llevaba un año y medio sin salir con ninguna muchacha porque, cada vez que le preguntaba al Señor, Él me decía que no lo hiciera. Sin embargo, me sentí impulsado por el Espíritu Santo a invitarla a nuestro pícnic de estudio bíblico. Y ella aceptó.

Después del pícnic, Lisa y yo caminamos por el campus y le hablé del evangelio desde la medianoche hasta la 1:30 de la mañana. Ella me interrumpió y me dijo al instante que quería ser salva. Poco después, ambos supimos que la voluntad de Dios para nosotros era que nos casáramos. Con toda sinceridad puedo decir que me llevé la mejor parte en esta transacción. No sería el hombre que soy ahora de no haber sido por ella.

Lisa ha tocado millones de vidas. Es una escritora prolífica y defensora de la justicia, y habla en conferencias por todo el mundo. ¿Qué habría pasado si no hubiese aprovechado la oportunidad de llegar a ella? ¿Y si mi temor a que se burlara de mí me hubiera impedido hablarle de Jesús? Creo que Dios habría enviado a otro, y entonces yo no habría recibido como esposa la mejor elección de Dios para mí, y no habría participado en la cantidad de personas a las que ella ha ministrado para la eternidad. ¡Gracias a Dios por sus dones!

Recuerda que una semilla se multiplicará, por insignificante que parezca. Nunca menosprecies la guía del Espíritu Santo, y en especial no lo ignores. Las cosas más "insignificantes" que Dios me ha guiado a hacer acabaron siendo los factores de multiplicación más importantes en mi vida. Dios quiere que te multipliques, y Dios también quiere recompensarte por tu multiplicación.

UNA EXHORTACIÓN FINAL

Hay mucho en juego. No podemos tomar a la ligera el tiempo que se nos ha confiado aquí en la tierra. El destino eterno de las personas depende de nuestra obediencia al plan de Dios. Es su voluntad que todos seamos salvos y conformados a la imagen de Jesús. Él no quiere que nadie se quede fuera.

Una generación entera se perdió en el desierto después de salir de Egipto. Tenían uno de los mejores líderes de todos los tiempos, pero aun así fallaron. Podemos tener magníficos líderes, pero depende de nosotros como generación cumplir el plan del Maestro Constructor. Él ha decretado: *Y este evangelio del reino se predicará en todo el mundo como testimonio a todas las naciones, y entonces vendrá el fin* (Mateo 24:14). ¡No perdamos nuestra misión! ¡Es tiempo, la estación está sobre nosotros, y Él está a la puerta! Si no cumplimos nuestro destino, entonces Dios tendrá que levantar otra generación como lo hizo con Josué para completar su casa, porque Él ya ha decretado que su casa estará llena.

Nosotros hacemos nuestra parte para cumplir el plan de Dios multiplicando lo que Él nos ha confiado. No te desanimes. No veas tu parte como algo insignificante. No pierdas tu pasión. No pierdas de vista la visión celestial, tan clara en el Nuevo Testamento, que ha sido explicada en este libro. No solo hay otros en tu generación que cuentan contigo; algunos necesitan desesperadamente que les reveles a Jesús, y otros necesitan que les ofrezcas el aliento y las fuerzas de Dios. Tu destino eterno también te espera. Puedes lograrlo si dependes plenamente de la gracia divina. ¡Dios es fiel!

Apelo a ti como conciudadano del reino. Cumple tu llamado y haz una elección segura; corre tu carrera plenamente hasta el final. Mirarás atrás dentro de diez millones de años y te regocijarás por haberlo hecho. Nunca podrás excederte en tu compromiso con la voluntad de Dios. Por lo tanto, ¡corre la carrera para ganar!

Como palabras finales de aliento, te dejo una de las oraciones más fervientes de Pablo por todos los santos:

Y que el Señor los haga crecer y aumente el amor entre ustedes y hacia los demás, así como también nosotros los amamos a ustedes, para que se fortalezca su corazón y sean ustedes santos e irreprensibles delante de nuestro Dios y Padre, cuando venga nuestro Señor Jesucristo con todos sus santos.

(1 Tesalonicenses 3:12-13, RVC)

Las Escrituras contienen muchos versículos relacionados con las recompensas eternas, más de los que se podrían imprimir en este libro. Para una lista de versículos sobre las principales áreas del juicio y la recompensa eterna, visita DrivenByEternity.com/ EternalRewards.

Preguntas de discusión

SECCIÓN 6: CAPÍTULOS 13-14

1. ¿Hay aspectos de tu vida (o incluso algo central de ella) que te parece poco importante o mediocre? Piensa en esas cosas con la perspectiva del cielo. ¿Por qué podría ser importante para Dios tu fidelidad en estas áreas aparentemente sin importancia?

2. Para la mayoría de nosotros, el impulso por competir o compararnos es algo instintivo. ¿Qué cambia con respecto a nuestra manera de abordar el reino de Dios cuando no nos enfocamos en cómo nos medimos con los demás?

3. ¿Es tu vida rica en multiplicación? ¿Cómo puedes administrar mejor tu tiempo, oraciones, talentos y recursos?

4. Al inicio de nuestro viaje hablamos de 1 Juan 4:17, que dice que podemos estar confiados en el tribunal de Cristo. Sabiendo lo que sabes ahora, ¿podrías explicar por qué eso es así?

5. ¿Cómo puedes ahora mismo ser intencional en edificar una vida de influencia eterna?

APÉNDICE:
CÓMO RECIBIR LA SALVACIÓN

> *Si declaras abiertamente que Jesús es el Señor*
> *y crees en tu corazón que Dios lo levantó de los muertos, serás*
> *salvo. Pues es por creer en tu corazón que eres*
> *hecho justo a los ojos de Dios y es por*
> *declarar abiertamente tu fe que eres salvo.*
> —Romanos 10:9-10, NTV

Dios quiere verte posicionado para un éxito eterno. Está apasionado contigo y con el plan que tiene para tu vida. Pero solo hay una manera de comenzar el viaje hacia tu destino: recibiendo la salvación mediante el Hijo de Dios: Jesucristo.

A través de la muerte y resurrección de Jesús, Dios ha abierto el camino para que entres a su reino como una hija o un hijo amado de Dios. El sacrificio de Jesús en la cruz hizo posible que la vida abundante y eterna estuviera disponible para ti de forma gratuita. La salvación es un regalo de Dios para ti; no puedes hacer nada para ganarla o merecerla.

Para recibir este precioso regalo, primero reconoce tu pecado de vivir independientemente de tu Creador (porque esta es la raíz de todos los pecados que hayas cometido). Este arrepentimiento es una parte vital de recibir la salvación. Pedro dejó esto muy claro el día en que fueron salvas cinco mil personas en el libro de los Hechos: *Por tanto, arrepentíos y convertíos, para que vuestros pecados sean borrados*

(Hechos 3:19). Las Escrituras declaran que cada uno de nosotros nace siendo esclavo del pecado. Esta esclavitud está arraigada en el pecado de Adán, quien comenzó el patrón de desobediencia voluntaria. El arrepentimiento es la decisión de alejarnos de la obediencia a uno mismo y a Satanás, el padre de toda mentira, y de volvernos en obediencia a nuestro nuevo Maestro, Jesucristo, el que dio su vida por nosotros.

Debes entregarle a Jesús el señorío de tu vida. Hacer a Jesús el "Señor" de tu vida significa darle la propiedad de tu vida (espíritu, alma y cuerpo), todo lo que eres y lo que tienes. Su autoridad sobre tu vida se convierte en absoluta. En el momento en que haces esto, Dios te saca de las tinieblas y te transporta a la luz y la gloria de su reino. Sencillamente pasas de muerte a vida, ¡te conviertes en su hijo!

Si quieres recibir la salvación en Jesús, haz esta oración:

Dios del cielo, reconozco que soy un pecador y que no doy la talla para alcanzar tu estándar de justicia. Merezco ser juzgado eternamente por mi pecado. Gracias por no dejarme en este estado, porque creo que enviaste a Jesucristo, tu único Hijo, que nació de la virgen María, para morir por mí y llevar mi juicio sobre la cruz. Creo que resucitó al tercer día y que ahora está sentado a tu diestra como mi Señor y Salvador. Así que, en este día, me arrepiento de mi independencia de ti y entrego toda mi vida al señorío de Jesús.

Jesús, te confieso como mi Señor y Salvador. Ven a mi vida mediante tu Espíritu Santo y haz de mí un hijo de Dios. Renuncio a las cosas de las tinieblas que antes aceptaba, y a partir de este día ya no viviré para mí mismo. Por tu gracia viviré para ti, que te entregaste por mí para que yo pudiera vivir para siempre.

Gracias, Señor. Mi vida está ahora completamente en tus manos, y según tu Palabra, nunca seré avergonzado.

¡Bienvenido a la familia de Dios! Te animo a compartir tus emocionantes novedades con otros creyentes. También es importante que te unas a una iglesia que crea en la Biblia y te conectes con otras personas que puedan animarte en tu nueva fe.

Te acabas de embarcar en la aventura más significativa de la vida. ¡Que crezcas en revelación, gracia, y amistad con Dios cada día!

NOTAS

CAPÍTULO 1

1. *Webster's Encyclopedic Unabridged Dictionary of the English Language* (New York: Gramercy, 1993), s.v. «eternity».

2. *The American Heritage Dictionary of the English Language*, Fourth Edition (New York: Houghton Mifflin, 2000), s.v. «eternity». Eternidad: *el estado o cualidad de ser eterno*; eterno: *existente fuera del tiempo*; de ahí: *el estado de existir fuera del tiempo*.

3. Merrill F. Unger, *The New Unger's Bible Dictionary*, ed. R. K. Harrison (Chicago: Moody, 1988), BibleSoft PCStudyBible Version 4.

4. Robert Young, *Young's Literal Translation of the Holy Bible* (Grand Rapids, MI: Baker, 1986).

CAPÍTULO 3

1. Apocalipsis 2:23.
2. Lucas 16:2
3. Hebreos 4:13
4. Juan 8:24
5. Hechos 4:12
6. Santiago 2:10
7. Efesios 2:8-9 (el nombre *Dios* se cambió por *Jalyn* para encajar en la historia)
8. Eclesiastés 9:5-6 (NTV)
9. Proverbios 24:20 (NTV)
10. Proverbios 13:13
11. Mateo 22:13-14
12. Apocalipsis 22:14-15
13. Tito 1:16 (NTV; el nombre *Dios* se cambió por *Jalyn* para encajar en la historia)
14. Lucas 6:46
15. Mateo 7:21-23 (la palabra *cielo* se cambió por *Affabel* para encajar en la historia)

16. Santiago 2:14, 17-25 (el nombre *Dios* se cambió por *Jalyn* para encajar en la historia).
17. Ezequiel 18:25, 27-28 (NTV)
18. Salmos 50:16-21
19. Mateo 22:13
20. Proverbios 30:11-12
21. Mateo 24:12-13
22. 2 Pedro 2:20-21 (el nombre *Jesucristo* se cambió por *Jalyn* para encajar en la historia)
23. Ezequiel 18:24-26 (NTV)
24. Mateo 24:13
25. Apocalipsis 3:5 (RV60)
26. Proverbios 21:16 (NVI y CST)
27. Mateo 22:13-14 (el pronombre *él* se cambió por *ella* para encajar en la historia)
28. Hebreos 10:26-27, 30-31 (el nombre *Dios* se cambió por *Jalyn* para encajar en la historia)
29. Santiago 3:1 (NTV, la palabra *iglesia* se cambió por *escuela* y el nombre *Dios* se cambió por *Jalyn* para encajar en la historia)
30. Marcos 9:42
31. Lucas 12:45-48 (NTV)
32. Judas 13 (RVC)
33. Mateo 22:13-14
34. Apocalipsis 16:7 (RVC)

CAPÍTULO 4

1. *The American Heritage Dictionary*, Third Edition (New York: Houghton Mifflin, 1992), s.v. «elementary».

CAPÍTULO 5

1. Movie Reviews: *The Matrix*. http://www.pluggedinonline.com/movies/movies/a0000128.cfm. Consultado en línea 5 de septiembre de 2005.
2. Alexander Roberts y James Donaldson, eds., *The AnteNicene Fathers*. «Polycarp: Letter to the Philippians», 10 vols. (Grand Rapids, MI: Wm. Eerdmans Publishing Company, 1985), cap. 1.
3. Alexander Roberts y James Donaldson, eds., *The AnteNicene Fathers*. «Polycarp: Letter to the Philippians», 10 vols. (Grand Rapids, MI: Wm. Eerdmans Publishing Company, 1985), cap. 2.
4. Alexander Roberts y James Donaldson, eds., *The AnteNicene Fathers*. «Clement of Rome Letter to the Corinthians», 10 vols. (Grand Rapids, MI: Wm. Eerdmans Publishing Company, 1985), cap. 32.

5. Alexander Roberts y James Donaldson, eds., *The AnteNicene Fathers*. «Clement of Rome Letter to the Corinthians», 10 vols. (Grand Rapids, MI: Wm. Eerdmans Publishing Company, 1985), cap. 34.

6. David W. Bercot, ed., *A Dictionary of Early Christian Beliefs* (Hendrickson Publishers, Inc., 1998), p. 586.

7. *Ibid.*

8. Josh McDowell, *Evidencia que exige un veredicto* (Miami, FL. Editorial Vida, 1982), pp. 50-52.

CAPÍTULO 6

1. Kenneth E. Hagin, *I Believe in Visions* (Tulsa, OK: Faith Library Publications, 1984), pp. 68-71 (segunda edición; décima impresión).

2. De la serie UBS Handbook Series. © 1961-1997 by United Bible Societies.

3. David W. Bercot, ed. *A Dictionary of Early Christian Beliefs* (Hendrickson Publishers, Inc., 1998). 4. Ibid.

5. *Ibid.*

6. *Ibid.*

7. *Ibid.*

8. *The American Heritage Dictionary of the English Language*, Fourth Edition. Houghton Mifflin Co., 2004 (software edition).

CAPÍTULO 8

1. Lucas 14:12-15

2. Marcos 12:43-44

3. Colosenses 1:28 (el nombre *Cristo* se cambió por *Jalyn* para encajar en la historia)

4. Ezequiel 13:10-11

5. 1 Corintios 3:12-15

6. 1 Tesalonicenses 2:19-20

7. Mateo 12:36-37 (RVC)

8. Proverbios 12:14 (RVC)

9. Jeremías 11:20

10. Jeremías 17:10 (el nombre *el Señor* se cambió por *Jalyn* para encajar en la historia)

11. Esta conversación fue adaptada de Mateo 25:40

12. 2 Corintios 9:10

13. 2 Corintios 9:9

14. Lucas 14:11

15. Lucas 19:17
16. Apocalipsis 2:26-27 (CST)
17. Mateo 25:21

CAPÍTULO 9

1. Se han cambiado los nombres en esta historia para respetar la privacidad.

CAPÍTULO 10

1. James Strong, *Strong's Exhaustive Concordance of the Bible* (Peabody, MA: Hendrickson Publishers, 1988).
2. *Biblesoft New Exhaustive Strong's Concordance*, (Seattle, WA: Biblesoft, Inc., ver. 4, 1994).

CAPÍTULO 12

1. Esta sección fue adaptada del contenido que apareció por primera vez en mi libro *Relentless: The Power You Need to Never Give Up* (Colorado Springs, CO: Waterbrook Press, 2011), pp. 217-219.

CAPÍTULO 13

1. *Webster's Encyclopedic Unabridged Dictionary of the English Language* (New York: Gramercy, 1993), s.v. «envy».
2. *The American Heritage Dictionary of the English Language*, Fourth Edition. Houghton Mifflin Co., 2004 (software edition).

CAPÍTULO 14

1. Leonard Ravenhill, *Sodom Had No Bible* (Minneapolis, MN: Bethany House, 1971), p. 155.
2. Rebecca Ruter Springer, *My Dream of Heaven: A Nineteenth Century Spiritual Classic: Originally Known As Intra Muros* (Cincinnati, OH: Harrison House), p. 21.

ACERCA DEL AUTOR

JOHN BEVERE es un orador internacional y autor de éxitos de ventas conocido por su enfoque audaz e intransigente de la Palabra de Dios. John y su esposa, Lisa, fundaron Messenger International en el 1990. , En más de dos décadas de ministerio, los mensajes encomendados por Dios a Messenger International han transformado millones de vidas en todo el mundo. Hoy, su misión es desarrollar seguidores intransigentes de Cristo que transformen nuestro mundo.

Cuando John está en casa en Colorado, puedes encontrarlo jugando juegos de cartas competitivos con sus cuatro hijos o tratando de convencer a Lisa para que se dedique al golf.

www.messengerinternational.com

facebook.com/John-Bevere-3227389301

Twitter @JohnBevere

whitakerhouseespanol.com

customersupport@whitakerhouse.com

1.800.444.4484

www.ingramcontent.com/pod-product-compliance
Ingram Content Group UK Ltd.
Pitfield, Milton Keynes, MK11 3LW, UK
UKHW021339140126
10108UKWH00021B/372